中國禪

题字 楼宇烈

楼宇烈先生

哲学泰斗
北京大学哲学系东方哲学教研室主任
北京大学宗教研究院名誉院长

文匯出版社

图书在版编目（CIP）数据

中国禅/悟义著.—上海：文汇出版社，2015.10
ISBN978-7-5496-1616-9

Ⅰ．①中… Ⅱ．①悟… Ⅲ．①禅宗－中国－通俗读物 Ⅳ．①B946.5-49

中国版本图书馆CIP数据核字(2016)第080627号

中国禅

著　　者 / 悟义
插　　画 / 雪山静岩
责任编辑 / 戴铮
特约编辑 / 灵和
策　　划 / 茶密学堂
装帧设计 / 张瑛

出 版 人 / 桂国强

出版发行 / 文汇出版社
　　　　　 上海市威海路755号
　　　　　 （邮政编码200041）
经　　销 / 全国新华书店
印刷装订 / 启东市人民印刷有限公司
版　　次 / 2016年5月第1版
印　　次 / 2020年5月第4次印刷
开　　本 / 787×1092　1/16
字　　数 / 200千字
印　　张 / 24.75
印　　数 / 13001-15000
书　　号 / ISBN978-7-5496-1616-9
定　　价 / 68.00元

本书经上海民族和宗教事务委员会审定

悟义老师

"中国禅"修养导师

主要著作：

禅养生系列：《茶密人生》、《茶密功夫》

禅文化系列：《茶密禅心》、《禅者的秘密·饮食》、
《禅者的秘密·禅茶》

禅与生命系列：《本能》、《生存》、《禅》

禅修系列：《莲花导引》(香港出版)、
《莲花太极》上下册(香港出版)

禅艺系列：《雪山静岩不二禅画释义》(香港出版)、
《不二禅颂》(香港出版)

"北大、复旦生活禅智慧"讲座光盘

禅法系列：《中国禅》、《至宝坛经》上下册

2014年3月22日,由北京大学图书馆、北京大学宗教文化研究院主办,悟义老师"禅·不二"北大主题演讲。

2014年4月26日,由复旦大学哲学学院、复旦大学人文智慧课堂主办,悟义老师"禅·自在"复旦主题演讲。

序

好久没有参加朋友们的聚会了,在2014年流火的五六月,我把自己紧闭在书房埋头写作,不知今夕是何年。

这次"聚会"是为一位朋友送行,他们全家即将移民美国,朋友们开心地为他们饯行。或许久违了这样的聚会,我突然发现朋友们聚会讨论的话题和商业程序很相似,感觉跟开会一样,程序如下:

一、大环境:从社会风气到周边国家关系,再到反贪、金融、市场环境,最后是污染情况:疾病、空气、转基因、水源、气候。

二、对治和方案:基本认可大人往返,孩子留国外读书或全家移民的模式。

三、兴奋地分享各人手里的商业机会,对未来商业前景的判断。

话题诸如此程序,间中夹杂彼此灌酒,取笑嬉闹。正当我头疼该找什么借口脱身时,突然一段话引起了我的注意,一位计划做高端养老院的朋友谈道:中国的人口红利快消耗完了,目前60岁以上的人口约2亿,65岁以上的老年人约1亿。但是今后,约有5-6亿的老人拖缓社会发展步伐,等我们这批人老时,会比较凄惨。

是的,我认同养老问题是中国国力放缓与否的一个关键因素。可以想象,未来中国一对中年夫妻(约三十岁左右),他们有4个父母(五十多岁),8个祖父母(七十多岁),然后还有1-2个子女,也就是说,两个中年人要养活10至12个人,老人孩子的健康可谓头等大事,而且他们自己还绝对不能生病,否则一大堆老人、孩子怎么办?哦,这是什么样的压力?

传统中国人会习惯从中年开始注意养老,会选择买房子、养孩子、存款、养老金、买保险等等各种方式以备养老之需,但我想现在的老年人无论手里有多少钱,做了多少准备,心里也是没有什么底气的。

其间,另一位朋友提到大健康产业,说这个产业很快将会成为中国最大的产业,而且在大健康的整个行业里面,中国将来会成为全世界最大的市场。

什么是大健康产业呢?我仔细听后才明白原来包括了医院、养老院、养生系列等等,可以说围绕人的衣食住行、生老病死,既有个体生理、身体健康,也包括了心理、精神以及社会、环境、家庭、人群等各方面健康。大健康产业想转变传统医疗模式,即从单一救治转向"防——治——养"一体化。

朋友们看我一直不说话,有人就调侃我,说:怎么样?别修什么禅了,跟我们一起做大健康产业吧!肯定有前途!

我说:好啊!我认可这个大健康的理念,这个思想本就是源于《黄帝内经》中倡导的"不治已病治未病",商业往这个方向转化,我毫无疑问特别认同。但,"中国禅"修养和大健康产业不但没有任何矛盾之处,反而可以相辅相成,禅可以帮助弥补商业健康领域的大不足,你们为什么让我别修了?我修得越好,就越能够帮助各位发展更加圆满的大健康产业啊。

听我这么说,所有人一下子停止聊天和抱怨,都看着我。我笑道,你们讲了一晚上这不好,那不好,道德缺失、人心不古、环境恶化、人口爆炸,不过我并不认同只有移民一途,这里是我们自己的土地,不能一走了之,我也讲讲禅者对这些问题的想法如何。

众人点头称是,于是我说:自古东方文明都讲自然而然,顺其自然。我们先来谈谈人口爆炸,地球承受不了的问题吧。我认为一切的增长都有其规律,喜马拉雅山不会高得戳破了天,同样人口也不会无限地增长。

两百年前地球人口从来没有超过十亿,中国人口也一直保持在1000万到6000万之间,为什么五千年的人类史一直到现在之前两百年,人口总量能够保持一定稳定?因为天地间有内在的生长规律,人口太多时,会有气候、洪水、地震、饥荒、瘟疫、猛兽,或者战争等事件发生。当时人的寿命很短,平均只有二十至三十多岁,人口增长很稳定平衡。

近代两百年人口一直在暴涨,是什么原因导致暴涨?一是粮食的产量增加了;二是人的寿命延长了。

两百年前绝大部分粮食的肥料是氮肥,供应量极其有限。但一百多年前,西方建成了第一所氮肥厂,本来属于"非资源"的氮气可以合成氮肥,粮食产量由此大大提高,古代以农业为主导,而现在农业只是商业的一部分。

再说第二个问题:寿命延长。两百年前人类的平均寿命只有二十至三十多岁,由于西医发明了防疫接种,和抗生素的大量使用,以及医疗卫生环境的大大改善,人类的预期寿命从二三十岁延长到了七八十岁。

但即便如此,世界人口会无限增长下去吗?目前人口增长的原因是出生多,死亡少,自然生死平衡被人为地改变了。但我们现在如果根据此种现象便认为人口爆炸会导致资源消耗,地球资源有限,这个观点不全面。现在人类的科技已经可以逐渐解决资源危机问题了,而人类未来的生存空间也必然不仅仅是一个地球。

有没有想过,人类可以把一些工厂、生产、建设、污染源搬离地球?有没有想过,未来有些人可以不死?他们的四肢、器官都是可以替换的再生有机器官,而大脑被完整保存、保留?

有没有想过,人类对现有的资源类物质应用是用"减法"来消耗,对待非资源物质则是以"乘法"来增加,为什么未来人类不能再次把如"氮气"这样的非资源,改变为人类生存必须的"人造资源"?这时候,石油、煤炭等等现在认为必需的资源很可能就被弱化和替代了。

有没有想过,未来人可以不集中在城市而等同于集中居住?未来世界或许没有空间,人在家可以一念之间将墙、顶打开,完全和自然融为一体;在家可以看到异地的三维立体现场情况汇报;在家可以无线传送各种立体信息;甚至像咱们今天这样的朋友聚会也可以虚拟化,异地同欢而无需见面。甚至有没有想过未来没有时间?人可以通过时间机器往来穿梭于各个不同时间节点?穿梭不同空间和不同维次?

有没有想过未来信息的传递不再通过电子,不再依靠手机、电脑之类的器物传递?信息完全通过人脑直接传递?通过意识感应传递?通过波导隔空传递?

这一切难道只是我的想象吗?但是我们现在担忧的人口爆炸、人口灾难到底会不会发生?会!但灾难不一定是人口爆炸,有可能反而是人口萎缩!是人类身心功能的快速退化!

席间有人笑道:电脑有这么厉害吗?

我认真地对他说:您可千万不可小瞧这电脑!束缚我们看不见的

网有纵横两面,但凡横向的网都可以链接,横向的网通过电脑、社会实现横向链接,例如互联网、法网、电网、关系网等等。未来电脑不会是现在这么单调,可以是化为人形,也可以只有一个人工智能芯片被植入人体,也可以将屏幕随时去掉,启动人的眼、耳、鼻、舌、身、意的六根触受功能,与人对话。未来电脑不但可以导入,更可以主动实现识别和控制人类意识,直接带人进入半真半假、真假不分的虚拟环境中生活……

那么纵向的网是什么呢?纵向的网特性是个体化,例如情网。这一横一纵的网层层交叠,环环互扣,人居于其中根本无法逃脱。电脑的可怕之处在于,未来它不仅仅是无情的电子产品,也将会有气味、温度、触觉等人性化人工智能加入,从而自动升级,甚至可以变成您的爱人、孩子等模样。人和这样升级后的电脑一起生活,必然迷于其中,无法自拔。这样下去,电脑清醒,人类迷糊,电脑只用装个芯片就可以了。无论是真的机器人,还是被安装了芯片的半人半机器,各种机器人会进一步替代人类意识、行为,这样的时间还远吗?

那人听了有点心惊地叹气。

我继续说道:电脑靠什么?靠的是核心的芯片,未来芯片会越来越小,但储存量却越来越大,这不就是"其大无外,其小无内"吗?天地万物存于芯片之中。就像未来社会人口尽管甚众,但绝对是极少数人控制有效资源,从而带领绝大多数梦中人生活,这是狼群领着羊群玩,是无可逆转的弱肉强食状态,我认为这才是最可怕的事情!人口老龄化、思想退化,这是"大国空巢";到处遍布着梦中人,被纵横交错的各种网络包围,被各种娱乐、游戏迷惑,思想缺乏活力、创见,失去主体,这是人类的集体退化。

能控制这一切、改变这一切的是什么？唯有人的心力！人类如果失去了心灵的能量，将无异于行尸走肉。

春秋末期的秦国是非常落后和偏僻的，但商鞅变法百年后，大秦气势如虹，一统江山。这是因为商鞅的"人众兵强，此帝王之大资也"，他清楚人口资源、人口素质远比攻城、占领土地资源重要得多。所以他开垦耕地、修建水库、推行农战，并通过优惠政策，大量引进外国移民，骚扰敌国农田、粮仓，减少敌国人口，于是百年后，秦都是六国最繁华的都城，秦国国力、战斗力远超他国，秦一统天下势在必行。

500年前，俄罗斯人口600万，到1990年人口近3亿，成为超级大国。

1830年中国是4亿人口，现在是13亿，人口看上去增加得很快。但快慢不在数量的变化，从横向来看，中国的人口增加是缓慢的。比如说1830年全球人口是10亿，4亿中国人占了世界人口的40%，但到现在中国人却只占世界人口的19%，并且每年出生人口只占全球10%了。

另外一个重要数据：中国20-39岁的劳动力在2012年达到顶峰，但到2018年，将下降50%，这在人类历史上是绝无仅有的。这必然引发两个现象：底层用工荒和没有真本事的毕业生就业难。劳动力减少和国力放缓有必然的联系，加上老龄化等各方面的影响，当今中国人的心理压力可谓世界第一大，这难道仅仅是做些养老院、开发一些保健品或者增加配送渠道、医护方案可以解决的吗？

有位朋友听后饶有兴趣地问道：您刚才说的可以通过人脑传送数据，这是不是您常常讲的，禅的"以心传心"啊？哈哈，结果还是用科技方法实现了啊。

我也笑,说:虽然我认为人脑传送的数据,异地勘测,同步传递,还有意念控制、转移、清除、植入等这些科技很快就会实现,但这些并不是"禅"的"以心传心",也不是我们说的"心心相印"。禅者的心不是在大脑意识层面,西方说的心要么指心脏这个器官,要么指大脑意识,"禅心"和这些有形物质不同,科技实现的意识传送是在大脑意识范围,通过感应脑电波、神经反应、复原图像等原理来实现,现代科技进不到无形的"禅心"。大脑意识在佛法中属于六根、六识的范围,人是被这些外表现象迷惑的。

那人更有兴趣了:如果这种科技实现了,人还有秘密吗?还有自由吗?

我坚决地回答:凡人一定没有秘密!现在凡是通过手机、电脑、网络传送的信息、图片,会存在什么秘密不可破解吗?如果您自己认为有什么秘密可以储存,不过是自欺欺人而已。行为一旦发生:天知、地知、你知、我知、承载体知、互联网知、互联网背后的各级储存器知等等等等,未来想了解一个人,了解此人的行为、意识太容易了,因此想诱惑人、控制人、扭转人也简单。在这种状况下,唯有定力深厚的人内心中如同有一根定海神针,他的心谁也控制和扭转不了。

那人哈哈大笑:要是这么说,我倒是真要修禅了。否则我想买什么、做什么都不是自己决定,我的隐私被别人随时研究,投我所好,我不变成商业或网络的奴隶了吗?

我微笑道:现代人大多数不是情的奴隶,就是物的奴隶,每天被各种有目的的宣传带着生活,屈从于各种不同的概念、符号,一个找不到自己的人,要自由也是没用的。未来社会的科技发展我们今天无法想象,不仅高科技的电子产品、机器可以有线、无线输入信息到您的意识内,现代心理学也有公众催眠法啊,其实,广告就是一种催眠法,高手们可以用15秒时间搞定客户,让您立即产生欲望,这不是公众催眠是什么?

我相信电影里一直热演的各种外星生物存在,我们放开思维想想,外星生物一定是人形或者怪兽形吗?外星生物一定有多种状态,有可以见形的和无形的,这些无形的、隐形的生物,还有那些可以运用高科技变成隐形的人类,甚至一些进入了某种境界而居心叵测的特异功能人士等等,他们既可以隐秘地在某处观察,也可能进入您的意识操控您,输入意识改变您的决定、行为,或者和您的意识联网对接而获知想要的信息。

那人有点心惊地叫道:黑客帝国啊?

我说:岂止电影中那么简单?我们的思想局限性太大了,好像自己给自己的思想划了一个个房间,画地为牢一样,我认为未来只有想不到,没有做不到。就好像古代人、甚至民国人想不到今天的发展速度一样。

另一人道:请再说说大健康产业吧。

我说:现在的健康产业是西方模式,西方模式的特点是将人变成螺丝钉,人的因素减少到越小越好,尽量脱离人的情绪等动态因素,这样容易复制、传播、扩张,而且资本市场听得懂,愿意投资,然后融资,再融资,这很关键。在这种模式下想实现"不治已病治未病"的理念我认为就是一句口号,用结构先进的房子、功能名目繁多的保健器材和药物、还有各种仪器先进的疗养院、医院,是无法真正让人健康的。健康是身心和谐,人的健康是由心开始的,心不定,身体不会健康。

我举个简单的例子,您们都爱吃保健品,但您了解自己的体质吗?不了解体质如何养生呢?体质仅仅是中医说的阴性、阳性这么简单吗?

同样的保健、经络按摩,如果不了解"子午流注图",按摩、推拿时是否知道哪些经络上午或下午或晚上,分别不能推?不能刮?不能拔?不能灸?再说保健的使用手法,什么时候需要补?什么时候可以泻?拨、打、拍、击、点、压、刺等等手法的应用需要注意哪些要点?

再说保健品,男人、女人、老人、病人可以同样吃吗?每个人身体内的疾病基因、细胞一样吗?如果一个癌肿细胞处在活跃期的人吃了许多补药,那么是正常细胞吸收得快还是病毒细胞吸收得快呢?

不仅保健品,就算平时饮食,吃下去的东西对身体是补充还是损伤,有几个人能真正明白?同样的水,牛饮成奶,蛇饮变毒,是水的问题吗?如果对个人情况如此不了解,您如何分辨吃下去的是补药还是毒药?

在场众人有的频频点头,有的满脸茫然,有的频频叹气。我继续说:大健康产业是未来发展之大趋势,不是西方模式不好,西方基于"还原论"哲学观点,一切都是拆分、还原,我们已经无法改变这个趋势了,您们劝我不要修禅,恰恰相反,在科技发展已经势不可挡的今天,我认为现代人未来将比古代更需要禅,"同则不继,和实生物"。

人的自由度和活动的空间有关,现代人快也快不起来,慢也慢不下去,动的时候想静,静的时候不安,这种生命体哪里谈得上什么自由?老幻想着退休、逃避,可以休息,如果心灵没有平静,所谓的退下来享清福,是叶公好龙。从养身意义来讲,禅里面包括了禅瑜伽、禅太极、禅茶、禅舞、禅箫、禅画、禅花、禅艺、禅香、禅熏、禅食等等可以世间推广和发展的项目。这些项目是可以复制、传播和商业推广的,日本人做出了很好的表率,但还有极大的空间可以发挥和拓展。

一听商业项目,大家立即找到了共同点,一人道:如果在会所和养老院什么的地方,配套这些禅文化项目,倒是别具特色,比开美容、洗脚、按摩等项目有品位多了。

我笑笑:您可别这么比,这无法比,您说的那些在身体层面,放松的仅仅是身体细胞,而修养可以抚慰心灵,心灵的放松是现代人最需要以及最难得的。如果心灵没有及时得到休息放松,那么大脑细胞的衰老和退化就尤其明显,表现为记忆力衰退,代谢缓慢以及灵感渐失等等,对于用脑过度的人,修禅是恢复脑部活力的最快方式,这和做美容、洗脚只是令到身体暂时放松的保健可比吗?

禅文化的场地是志同道合的同修之间社交、自我调整的场地。不在乎场地多高级,在于您是否得禅旨。比如说餐馆,台湾人加入了禅元素可以做出很有品位的餐厅;舞蹈方面,他们能创作出如"云门舞集"这样的禅艺,这属于不同层次的追求。

他笑着点头称是。

我继续说:禅的养身方法和世间流行的瑜伽体式、跑步、爬山、健身等运动的区别在于,禅的独特修养方法可以快速转化身心。如果您仅仅把禅的修养、文化场地当成一般的饭店、健身房,就好像现在许多人把佛法变成了心灵鸡汤,禅定变成了健身、养身,念珠变成了装饰收藏,云水行脚变成了佛禅旅行团等等,这就离禅太远了。

除了养身之外,禅还有养生之道,如禅意冥想、禅意调息、坐禅行禅等等,这些比上面的方法更深入,这些是难以简单复制,但如果有专业老师带动则是完全可以的,我认为这些是大家可以普遍接受并很快显现效果的与禅相关的大健康内容。

大家听了开始议论纷纷，有说要请我去集团讲座，有说要在现有项目上加入这些禅元素。企业的差别在于软件，一切硬件是最易模仿的，找资金也不难，有了丰富的禅文化元素，会让普通的地产、养老项目更具有不可替代的独特性。

我听他们讨论得热闹，说：现代社会的教育太功利化，大家都是以谋生为学习目的，这势必引起一个问题，退休的老人不需要谋生了，老人们会做什么？日本是老龄化国家，但老人会继续工作，而且很有社会精神，许多人投身公益，但中国老人的退休生活多打麻将、抱孙子、跳广场舞等等以小家、小我为主，老人们其实很不安心。这和给他们提供怎样豪华、便捷的养老院，环境多美多好关系不大，精神无以寄托时，人只有焦虑和烦躁。

禅不仅仅是一种智慧和思想，"中国禅"更是生活本身！在这个无比燥热的社会中，无论是身处商海的忙碌商人，还是退休在家的老人，还是过分依赖感情而致使情绪不稳的女人，禅都是一味降火的清凉药！禅的首要之功就在于保持意识的平衡性，不偏激不漠然，时刻保持意识的清晰和明澈，而修者在必要的时刻可以把心意识集中在当下的问题上。我们对一件事物取舍的正确性有赖于这颗心是否平静，生活是否可以不受情绪的影响。无论一个人目前的心智水平在何种状态，持续有效地用禅法修炼心智的定力永远是有益无害的。

在商业大潮硝烟四起的今天，大部分人忙于赚钱应酬而疏于培育精神，心纠缠在日常琐碎事物中的人大多不清楚，在这个生命中还存在有永恒的事物，以至于想摆脱每天琐碎的烦恼只是筋疲力尽的徒劳，最终将生命的元精消耗殆尽。这些消耗会使得人的精神比肉体提前衰老,而这些早衰更是吃补药、按摩美容无法解决的!如果一个人没有能力过自己内在的生活,而是不断忙于外界事物,生命对于他不过是个沉重的负担,这和财产、地位无关!禅的修行是内在精力、活力的储蓄罐,心灵的蓄电池,当身心充满了电能时,生命的奇迹就会喷薄而出,禅是生命的非药之药!

  禅之境犹如宛妙的音符拨动心弦的一刹那,顷刻间涤净世间烦恼,让这些烦恼于无形之间遁入不思之境。烦恼是什么?同样的事情,装进一个杂念纷纷、妄想连连的躯体中产生的叫"烦恼",装进一个清净自在、无相无住的禅者身里就是"菩提","行到水穷处,坐看云起时",这烦恼在禅者心中如霜雪溶于沸水,如朝雾散于初阳。

  有些读者会奇怪,"中国禅"这个名字是怎么来的?是因为我们是中国人,所以叫"中国禅",还是和"印度禅"、"日本禅"有什么真正区别呢?这个问题,笔者会在书中给大家解释。其实我想说的全在书里,请各位耐心看完《中国禅》。

  笔者希望此书能给大家带来一个对于"中国禅"的崭新认识,各代禅祖师们用生命点亮的无尽心灯,在人类文明高速发展的今天,必将重新焕发出别样的光彩。

2014.6.21

目 录

1 引言

19 第一章 以心传心
20 佛法的革命
25 从昔而今
28 三生万物
31 无心之人
32 把心安住
39 三界唯心
43 有染即色,无染即空

49 第二章 心灯无尽
50 德山悟道
56 顺逆皆方便
63 痴冥之室
67 将欲取之,必固予之
71 虚明自照,不劳心力
74 云在青天水在瓶
79 觅心不得

88 第三章 释迦拈花
89 妙不可言

94 正法眼藏
99 一错再错
103 唯我独尊

112 第四章 六祖惠能
113 黄梅受法
118 东山法门
126 不思善恶
136 自性三宝

142 第五章 达摩一脉
143 人天小果
152 禅密法密
160 法本自然

171 第六章 罗什一脉
172 国之大宝
183 禅的胎动时期
192 实相禅心
201 清音彻九天

207 第七章 行走江湖
208 最上乘禅
223 最生活禅
241 最幽远禅
247 药山惟俨

252 第八章 一花五叶
253 结果自然成
259 临济
273 黄龙杨歧
283 曹洞
293 云门
299 沩仰
312 法眼
319 十方俱击鼓,十处一时闻

329 附录一 灯录
334 附录二 语录
355 附录三 经典

图表

21	历代禅祖师	137	禅者的三宝观
26	禅者的称呼	145	禅者的出家观
30	发心	158	慧根
33	禅者的智与愚	168	禅者的一行三昧
37	自性	180	得意忘言
42	生死轮回	190	不可思议
44	成就一切法,利益一切众	197	僧俗不二
52	悟道	203	戏论
58	禅者的心魔	212	佛法
65	一念(一)	237	一体两面
66	一念(二)	243	生死关
70	菩萨行	248	禅定
72	禅者的见地	255	强调实修
75	禅者的佛、人、魔	267	根器
78	禅者的灵魂观	279	禅者身心放松
90	禅者的饮食	290	主人公
95	大藏经	297	世界
102	禅者看经	305	灵光
109	禅者的涅槃观	311	禅风
114	方丈室	325	佛陀精神
119	禅宗		
129	禅者的受戒观		

中國禪

引言

在山上住了一段时间下山,仿佛隔世,深处山居,外面世界如何,浑然不觉,往来好像"下凡"一般有点惶惶然。

今晨出门,有微风几许,花叶上朝露晶莹,居然北京的空气也有了难得的清冽,仿佛山里的味道被晨风不经意地捎来。走到花园门口时,远见一老者向我走来,面容颇似一位亲人,我忍不住仔细地留意这个人,看着他从身边蹒跚而过,渐行渐远,最后只剩下远去的灰色的背影。

忽然觉得,人生中的际遇,其实是如此清清楚楚,我像个旁观者一样地看自己时,会问:我在看谁?谁在看我?我是谁?谁又是我?……每一个"当下",不就是这般恍惚中的实然吗?

3月22日和4月26日,我应北京大学图书馆、北京大学宗教文化研究院,以及复旦大学哲学学院邀请,先后在北大和复旦举办了"禅·不二"和"禅·自在"两次"中国禅"主题演讲,两所高校莘莘学子显现的求知和探索精神深深地感染了我,也深深地激励了我。

知识阶层是社会的中坚力量,正应是承上启下的国、家之栋梁,我辈如好学则社会上进,修养则社会文明,慈悲则社会和谐,智慧则必将赢得全世界的尊重,人乃国之宝也。

这两次演讲还令我特别欢喜地看到,传统文化正势不可挡地在各地复兴和发扬。传统是每个民族的宝藏,无论是思想、精神,还是文化。近百年来,我们因为各种原因将属于我们的宝藏尘封了多年,以至于今日的年轻人在西方强势文化的冲击下,不太理解甚至还有些瞧不起自己的传统,误认为其封建、落后、保守,在科技高速发展的今天,东西方文化呈现出了一种极度的不平衡的势态。当宇宙飞船在太空遨游,电脑的普及几乎覆盖所有的领域,当人的思想变得越来越理性、机能却越来越退化、心理变得越来越依赖时,当人的心进一步冷漠和麻木,这就和机器趋同了,但机器、电子、网络却在很多方面越来越人性化;当人类可以实现意识的定位清除和转移、控制时,这些最先进的意识控制、转移、分解、清除等科学技术却被大多数西方私人公司控制,高技能科技被商业化,未来可能发生的后果,是我们可以想象的吗?还会是个别个人、公司甚至国家可以左右的吗?人类的未来在谁手里?人类将何去何从?我们是否是时候该重新来认识世界了?重新思考科学和人文的关系?重新认识人的生命和自我?我想,这应该会成为一种新兴的思潮。

西方和东方的传统本是各有所长,西方以"还原论"哲学为基础,关注拆分和细节;东方则关注整体和融合。西方重"直、方",东方重"圆、通",无论是直、方还是圆、通,古德讲"智圆行方","内方外圆",方与圆本是可以兼容并蓄的,西方以精确见长,东方以和合为要。

身为中国人,重要的是在虚心学习西方文明、科学技术之时,在惊叹其他民族异域文化的丰富多彩、博大精深之际,深度挖掘我们自己的传统,形成自己的民族文化主体意识。一个找不到自己的人,一群找不到民族文化主体的人民,思想中往往充斥着迷信和偏见,由偏见和傲慢带来的自大无知而缺乏智信,这样的社会环境下大家会盲目地跟着社会言论、事物的表面现象、商业广告宣传而过着颠倒梦想、迷迷糊糊的生活,好比是无根之木,这些失去自我主体意识和盲目崇拜心态的人,不可能得到他族、他国的真正尊重。

　　西方曾有观点认为,今天崛起的中国不会成为超级大国,因为我们今天输出的是物质、产品,而不是思想、文明,认为中国的知识体系不能参与世界知识体系的建构,不能成为精神和思想大国,充其量也只能是一个工业快速崛起的物质大国。

　　纵观历史,但凡大国崛起,必然伴随着精神文明的输出。近代西方文化以美国文化为主,这是一种强势文化,它以商业为先驱,以科技为武器,多方位、多角度、多层次、多年龄段用各种方式进入各国。中国现在已经是世界上数一数二的经济体,但是西方人并没有因为我们的经济实力而给予我们足够的尊重,其中最主要的原因是西方人认为我们中国人没有精神,没有品格,没有文化。仔细看看周围,虽然我们都是中国人,虽然我们生活在中国,但许多人的心变了,变成了"美国心""西方心""日本心"或者其他民族心,中国国内还剩下多少真正有"中国心"的中国人?

　　如果您有"中国心",就算生活在异域他乡又怎样?只要心在中国,爱自己的文化,爱自己的同胞,爱自己的土地,您便是"中国人"。现在的情况恰恰相反,热爱我们自己生存的这片土地变成了少数人的心愿,不少人的人生目标是去国外。

　　近代有一位叫龚自珍的著名学者,他讲了一句很有名的话:"欲灭人之国,必先灭其史。"要灭掉一个国家,首先要灭掉它的历史,而文化是历史的缩影,是传统的根基。一个国家的人民、一个民族都不爱自己的文化,不以为荣,有些人甚至反以为耻,盲目追求、崇拜西方文化或者东方其他国家和民族的异域文化,这是精神国土的渐失。所谓国家领土，难道仅仅是土地吗？

犹太民族是个多灾多难的民族，他们发源于古代西亚闪米特（闪族）的一个支脉，于公元前11世纪形成希伯莱王国，定都迦南地。公元前926年希伯莱王国被亚述人和巴比伦人所灭。公元135年，犹太人反抗罗马人的起义被镇压后，开始了千年的流浪，直到1948年才回到巴勒斯坦，建立以色列。

在千年的流浪中，犹太人不断遭受各种歧视和迫害，第二次世界大战期间，六百多万犹太人被德国纳粹杀害。犹太民族流浪了千年，为什么还没有消亡？为什么还能建立以色列？其重要的原因是他们的凝聚力，从文化到信仰，他们的国土是不灭的精神。

精神不灭，国土就在。

现代传去西方的东方文化包括了印度瑜伽，以及日本的"ZEN"。日本人将唐宋之际流传过去的"中国禅"结合自己的民族特色，在西方大行其道，日本禅学大师铃木大拙将"禅"根据日文的发音翻译为"ZEN"，至今被大家广为使用。

不少人问，印度瑜伽也在强调冥想，刚进中国传佛法的高僧们也重视"禅定"，这些和我们要讲的"中国禅"有什么关系？

发源于印度的瑜伽和婆罗门教一样注重修行，这些修行人的生命中有两个世界：世间和出世间，世间是凡人居住的地方，是痛苦的，不净的，充满欲望和烦恼的世界；而出世间是净土、美好的、令人向往的，是修行得道的人和神居住的地方。这一世或者多世，修行的人将通过精进修行，不断苦修，消业灭罪，修者从世间去往出世间、人界去到神界。在修行中达到"神我合一"、"梵我合一"。

而"中国禅"直面当下,没有世间、出世间的区别,神界的菩萨也要来到人间生活,度化众生,因此,人间就是神界,烦恼即是菩提,这一点是二者之间本质的区别。

那么"日本禅"又是怎么回事呢？远在奈良时期,日本道璇和尚首先将中国的"北禅"传回日本,"北禅"即神秀禅师弘扬的渐悟禅法(见《茶密禅心》神秀篇)。后来,在嵯峨天皇弘仁年间(公元810年—823年),唐朝义空禅师东渡日本传法,日本的檀林皇后修建了檀林寺大力倡导禅宗,这是日本禅宗的开始。然而当时日本社会皈依禅宗的人还很少,不久以后,义空禅师回唐。

直到十二、十三世纪之交的镰仓时代,日本和尚荣西将中国惠能顿悟禅的"临济宗"黄龙一脉禅法传入日本,推动"兴禅护国"说,算是真正开创了日本禅宗。公元1223年日本道元和尚入宋拜宁波天童山景德寺曹洞宗如净禅师为师,回国后日本"曹洞宗"开始兴盛,自此,日本禅以"中国禅"的"临济""曹洞"二宗为主。

传去日本的临济禅法,以棒、喝为特色,活泼中不离大开大合、生死俱遣之气概,因而大受将军、武士的崇敬,进而和日本文化结合,逐渐演化出武士道、剑道等豪迈风格,推崇"禅剑合一"。日本战国时期的"剑圣"宫本武藏就是"禅剑合一"的代表人物,他修禅悟道,十年磨一剑,最后人剑合一,一击必杀,这里有临济禅的特色,如闪电一般雷霆万钧,也不离日本武士的风格。

禅者了生脱死,解脱生死的羁绊,这是武士们向往的解脱之道,他们信奉"人剑合一",对禅的修行方式十分敬仰和重视,有德行的禅师也往往得到将军和武士的敬畏与爱戴。"禅"在日本兴盛的一个不可忽视的原因就是"禅"成为了将军、武士们的信仰,从而演化出了具有日本民族特点的"ZEN"。

日本镰仓时代有过这样一句谚语:"天台属于官家,真言属于公卿,禅宗属于武士,净土属于平民。"当时的武士们没有社会地位,整天在刀尖上生活,随时都有可能面对死亡。对于武士而言,最重要的是当下念头,随时可以坦然面对"死"。

而幽玄的曹洞宗则在日本继续发挥出了机关不露、池成月来的含藏之气,因而在建筑、雕塑、壁画、茶道、花道、香道,还有园林、服装、饮食等艺术、文化领域被充分挖掘。

临济、曹洞两种禅法,一阴一阳,互为补充。在今天的日本,禅已经切入生活的方方面面,现在世界各地的修禅者,或者对禅向往的人,会想着去日本寻禅。

"禅"在日本至今还属于显学,除了每年给日本带来巨大的经济效益外,更是代表日本文化输出西方,成为日本人的骄傲。这一点也是中国国内某些不认可"中国禅"价值、仅仅浅显粗糙地用商业把"中国禅"俗化的人需要反思的。

"禅"在中国被仪式化、宗教化、神秘化、理论化、商业化、简单化、庸俗化,这些僵化固定的模式使"现代中国禅"失去了"中国禅"的本来面目,失去了惠能曹溪顿悟禅的精髓和生命力。

日本的铃木大拙禅师先将临济禅传去美国,现在人提"禅"多数以为是"ZEN"。五十年后,铃木俊隆禅师又通过旧金山禅修中心将曹洞禅带去西方,苹果的创始人乔布斯就是铃木俊隆曹洞禅法的受益者之一。不仅西方,现代中国的许多学者、文人、商人、佛教徒提到"禅"时,也认为"禅"就等于"ZEN",日本已当之无愧地仿佛成为"禅"的圣地,大家可能根本都不知道"ZEN"来自中国。现在日本人骄傲地宣称:"禅"在印度出生,在中国开花,在日本结果。

从"禅"的本质方面来讲,和在哪国、什么背景无关,"禅"只讲明心见性、见性成佛。但在社会文化表现方面,由于推动的人、文化背景、语言背景、理解程度不同,因此推动的侧重和内涵都大有不同。现在日本"禅"称为"ZEN",韩国"禅"称为"SEON",我们要中兴的"中国禅"是"CHAN"。

身为中国人,我们大部分人至今不知这个被日本视为国宝的"禅"为何物,也不知道日本人为什么这么偏爱这个看不见、摸不着的"禅",我们不理解"禅",将自己的宝藏曲解误解,弃若敝屣,置之高阁。

常常听到有人讥笑想禅修或习禅的朋友:"要'禅'干吗?又不能当饭吃!"或者说:"别发神经了,累了在家休息不挺好吗?"还有人说:"您不要逃避现实! 躲去山里清净,这是不负责任的行为!"更有人误解:"禅不就是随便吗?""您们说行、住、坐、卧都是禅,既然是行也禅坐也禅,那我现在就在修禅啊,为什么还需要专门学习?"

是的,禅确实不能当普通的饭吃,但日本将"ZEN"作为日本文化输出西方,再从西方传播至全世界,日本一年因此得到了多少天文数字的有形、无形收益? 有没有人能算清楚这笔账?

我想请说修禅是发神经的人好好看看什么是禅者,人的烦恼、矛盾在于情绪不稳定,心不安,缺乏信任,修禅并没有发神经,恰恰相反,禅者的情绪是最稳定的,禅者心中有情而不滞于情。

我也想告诉那些误认为修禅是逃避的人,禅者不但没有一点逃避的心,相反禅者敢于时时刻刻面对自己内心的心魔、妄念、欲望;面对身体修炼时的酸麻肿痛;敢于不离凡尘,出淤泥而不染。

最后我想请那些说禅是随便的人来体验一下,究竟什么叫"随便"。"随便"的本意是随其方便,"方"是方法,"便"是利便。没有一颗专一的心,是随便不了的。随便的人是能大自在的人,不滞于情、不困于法、不陷于事的人才能自在。有了禅心的智者,是平常人,和大家一样生活,但不同的是,"寻常一样窗前月,才有梅花便不同"。

获得了禅心的禅者,就好比普通人遭遇爱情或金榜及第时一样满心欢喜,但区别在于世间的激情和名利真正令人开心的时间很短,随着时间的推移,这些当时令您开心的事情很大可能会因为抓不住而往另一个方向发展。而有了禅心的人生是时刻在恬然中,日日是好日,时时是好时,了悟人生中一切际遇如雁过长空,"长空不碍白云飞"。

写到这里时,我抬头看了看茅屋外的那片蓝天,好一片万里长空,任由白云自在飞舞,禅心中并非渺渺茫茫或空无所有。您看,这万里长空里有斗转星移,有飞鸟云霞;您再看,两千年前佛陀灵山法会的那片长空,一千多年前惠能祖师悟道时的感言:"何期自性,本自清净;何期自性,本不生灭;何期自性,本自具足;何期自性,本无动摇;何期自性,能生万法",那片长空,那段禅音不是至今犹然在目在耳吗?灵山法会何曾散场?

山风在轻抚,佛陀在那天下午的那个微笑如是,惠能祖师在那晚的悟道偈颂亦复如是,有了一颗活泼泼的禅心,那个下午的拈花微笑,那个晚上的幡然醒悟不就映现在此时了吗?这法、这道、这禅何曾流失?这心灯代代相承,灯灯无尽,又何曾熄灭?

心中呈现的任何现象境界固然有形、有相、有区别,可是哪里有什么可以困扰无拘无碍的自在禅心呢?禅者身在世间,世间万物映现于心,不抗拒、不占有,任其在心中自然生灭,不受好坏、是非、善恶、前后、正反等现象困扰,顺应自性,"不二皆同,无不包容"。海纳百川,海的心会有分别归海之河水的垢和净吗?

身为炎黄子孙,还"中国禅"以本来面目,这是禅者的责任。不过我们要注意,在恢复传统的时候,身为继承者和发扬者更需要的是智慧,需要理解传统中的精华与糟粕,其实不仅是传统,现代文明也一样,都有其固定性的可传承发扬的一面,也有其可再造的不合时宜的一面,但凡事物就存在有多面性,光彩中必有落后的沉渣。但万事万物无论传统和现代都没有绝对的沉渣,也没有绝对的神奇,文化当然也不例外,就看您个人有没有智慧和能力去领悟,去驾驭,大多数时候事物中的精华和糟粕是混合在一起同时到来的。当个人智慧不够的时候,就驾驭不了,运用不了,理解不了,就会被各种现象迷惑,这些让您迷惑的东西便成了束缚您的绳索。

"中国禅"是罗什法师、达摩祖师东行译经、传法,由志公、傅大士、慧可、僧璨、道信、弘忍等祖师承上启下,艰苦传承,乃至六祖惠能大开弘门,发挥出了地地道道的中国特色的智慧结晶。"中国禅"透脱佛教的形式,滤过佛学的名相,将佛法生活化、平常化,祖师们潇洒诙谐,信手拈来都成妙话。唐宋之际,无论是宫廷、还是士大夫阶层、抑或是平民百姓,本地化的"中国禅"已经深入人心,万法归禅,禅影响着中国社会思想、文化、习俗、语言、学派等方方面面。儒家的"宋明理学"、"阳明心学"乃至道家、道教受禅学的影响显而易见。

谈到"中国禅"这个问题时,我无可逃避地必须回答的第一个问题,也是大家问得最多的一个问题是:"中国禅究竟是什么?",是哲学吗?是宗教吗?是文化吗?是虚无及神秘主义吗?是唯心还是唯物呢?"禅"讲的所谓"心心相印"那是不是"吸引力法则"呢?……

说实话,这是很难回答的问题,可我知道又必须回答。对于选择题,其实回答"肯定"或"否定"都不究竟,都不是"中国禅"的根本旨要。当一件事物被"肯定"时,"肯定"的答案本身就有限制;当一件事物被"否定"时,"否定"的答案本身就有排斥,蕴含着某些没有被"否定"的选项。

因此简单的"肯定"和"否定"不是"禅"的回答,"中国禅"要的是另一种"肯定",这种肯定超越逻辑,超越二元对立,是一种没有局限和反命题的最高"肯定"。"中国禅"一直在不断正面肯定生命中某种永恒的存在,姑且称之假名为"自性"或"本性"或"佛性"。

写着写着,我想起了《庄子·应帝王》中的一则寓言:"南海之帝为'儵',北海之帝为'忽',中央之帝为'浑沌'。'儵'与'忽'相遇于'浑沌'之地,'浑沌'待之甚善,儵与忽谋报'浑沌'之德。曰:'人皆有七窍,以视听食息,此独无有,尝试凿之。'日凿一窍,七日而浑沌死。"

庄子在这里想表达的内涵和"中国禅"何其相似?南海是显明之方,以"儵"为有;北海为幽暗之域,以"忽"为无,中央之地非北非南,非有非无,故称"浑沌"。"儵"有象;"忽"无形;"浑沌"则是和合,因无孔窍无分别而居于非无非有之境,其与人为善,纯属发乎本性。而"儵"、"忽"二帝,妄嫌"浑沌"之无窍、无心,自以为穿凿有益,不顺其本性自然,强开七窍,帮助它看、听、吃、呼吸,以己之欲强施与人。是故,人之丧命多出于亲友无知的"善意",亦可谓"强为者败之"。

"中国禅"何尝不是如此?"禅"本是佛陀"以心传心"之教外别传之最上乘法,是惠能禅师的"一无所得"之最上乘法,是马大师的"平常心",是赵州的"喫茶去"……无奈后人常常用自我意识"善意"地来给"中国禅"开窍。"中国禅"本与生活是浑然一体、无所分界的,它活生生、平凡、直接、真实,只有契合人人"自性"的方为"禅"。绝对不是在生活之外另有个什么"禅",凡人之外有个什么"禅者"或"禅师",每个人都可以是禅者。人的"本性"本来是混混沌沌、非有非无、非前非后、恍兮惚兮、无心无住的,可是由于人为的开凿,破坏了本性的敦厚和天真,"中国禅"自宋朝开始逐渐变味了,湮没了……

如果一定要用什么语言来表述"中国禅",我思来想去,惠能禅师悟道时的那句话比较恰当:"本来无一物",对!"中国禅"是"本来无一物"!又是《坛经》上说的"佛性常清净",它像悠闲的流云,像奔腾的河水,它像闪电,像日出,像无处不在的空气,还像镜中花、水中月,它是适时而开的春花,是应景而落的冬雪,它就是我们的人生,活生生的鲜活存在,又一切不留,无可记忆……

"中国禅"不是高度知性、深奥复杂的经、教理论,惠能祖师目不识丁,禅法只为悟道,它不建立在二元论的基础思考模式上,不能单纯以逻辑、分析的方法去分割、解剖,因为它"本来无一物",因为它"佛性常清净"。

"中国禅"虽然不是高深复杂的理论,但又不离经、教,只不过是不重经、教,这点和其他宗派是有区别的。"中国禅"中更无咒语、真言,所谓"密在汝心",强调一切的大秘密,大密法都在每个禅者自心,心中本来样样具备,修禅者越修越发现,禅法其实根本无"定法",无"一定之规",禅的老师是指路人,但指路本身就是禅的教法,只是针对不同根器、不同见地的学人,要指不同的路而已。

"中国禅"是一种宗教吗?唐宋时由于"禅"的普及兴旺,"禅寺"随处可见,不少人误以为"中国禅"等于宗教,等于"禅宗"。

凡诸宗教,皆以生死皈依为根本,人哪有厌生而祈死的?凡求不死者,皆望永生,无论是肉身还是灵魂,皆望不灭,毕竟生死事大啊!因此宗教都是从慈悲出发给人关怀,但落脚还是重在解决生死问题,死后归属问题。

真正的禅者是"了生脱死"之人,日常生活并无拜佛、敬神,更没有什么仪轨;早期禅者连常驻地都没有,寄居在"律宗"或"净土宗"寺里。自马祖禅师建"丛林",弟子百丈禅师立"清规",一花开五叶,曹溪禅门派生出五家七宗后,"禅宗"才以宗派方式正式盛行。

宗派本无不妥,因为能顺应了各方面的需求而发展壮大。初期的"禅寺"里没有佛像,禅僧每日上"法堂"听法,去"禅堂"修禅,下地里劳作,秉承"一日不作,一日不食"的清规,坐禅之地便是禅者安睡之所,那些宗教的核心构成的问题诸如灵魂何去何从、有无天国地狱、因果轮回、死者的归宿等等,这些问题并非禅者的关心点。真正的禅者不需要他人来照顾灵魂的幸福和归属,也不在乎灵魂灭不灭,当然更不会去替别人超度死后的亡灵去往哪里。

真正的禅者,他的净土不在天上、不在死后,只在当下!心净则国土净,禅心是敞亮的、自由的、没有束缚的。至于到底有没有神、鬼存在,有没有极乐世界不是禅者关心的,对这些问题的态度禅者是不肯定或否定，禅者关心的是当下活生生的人生究竟是否解脱！说白了，禅是为了活着的人的解脱和自在，极乐净土只在当下，禅者要实现的是"人间净土"！

什么是"人间净土"？这个思想出自《维摩诘经》"心净则国土净"，其表现有：

一、禅虽关怀普度一切众生，但为适应现代文化，而变化为契时契机的现代禅，禅法要为活着的人服务。

二、禅法虽包含了以个人解脱为主的小乘佛法，但中国更多传承的是大悲大智、普为大众利益的大乘法。

三、"中国禅"虽是令一切众生究竟成佛的圆满法，然而也包含了渐法和顿法两个法门，为适应重验证、重程序、重分析的现代科学，现代禅法会用渐法辅以契时契机的顿悟之道。也就是说，以现代的人间化、大众化、科学化为基础。在此基础上，"中国禅"中包容了北禅渐修法，这是现代"人间净土"的关键变化所在。

"净土"本是佛经中描述清净庄严，没有众苦只有诸乐的美妙国土，又叫清净国土、净界、净域、安乐土、净妙土。佛所居住的"净土"是没有阶级、没有贵贱、人人平等、各尽所能、任需享用、国土平整、环境美妙的世界。这里人人真诚平等，心地纯善清净，一心为利济众生、普度有情而积功累德。这里没有任何丑恶痛苦，只有无尽安泰妙乐。佛"净土"是真、善、美、慧的大乐园，是和谐社会的典范，是众生的本有家园、究竟归宿。

"中国禅"中的"人间净土"不是人死后去往各佛国净土，而是在我们现实社会中实现一个良好的社会或优美之世界，它是一个和谐的生存环境,这就叫"人间净土"。

太虚大师曾说:"什么是人间净土?近之修净土行者,多以此土非净,必须脱离此恶浊之世,而另求往生一良好之净土。然此为一部分人小乘自了之修行方法,非大乘的净土行。"他还说:"遍观一切事物无不从众缘时时变化的,而推原事物之变化,其出发点都在人等各有情之心的力量,既人人皆有此心力,则人人皆已有创造净土本能,人人能发造成此土为净土之胜愿,努力去作,即由此人间可造成为净土,固无须离开此龌龊之社会而另求一清净之社会也。总言之,今此人间虽非良好庄严,然可凭各人一片清净之心,去修集许多净善的因缘,逐步进行,久之久之,此浊恶之人间便可一定变为庄严之净土,不必于人间之外另求净土。故名为人间净土。"

"中国禅"由渐、顿圆觉之真理与修者个别之时机所构成,其两大原则为:一契理,二契机。非契理则失体,非契机则失用。"理"即佛陀所究竟圆满觉知之"宇宙万有真相","机"乃一方国土、一个时代、一种生类、一个民族、一个人个别之习气或思想、文化。

禅法超越逻辑、生死、因果、理论、知见、仪式、外相等一切束缚,禅者相信人的清净自性,至于在禅寺里可以看到的佛、菩萨和神鬼的雕像,禅者认为他们只是雕像,和山上的石头、清风、树木没什么区别。禅者时时刻刻契合自己的本性,不执著于外在的一切形象、现象,对外在的一切事物平等心对待,平常心对待,这禅心"在凡不减,在圣不增",任何人为的增、减、损、益都会破坏本性的清净和完整。禅者只要心自在无碍,行、住、坐、卧时自由自在,时刻澈照生命存在的理由。

这种人生,如同鸟于空中飞翔时不会感觉障碍,鱼在水中悠游时不会感觉水有阻力,它们只是飞翔,只是悠游,这样的人生难道还不够吗?

惠能禅师把那高亢入云、深不可测的经、教直接拉回到地面上来,法孙马大师一声断喝"平常心是道",让神秘的、庄严的、高深的"禅"不再神秘,老老实实回到平常生活!禅者们如果看到某个东西被冠名为"佛""菩萨""神通"之名来扰乱人心,他就胆敢毫不犹豫地把这东西焚烧、撕裂、丢弃、斩断,禅者的一切行为都是为了破除人们对名、相的执著。

不过您千万别以为禅者是疯子,好像禅里面斩猫烧佛,杀声一片,怎么没有电影、电视里看到那些和尚们慈悲善良?我们要理解的是,禅者杀的是那些借"佛""菩萨""师父""神通"之名,依附在这些名、相背后的东西。他们斩的是妄想,烧的是依赖,杀的是心贼,内心中禅者对佛、对菩萨、对师父、对大善知识是极其敬仰的,但敬仰并非崇拜和迷信,他们是最智慧、朴实无奇的普通人,是领悟了生命实相的普通人,他们清楚宇宙万物周行不息的奥秘。

当桎梏人身心的局限被打开后,心量在刹那间会变得无边、无限、无量、无极、无际、无止境;禅者的时间叫无始无终,空间叫无量无边。生死如轮之旋转于时空之间,生与死,不过乃生命之一期变迁。人生虽如梦,当下却是真,当下的真实是最活泼、最有生命力的,何必舍近求远为"过去"唏嘘不断,为"未来"谋划不已?所以,"中国禅"不是虚无缥缈的精神,它活生生地"远在天边,近在眼前"。

佛陀在灵山法会的"拈花微笑",这是禅的渊源,据《大梵天王问佛决疑经》所载:"摩诃迦叶见佛,拈华示众。即今廓然,破颜微笑。佛即告言,吾有正法眼藏、涅槃妙心、实相无相、微妙法门,不立文字,教外别传……付嘱摩诃迦叶。"

什么是禅法的"教外别传"?"教"是指经、教。佛陀此番相传的"法"不依言教,言教的意终有不尽之处,佛陀慈悲,另传一法,"禅"便是佛在经、教之外的另一种传授。

我们不妨来参究一下,佛陀离世后,遗留给后人的无尽宝藏,究竟什么最重要?是三藏十二部,还是他的人格?毫无疑问,佛陀最宝贵的当然是他无与伦比的人格。

他在世时,时刻不离的,不仅仅是说法论道时的言教,他的一言一行都是他人格的体现,这些体现就是他用生命在说法。他在寂灭时说:"修者皆当自求解脱,勿求助他人。"对于这句话,不少人认为这就是"依法不依人"的意思,但往往我们对"依法不依人"这句法义的理解并不全面。

"不依人"大家如果认为是不需要老师的话,这就彻底误解了。佛、法、僧三宝是不可分割的,僧是法的载体,僧是人,僧的含义不一定是出家人,而是心净的师者。那么不依的是什么呢?不依师者的人情、情绪、地位等世间层面的东西,而需要依靠师者的法量来帮助自己成就,也就是法的能量,这是师者的作用。由师者个人的见地和对佛法的领悟,可产生的灵活教化学人的方法,这是师者心中产生的法量,此为学人必须依靠的。

"中国禅"继承和发扬的是佛陀的根本精神:每个人天生具备独立、自信、完整、圆满的人格。什么是人格?作为一个"人"而应具备的品格:大方、仁义、平等、善良、礼貌、诚意、慈悲、智慧等等,"禅法"是"人法"。师父只是指路人,不同人走不同路。佛陀开悟时说:"奇哉,一切众生皆具如来智慧德相,唯因妄想执著不能证得。""中国禅"直取佛陀本意,又进一步和老、庄、孔、孟的传统中国智慧之道圆融,当下直入,直见本性,见性成佛,这是佛法中的一次革命性的创举:放下屠刀,立地成佛。

许多人不理解"屠刀"的意思,所谓屠刀,可以是杀他人的刀,也可以是杀自己的刀。我们这里的"自杀"不是我们通常理解的那种极端行为,当一个失去了活力、自信、天真、创造力的生命,每天生活在重复、抱怨、衰老、疾病、嫉妒、后悔中的人生难道不是自举屠刀慢性自杀?每天纸醉金迷、堕落沉沦,自悬于头顶的难道不是屠刀吗?每天用无知、愚昧、迷信和谎言自欺、欺人的背后,难道不是看不见的屠刀吗?把这些屠刀统统放下,醒觉人生便是"成佛"。

唐宋以来多少儒、道名士的人生和"中国禅"密不可分?李翱、裴休、张商英、王维、王阳明……数不胜数。禅"不立文字,以心传心",那这心力靠什么传递呢?靠的就是人人都有,但又忽略不见的"本性",人人内心中不生不死、无是无非的本性是相同的,佛陀谓"人人皆有佛性",此相同之力,可以发生同类易感之用。聚因缘,迁胜善,达禅境,此为"中国禅"的立足点。立足于此,禅者才可了生脱死,超脱分段生命的变迁,永返于寂然不动、常寂光明之地,如海波返于深水,了知全波是水,全水是波。波水之大小、生灭受因缘影响,而缘生缘灭,终返于空。

本书将从禅脉、禅义、禅修三个核心要素综合论述"中国禅","禅脉"如同母亲一样,孕育着禅的生命,在历史长河中传承和成长;"禅义"是禅的密义,如同大树的根基,是禅者内心实修体悟,及一切禅法的基础;而"禅修"则是"中国禅"修法的应用。书中我们也会穿插一些公案、语录，还有对于禅文化的一些介绍，笔者将尝试从不同角度诠释"中国禅"的各个方面。

我们将在第一、二章里和读者们一起找找"心"在哪里？心灯为何可以无尽？第三章释迦篇中，我们进入禅河中泛舟荡漾；在第四章惠能篇中，我们要讲讲"中国禅"出生的过程；第五章达摩一脉中，我们用另一只眼洞见祖师；第六章罗什一脉，是我们对"中国禅"法脉的新解。第七章"行走江湖"篇，我们讲讲马大师和石头禅师的传奇，第八章"一花五叶"里我们会讲述"中国禅"这朵禅花由盛至衰的演变。

十几万字的作品在禅海汪洋中不过沧海一粟，一家之言意在抛砖引玉。笔者希望读者们由此可以产生对"中国禅"的关注和喜爱，也希望令到"中国禅"修者对禅法有新的认识和体会。

第一章

以心传心

佛法的革命

唐宋之际,万法归禅。

这个通身活力四射、散发着异样光芒的"中国禅"是在魏晋南北朝时期由罗什法师、达摩祖师东来译经、传法,再由志公、傅大士、慧可、僧璨、道信、弘忍等中国历代祖师们承上启下,最后至六祖惠能大开弘门,发挥出地地道道的具有中国特色的中、印智慧之结晶。

之所以称之为"中国禅",是因为较之早期的印度禅(天竺禅)和后来佛法大兴在中国生根,以及由此演化出的其他佛教及宗派团体,"中国禅"有如下特色:

一、佛、菩萨、祖师们都是人不是神。禅法是智信而非迷信,没有什么可以依靠,没有什么可以被固定化、仪式化、程序化的,禅继承的是佛陀活生生的、无拘无碍的平等精神。

二、"中国禅"的修法是生活化的禅法。禅就是生活本身,不是深山里遥不可及的神仙之法。

"中国禅"是平实、自然、朴素、活泼的,"饥来吃饭困来眠",没有那么多深奥的名相、哲理、经教、神秘和庄严。"一日不作,一日不食","平常心是道"。早期禅宗寺院里的禅僧和禅师,除了上法堂听法时会有衣着差别,看得出来是出家人,听完法下地干活,在禅堂坐禅、行禅时完全和常人无异,禅堂里坐禅之处便是卧身之所。

三、"中国禅"明确提出一念成魔,一念成佛,人人皆可顿悟成佛。"中国禅"的"顿悟"是佛法的革命。它好像黑暗中的一道闪电,突然一

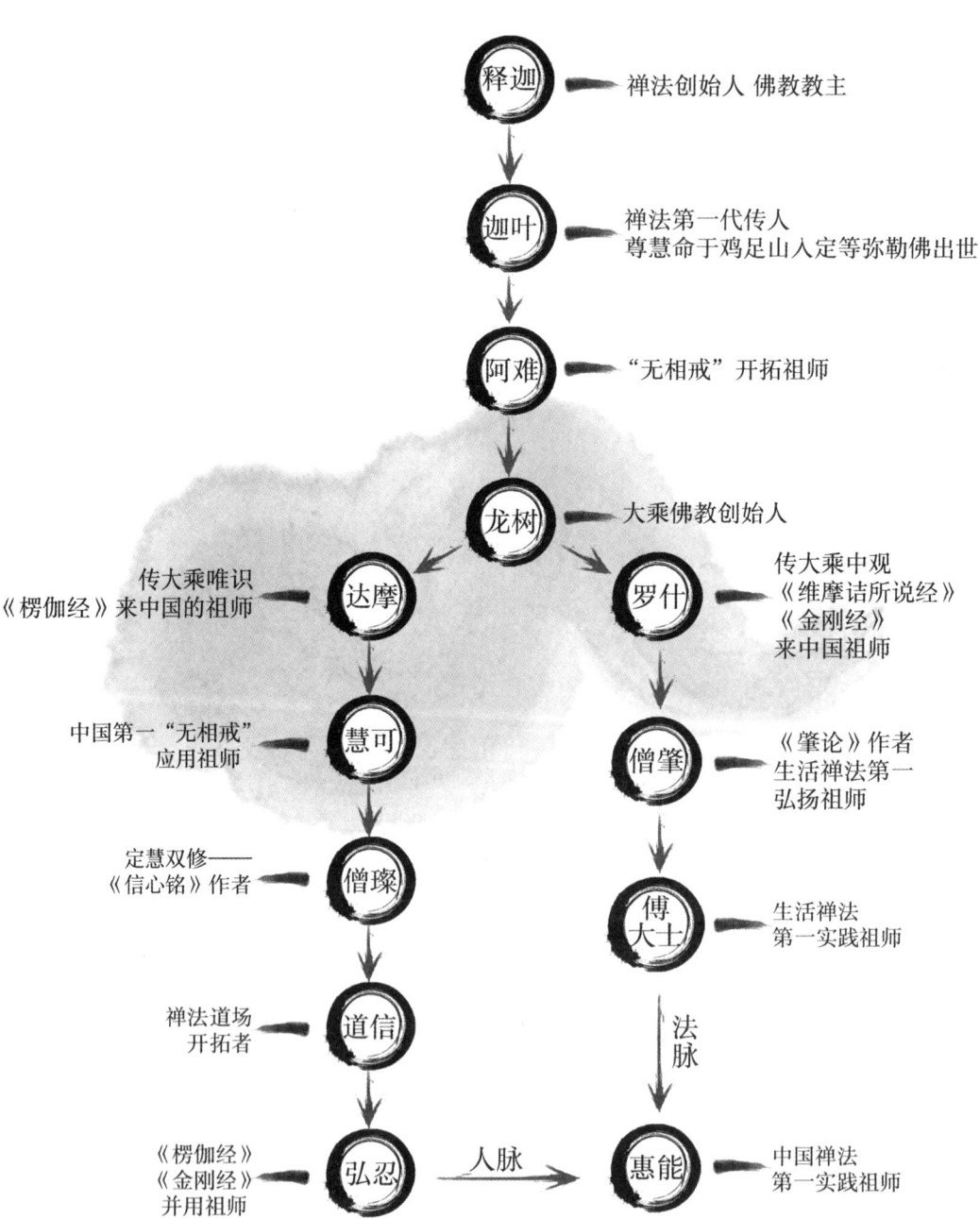

下子天地之间就什么都清晰了。它透脱佛教的形式,滤过佛学的名相,祖师们将佛法生活化,潇洒诙谐,信手拈来都成妙话。它与生活是浑然一体、无所分界的,万千修行法门,没有高低上下之别,每个人都可以寻找和自己相应的法门,殊途同归,万法一如。

佛法从初期开始便有"人人皆有佛性"这个思想存在,但具备了佛性有什么用呢?谁也难以主动发现内藏的佛性。就好像人类发现万有引力、电的使用才多少年?而这些天地间的能量不是一直就存在吗?看不见、没发现的不等于不存在,一叶遮目不见泰山,人被外境带着迷迷糊糊地生活。觉醒需要累世多世、多久的修行啊!

四、"中国禅"接引学人方法匪夷所思:无论是棒打暴喝,还是词不达意;无论是答非所问,还是道得也三十棒、道不得也三十棒,更或者一言不发、一默如雷等等。估计世界上没有哪个区域、国家、学校能有此种灵活、变化多端的教育方法。"禅"教育的目的在于激发学人的潜能,使其悟道,而非死记硬背,死于句下。

五、禅者眼里的净土只在当下,一念清净便是菩萨净土。除此之外,别无净土。

六、禅者的戒律和其他宗派不同,如《坛经》所说,禅者秉承大乘"无相戒",这一点我们在"六祖惠能"章节有详细介绍。

七、"中国禅"是心内求法,回向自心,所以无咒语、真言,无仪式,也无一定之规。"密在汝心",一切的大秘密、大密法都在每个禅者的自心,自己心中本来样样具备,禅修的核心就是帮助每个修者建立自信,找回自己本来面目,它活生生、平凡、直接、真实,契合人人的"自性",这就是"中国禅"。绝对不是在生活之外另有个什么"禅",凡人之外有个什么"禅者"或"禅师",每个人都可以是禅者。禅的老师是指路人,但指路本身就是禅的教法,只是针对不同根器的学人,要指不同的路而已。

八、"中国禅"的清净禅心,不是靠次第渐修,靠"时时常拂拭,莫使惹尘埃",而是瞬间找回"本来常清净"的心,是如其所如。如果人的心,人为地夹杂了多余的东西时,心,就不会清净。

其他宗派的修行法中有时时勤拂拭的思想,这在禅者看来是染、净为二的二元思想,老想着把多余的东西拿走还是一种妄想,如果让您的心呈现本来的样子,心自然就会清净,如果老是想着外在的事情,它永远也不会平静,和勤劳拂拭没什么关系。

九、不立文字。很多修禅的人误解"不立文字"是不是就是不要文字?"不立文字"不是不要文字。不要误以为离开文字才是修禅,老老实实去打坐、听经、唱诵等等,就算修禅了。禅的这个"立"不是"建立",而是"立足"。

为什么"不立文字"?很重要的一点,文字是谁写的呢?圣人们写、智者们写、禅师们写、佛弟子们写。文字是他们动态智慧的静态呈现,智慧是动态的,文字是静态的。语言文字有它的局限性、时效性,离开了当时的语境、文境、社会环境,将动态的智慧中活的东西仅从静态的文字中理解,是不究竟的。

"不立文字"的意思不是不需要,而是不依赖。禅者称文字为"戏论",不可不要也不可当真,就像人生如戏,不可执著。禅师们有时候会讲一些疯话、傻话、无头无脑的话,就是为了帮学人破执、断执。但是现代人只懂用耳听,不懂用心观。

禅者修禅是把经、教、祖师语录中静态的东西再变活,变生动,好像先人就在眼前,你来我往,循循诱导,这才能将文字中静的东西变活,否则就叫"死句",不用心变活的知识、文章,读多少遍,背得滚瓜烂熟也不会真正领会。

老子讲:"为学日益,为道日损,损之又损,以至于无为。""学"是指知识或技术,具有有限性、易把握性和可传授性的特点,而"道"是自然而然,是一切法,是无限性、难以把握和不可言说的。所以修学增加的知识,并非修道,以天合天、以道合道、自然而然才是无为的禅修状态。"为道日损"是我们将人生中的各种阻隔障碍一一剪除,我与天地自然沟通,与禅、道会合,达到人生的最佳状态。损之又损、减之又减、简而再简、约而再约,这个过程中,人生就已经开辟出一块广阔的空间来。这是一个去华存朴的过程,虽为而非为,无为而无不为。

十、以心传心。禅者的心是清净的,是一个频率的,无论肉体在不在一起,无论时空如何阻隔,这个频率如同形、影一般不会分离。佛、菩萨、祖师,是最有情的,心中忆念一切众生,有如慈母忆念子女一样,儿女们不一定会有同样的心忆念慈母,当儿女的心和慈母同样频率时,如此母子二人,虽远隔千里,虽历劫多生,也不会永远离散了。

我们这一章重点讲"以心传心"。为什么禅法有这个显著的特色呢？师徒之间、同修之间的沟通可以隔空、跨时代"以心传心",这些传承也没有什么特别仪式。以心传心的基础是"中国禅不立文字"。这个不立不是"破旧立新"而是"只破不立",为什么呢？为的是留下心里的空间,虚心以待。

从昔而今

通常人看到这样的题目就会认为"以心传心"大概就是"心有灵犀一点通"吧？也对也不对，心有灵犀一点通要分几层来理解。我们来看看："灵犀"是什么？仅仅是彼此的默契吗？灵犀和默契有区别吗？沟通的区别只有两点：广度和深度。一点通的"通"是什么呢？是指瞬间的觉照，通透度才是通的关键。

那么默契、灵犀之类的人与人的相应程度，以及修行人与动物、他人以及天地万物之间的默契和灵犀，和"神而通之"的神通是一回事吗？

"以心传心"之说来自于佛陀灵山法会拈花微笑，佛陀于此盛会付"教外别传"的心法于大迦叶尊者。佛陀为什么用了近五十年都没讲完他想说的法？最后在经、教之外又另传最上乘法？当时灵山法会在场的皆为随行佛陀听法多年的修行人，其中不乏得道的阿罗汉、菩萨、尊者、上人，可是为什么唯有大迦叶尊者和佛陀心心相印了呢？其中的奥妙在哪里呢？

不把这些问题搞清晰，我们下面的文章很难写下去，因为禅是一颗活泼泼的"心"。经是佛语，禅是佛心，修禅最重要获得的是这一颗无拘无束的禅心，禅心有什么特点呢？最大的特点是"无住"。无住的才是活泼的，有生机的，动态平衡的，禅心无来无去，无生无死，唯有超越了时间、空间，才可以随时和佛、菩萨、祖师们在虚空中对话。

读者可能会想，怎么可能呢？时间不是从前往后，难道会从后往

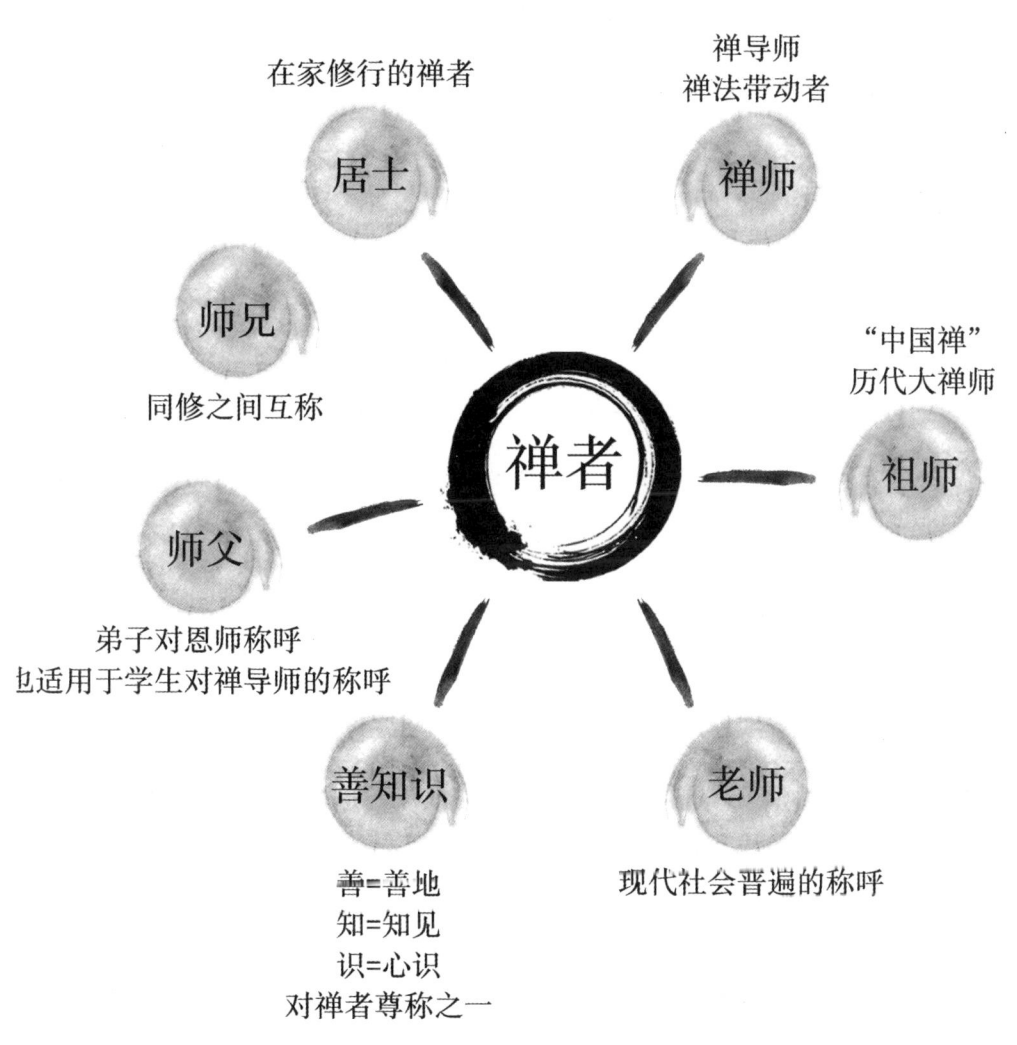

前吗？因为你已经人为地设定了前后，才有这种局限。什么是从前到后？什么是过去？什么是未来？时间一定是从昔至今吗？有没有可能从今而昔，从未来而现在呢？

不要认为笔者疯了，连前后都分不出了。我们仔细想想，我们心目中的这前后是谁来划分的呢？之所以存在我们共同认可的时间前后，是因为我们划定了一条历史的长河，这看上去是一条直线，从远古至今，经过详细的历史记载，考古演化，来证明这是从前往后的直线。

但这条直线不过只有几千年，再放大一下从古智人开始，也不到十万年。这些时间对比人类形成，对比生物形成，对比地球形成，对比现在了解的宇宙这一期寿命，这些时间可否算一瞬间？一刹那？这条人类发展的线就一定是直线吗？古人几千年来一直认为天圆地方，现在来看地球是方的吗？如果是圆形的球，往后一米不也是往前一米吗？

庄子说"不与夏虫言冰"，我们这几千年可考证的历史，在宇宙的寿命中能算得上有一个夏季那么长吗？历史的长河，这条我们认同的有前后的直线放到足够大时会不会是圆？

如果是圆，圆有中心吗？有前后吗？就如时间一样，人类没有出现的时候地球有时间吗？现实社会中人与动物之间的时间周期是同一个吗？时间是相对的不是绝对的，即使相同环境、空间、区域内的不同的人，每个人的时间观念也不同，人类为了统一规范，而人为用数学方式等分计算出了时间，您的时间其实并非我的时间，不能一以蔽之……时间是人为的，那么空间呢？空间是谁设定的？能局限住身心的叫空间,但到底是什么在局限您的身心呢?

问了这些问题,读者们可能有些糊涂,您能够十分有底气地认为自己足够了解时间和空间吗?如果没有那么充分地认识时、空为什么存在,没有突破这个思维的局限,您怎么能肯定从这一刻往过去倒流不可能呢?时光倒流一定需要依赖时空穿梭机吗?宇宙能爆炸就能坍缩。宇宙飞船在宇宙中飞行时有上下之分吗?顺和逆的流注如何判断呢?几百年前如果有人讲地球是圆的,他会被无知的人痛骂或者烧死,可地球是圆的这个事实,佛陀在两千年前就讲过了,我们在一个圆形的球中和一只蚂蚁在一个篮球上爬一样,有尽头吗?有前后吗?只有远离这个球,您才能像看蚂蚁爬球一样看到自己身心和思维的局限,这是禅法的"向上一路"。

"远在天边,近在眼前"是禅之道,虽历经千百年,祖师们依然活生生地遍及十方法界,无在不在,禅者只有超越时间、空间局限,突破了一切人为的限制,就可以理解和体悟到"以心传心"的重点所在了。

禅者的心"随缘自在",人生如戏、如梦如幻,这个繁杂的社会,难缠的人际关系就是一场大戏,菩萨谓一切法,乃众生心,离众生心,无一切法。该怎么来对待人生这场大戏呢?区别在于您自己是清净心还是烦恼心。在同样的生存环境下,同样面对生死流转,清净心看到的是净土,烦恼心看到的就是凡尘。

三生万物

"无住"的心对内是不二中道的智慧。例如修行时,有些人偏执于修功夫,有些人偏执于修经教、义理,以期打开智慧之门,这些都是"一";偏执在一境的时候,修功夫和修义理都会出现突然感觉舒服或感觉不舒服,突然感觉有了某种境界或失去某种境界,往返于这些无常的感受中这些还是"二";唯有定慧等持,不偏不倚,不执著在某种身相、境界中的叫"三"。"三"便是不二、无念、无相、无住、无心、无意识、无立场。是"无中生有,有无不二"。

老子说:"道生一,一生二,二生三,三生万物。""三"是活生生的生命来源,不是固定的、模式化的,唯有生机盎然的力量下才可"生"出"禅心"。

"无住生心"的根源出自哪里呢?《金刚经》云:"须菩提,如我昔为歌利王割截身体。我于尔时无我相,无人相,无众生相,无寿者相。何以故?我于往昔节节支解时,若有我相,人相,众生相,寿者相,应生嗔恨。须菩提,又念过去,于五百世作忍辱仙人,于尔所世,无我相,无人相,无众生相,无寿者相。是故须菩提,菩萨应离一切相,发阿耨多罗三藐三菩提心。不应住色生心,不应住声香味触法生心,应生无所住心。若心有住,即为非住。"

佛在《金刚经》中对须菩提尊者谈到自己过去世曾作忍辱仙人,一天他在树下打坐时,歌利王身边的很多宫女们来到他身边,好奇地向他请教,忍辱仙人便为她们说法,宫女们大为赞叹,歌利王却认为仙人要诱拐他的宫女。仙人说:我是修行人,不可能去诱拐宫女,大王不必担心。可是歌利王不相信,命人割截支解仙人的身体,像中国古代凌迟的酷刑一样,但忍辱仙人丝毫没有生嗔恨心,面色如常,歌利王看后忏悔无及。

发心

信佛 ── 发了菩提心 → 信佛者
信佛 ── 没发菩提心 → 迷信者

简称：发心
全称：发阿耨多罗三藐三菩提心
含义：今生自利利他，
　　　契合无上正等正觉，
　　　上证菩提，下化众生

时刻保持发心状态，如同呼吸一样
失去发心时，便不是"禅者"
"禅"是全身心、全生命来相应的法

佛的心无所住，不住于乐境，不住于苦境，我们当然做不到像佛一样被肢解都不生嗔恨心，但无所住的心可以让您在烦躁的社会中脱开痛苦，痛苦是因执著而起。不过不要误解，不执著痛苦就是做冷血动物，麻木不仁，佛心是有情的，是大爱的，只不过这感情会随缘自在，它是建立在智慧之上。佛、菩萨、禅师们都是"无心"的有情人。

无心之人

凡夫也是"无心"人，这和菩萨的"无心"之间有什么区别呢？凡夫的"无心"是颠倒梦想，成天生活在梦中。让他爱也爱不起，恨也恨不起，动也动不动，静也静不下来，生活的局限性特别大，只是会起心动念，妄想着希望身心自由。可是当自由真的来了，他又无福享受，例如许多人忙的时候特别想退休，可一旦退休了却享不了清福，在家里待着待着就生病了，这种心态都是"叶公好龙"。

"粗心粗身"的凡夫对待气场、能量等看不见的变化比较迟钝，而对待名誉、地位、财色、机会这些却又极其敏感，这样的心中充满了傲慢与偏见，而同时又具备了自卑与自弃，这些粘着的心，要么执著在事业，要么执著在爱情，要么执著在孩子，靠欲望、靠刺激而产生活力，这状态是世俗的"无心"，找不到自己。

禅的"无心"是不需要任何刺激，禅者厌离世俗的欲望却又不离世间的生活，不用抗拒、抱怨的心行于世间。什么是抗拒、抱怨？看什么都不顺眼，别人不如自己便讥讽、贬低，别人比自己好就嫉妒、难受。

禅者看什么都是随喜的心,所谓随喜,便是随其欢喜。听什么、见什么、吃什么、想什么都顺的时候你是真正的"无心"了,从心所欲不逾矩。

修禅的人一旦心住一境,即属"着相",取舍爱憎,会无有休期。禅心是清净心,心无所住,随处解脱,内外根尘,悉皆销殒。"无心",即无所住,禅心禅心,云水之心,不住一境,不执一境,才有禅法可言。

黄檗禅师云:"凡夫不肯空心,恐落于空,不知自心本空。"不肯空心,不肯放下,这叫"愚人除事不除心"。什么叫"除事"?就是希望自己讨厌的、不喜欢的事情最好不要发生。而"智者除心不除事",什么叫"除心"?就是心无所著,心无所住,缘来则应,境去不留,如雁过长空,风过竹梢,什么事相现前都没有关系。随方应物,因地成形,随一切缘,应对无碍。俭于自己,奢于他人。

把心安住

禅心既然是普通的、平凡的清净心,但凡人为什么清净不下来呢?为什么享不了清福呢?因为老想去不平凡的事情中寻找解脱,想去遥远的地方找神仙加持,老想着往生西方,想着多就是好,这个菩萨不帮忙,多供几个神仙或许总有一个管用。而出世的修者又会贪恋功夫、神通,熙熙攘攘,利来功往的,这颗心永远躁动不安。

让身体休息是简单的,去按摩、闭目养神都是身体的休息,但让躁

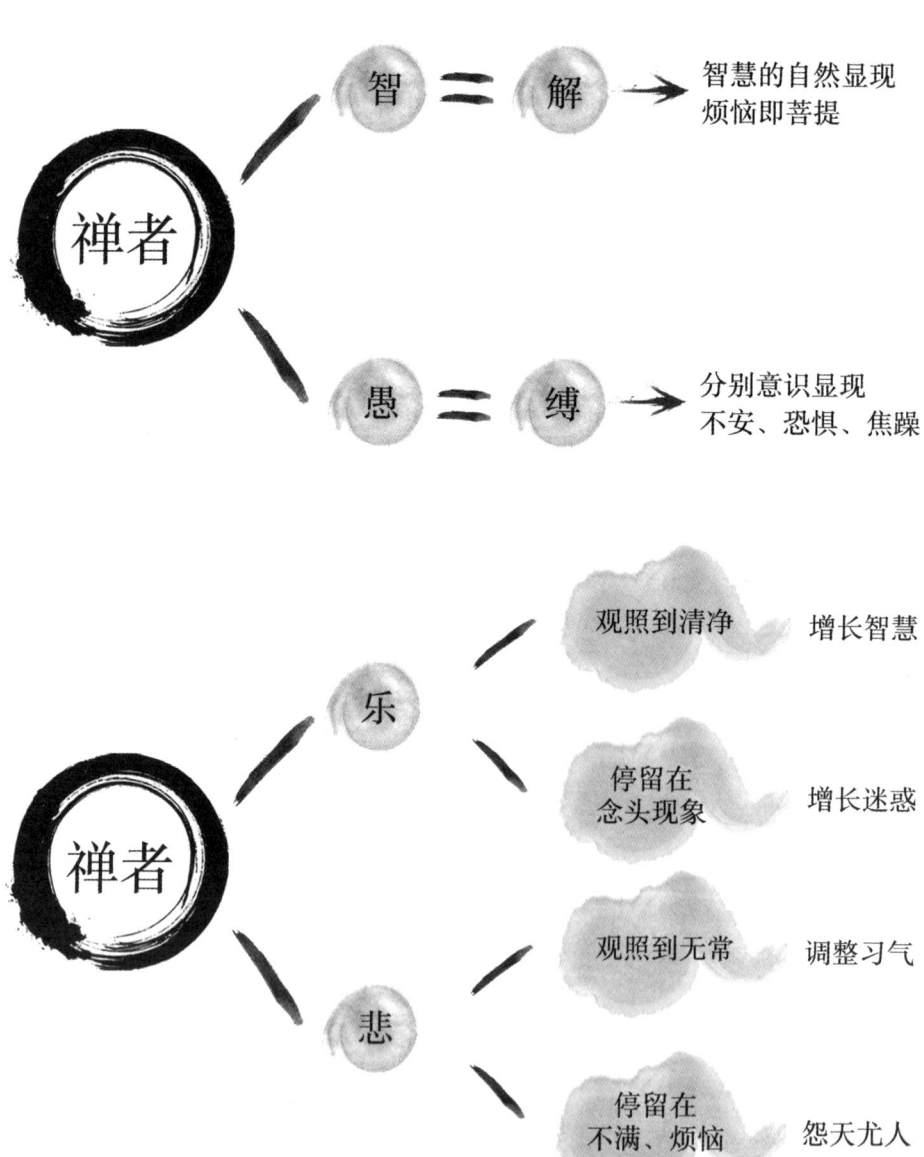

动的心灵静息下来却是普通人难以做到的,因此哪怕是闭目养神,心仍然是异常忙碌的,即使睡个觉也是忙着做梦、解梦、忆梦,处在激烈的思想活动中。

佛经中有一则故事:一天佛陀在进城乞食的路上,看见一名男子,愁眉苦脸地正在向着东方、南方、西方、北方、上方、下方顶礼膜拜。

于是佛陀问:"你为什么这样做呢?"

男子说:"我这是在做善生,每天向各方膜拜,这也是我们家族传统。据说,这样做能得到解脱和幸福。"

佛陀说:"我也有六种敬礼的方法,可以更快地得到幸福。"

那个人奇怪地问:"你的方法是什么呢?"

佛陀慈祥地对他说:"获得幸福的六种敬礼方法是:一、孝顺父母;二、尊师敬长;三、夫妻之间互相敬重;四、对待朋友要真诚;五、恭敬僧人;六、宽容下人。如果能够按照这六种方法来对待生活,你的家庭必然和谐圆满,人生快乐无忧。否则,只是行礼拜仪式,又有什么用处?"

那个人听了佛陀的教诲,十分高兴。他按照佛陀的教化行事,心中的幸福感果然与日俱增。我们仔细想想,这些"获得幸福"的方法有什么玄妙吗?佛陀所说的只不过是我们日常生活、为人处世所应遵循的基本原则,毫无技巧和神秘可言。但恰恰是这些简单的生活琐事,却蕴涵着无限深刻的禅机。

我们的心总是认为平常的东西没有内涵,说到"禅"就会认为很深奥玄妙,或者是很深厚的禅定功夫,"禅心"对内是不二中道的生命智慧,而对外则体现在朴实无华的生活中。

宋朝有位与苏东坡齐名的诗人,叫黄庭坚,师从临济宗黄龙派晦堂禅师。他虽然学问很好,但是跟师父学了几年都没有悟道。一天他问师父:"师父啊,您有什么悟道的方便法门告诉我吗?"

晦堂禅师看他急切的样子,说:"您读过《论语》没有?"

这个问题对于大学者来讲,可以算是侮辱,好像我问您认不认字一样。但是师父问起,黄大才子尽管无奈,也必须回答,于是只好说:"读过!"

禅师说:"二三子,以我为隐乎?我无隐乎尔!"什么意思呢?小子啊,你不要以为我隐瞒你,我其实什么秘密也没保留,早就传给你了啊!黄大才子听后,脸一下子红,一下子绿,心中五味杂陈。

这时候,禅师一拂袖出去了,黄大才子跟也不是,不跟也不是,心中闷得苦,想了想还是站起来跟在师父后面走。

禅师只顾自己往前走,头也不回。走到后山,木犀花开,香得很,禅师突然回头说:闻到花香了吗?黄大才子又蒙了,不知道师父想问什么,还没有回答。师父接着再次讲:"二三子,以我为隐乎?我无隐乎尔!"这一下,黄庭坚突然醍醐灌顶,开悟了,心和心突然相通了。

他悟了什么呢?禅心遍周法界,确实不是师父不传,是自己没有用心去悟,唯有用心感受,才能契合如同花香一样无所不在的禅心。禅只会在活泼的心灵中鲜活发生,大千世界禅心虽无处不在,但您的心是半死不活的状态,忙着数钱找机会,这哪里会明见禅心?一个"无心"的凡人看到的风景就只是风景,看生活只会看到平淡无奇的日常杂事,而一个"无心"的智者却能够从世间万物中汲取各种智慧能量。

您想要看云,就要学会先观天空,在观看天空的过程中,您就会看到真正的云。所以您要学会观自己的心,就像观天空一样,从"小我"

到"大我"最后"无我",于天空中看到自己其实和云是一样的,因缘和合,因缘变化中人、事、境在不停随之变化,您不可能通过解剖去找到云,也无法通过思考和分析、感触去捕捉云,但是当专注于每个当下的天空,观照自己的心,您就会遇到您想见自然而然流经天空的云,禅心中没有奥秘。

"无住生心"是《金刚经》的关要,是世尊成佛证道时所说的至关重要的成佛之道。"应无所住"要您远离妄想、执著,"而生其心"显明了人人心中本具的"如来智慧德相",由此智慧而能行大愿,利益众生。

一个人如能正契其智慧德相,则可立地成佛,即和佛心心相印。六祖惠能深夜蒙师所授《金刚经》,闻此句再次开悟,说,"何期自性,本自清净;何期自性,本不生灭;何期自性,本自具足;何期自性,本无动摇;何期自性,能生万法",这不就是当年灵山法会的那朵花、那颗心吗?您看心传心不就传下去了吗?

禅法是心法,心法自然须从修心入手,"不识本心,学法无益"。世间的宗教大多心外求法,禅法入门的关键是避免修者心外求法。现在不少人学佛整日诵经念佛,收藏什么唐卡、佛珠,将殊胜圆融的无为之法变成了如梦如幻的有为之法,还用看世间书的凡心来对待佛法经典,马马虎虎将无漏之法变成有漏之法。如果这种心态修这个修那个也不会修出功夫智慧,反而怨法不好。殊不知有毒的器皿,未洗干净又装水,喝下去岂有不死人的道理?

修行的人现在最大的问题是由散漫的心、爱热闹的心、功利的心带着杂修,而非由专心、定心带着专修。修行为了求健康长寿、升官发财、消灾免难、生儿育女、求婚姻美满,好像带着香火去寺庙和佛菩萨

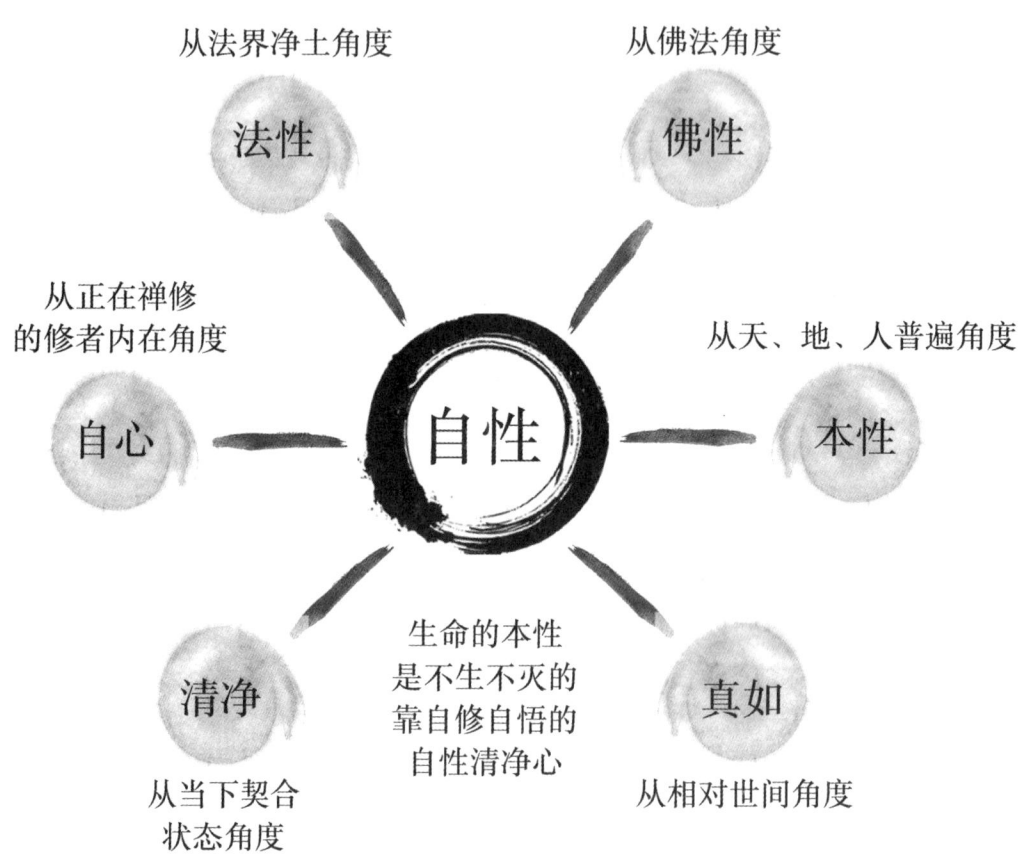

做交易一样能叫修行吗？

佛法贵在一门深熏，不论用诵经、持咒、作观、礼忏，或念任何一佛、一菩萨的圣号，修任一法门，都要持之以恒。大多数人做事情喜欢一心二用，或三用、四用，同时可以办多少事情。好像猎人想要同时抓很多鸟，却一只也没抓到。这种心态会在生活中留下阴影，这种阴影不是成功或者失败的抓鸟经历，也不是这样思考的方式本身，正确的思考和方式是不会留下什么阴影的，留下阴影的只有相对的、散漫的、混乱的、半梦半醒的思维和经历，是我们的自我设限才会留下心理的阴影。

而如果有了阴影，普通人的习惯会执著在那个阴影上。为什么人总喜欢回忆痛苦、哀伤、失落的场景？好像"一朝被蛇咬，十年怕井绳"一样，这些阴影会被自己加工变成一些不真实的记忆，这些夹杂着人为想象因素的记忆会在适当的时间被人反刍出来，人因此感觉自己很无助、可怜、孤独，这些心态是因为缺爱、缺自信、潜意识中不安造成的。因无以排解，心中渴望和需要他人的关心和安慰，所以常以悲惨的经历自欺。这些阴影的束缚限制了每个活泼的当下、每个自由的思考、每个无碍的心性，长此以往，人的心就越来越"小"，越来越"自私"，越来越因为想象而"自我"。

三界唯心

《楞严经》中有二十五种修行法门,讲述了二十五位大乘罗汉及菩萨,各人专修一种特定的法门,结果都能一门深入而门门深入。就像观世音菩萨修的是耳根圆通法门,通过修音声而通达一切法门。

一门深入地无论修持任何一个法门,可以称为专修。我们第八章的主人公法眼宗三祖永明延寿禅师,每天念佛持颂,乃至作息、饮食、大小便、睡眠时,都不间断,那才叫精进专修。但一般人不容易做到,若教他专心致志,就会感到无聊。但是,若您早晨求生东方,晚上又求生西方,去年练瑜伽,今年念咒语,明年想修禅,这样的心思飘渺,这山望着那山高的话,一万年也成就不了。

以心传心的关键是:受法者和传法者之间的心是专一的、清净的,传心的过程就像开电灯一样,突然之间,心中亮如白昼,这是同类之间的心电感应。这种感应是深层清净心中发生的,不仅仅是意念的默契,而是清净通透的不二圆融。

"默契"是西方心理学层面的意识感应,用唯识学角度讲,我们的心有八个识:眼、耳、鼻、舌、身、意为前六识,第七识是"末那识",我们的前七识皆有生灭,故名为"妄心"。前七识已经被西方研究了多年,无论是心理学中的深浅意识,还是西方的"无意识",讲的都是这前七识。我们平常说的"默契"也是意识中的默契,在不同层次的意识中产生深浅不同的默契程度。

心的投影叫"意","意"的显现叫"识"。西方科学现在研究的还是在意识范畴,还没有触及到真正的"心"。唯识学中的第八识叫"阿赖耶识",第八识是没有生灭的种子,它还有个名字叫"如来藏"。这里是真正的心,看不见,摸不着,不在内、外、中间任何一处。许多人误以为这个是"灵魂",其实不然。

第八识无生无灭,故名"真心"。真心有染时成"阿赖耶识",清净时叫"如来藏",因此也有部分经论叫"如来藏"为第九识——阿摩罗识(无垢识)。笔者对"如来藏"这个名称的理解是:"如"是指它的性质,如来如去,非有非无。"来"则是"至",是时间,是速度,是通往彼岸的过程,是正在移动的目标。由此,修者虚步进入纷纭万象的法界,"来"既是有形的,又是无形的;是有限的,又是无限的;是无住的,又是恒久的,这是"如来"的"来"。而最后的这个"藏"是指空间集藏,这个空间有内无外,既明且暗,有了这个落足的空间,"如来藏"方才真真实实地存在,因此"如来藏"这三个字包含了这几种特性。

前七识皆由第八识生出,故说:"三界唯心,万法唯识"。三界,即欲界、色界、无色界。而万法,包括小乘的三十七道品、大乘的六度万行等等,统摄一切世间及出世间的法。禅法、佛法中的"心"指的是"阿赖耶识"或"如来藏",是深心、无心、是本来面目。

前"六识"、"六根"触"六尘"时可以出生。比如,"眼根"触"色尘"而生出"眼识"心。第七识通过意识心,分分秒秒攀缘万法,执取万法,处处做主,处处分别。因此,前七识的"妄心"是有所住的。

唯有找回真心,才不会为境所限、为情所迷、为法所执、为生死所困,"一心不生,万法无咎",不触六尘,何能执取?佛法认为众生皆有佛性。这个佛性,就是我们说的"真心"、"清净心",在经书有种种名称：

在"法"处，称为"法性"、"实相"、"真如"、"实际"等；

在"众生"处，称为"自性"、"本性"、"心性"、"清净心"等；

在"缠"境，称为"藏识"、"本觉"。

"出缠"境，称为"解脱"、"涅槃"、"菩提"、"大圆镜智"、"究竟觉"等。

什么是"缠"、"出缠"？清净心隐藏在烦恼缠缚之中，称为"缠"；而超出缠缚，显现法身，则称"出缠"。

心迷烦恼之众生，为迷苦之境界所束缚，犹如系于生死之牢狱，称为"缠"；反之，离开烦恼之束缚而至觉悟之境界，则称"出缠"。

不管叫什么名称，佛性不生不死，灵明不昧，是宇宙的实体，世界的本源，是万物终极存在。它超越时空，本自现成，妙用无穷，心思不及，言语莫诠。为什么这个东西有那么多名字呢？好像您有乳名、学名、法名、英文名等等一样，在不同的地方、用处不同，但实际是一样的。

此心含藏一切法种，含藏无始劫以来所集善、不善业种。法种流注，即生出万法。这种流注，是刹那刹那不断不息的。那如何激活这些法种呢？当您的心清净无为时，机缘和合自会有缘遇大善知识传心法激活，这位善知识可能并不一定是人，可能是某种声音、气息、事物、场景、行为等等。

很多人对此并不理解：心如何能不住呢？人修行应该是为早日脱离苦海，到极乐世界去，人间又怎么可能是净土呢？可实际上，佛陀并非只在极乐净土里。释迦牟尼佛在树下悟道，悟的地方是人间，悟的法也是人法。他教化众生不是逃避世间，而是在人间修行，在生命中

生死轮回

出生 —— 无可选择，必须接受的事实

死亡 —— 活着时最大的疑惑、恐惧、未知数
死亡面前人人平等

死后说法 —— 形神俱灭 { 精神肉体一起消灭
无灵魂、无神论

形灭神不灭 { 死后精神存在，肉体消亡
有灵魂，有下一世轮回
有人间、天堂、地狱
有神论

灵光独耀 { 死后灵光不生不灭
超越灵魂，无灵魂或有神、无神之说
灵光是禅者的自性

悟到圆融、澄明的佛性，这佛法当然是在我们心里的。一般人自出生后，心时时都跟着声色在转，这个不叫"不住"，叫迷惑！也就是佛经中的"逐念流转"，"逐"就是追求，心跟着自己的意识跑，被念头骗，被妄想骗，"流转"就是在轮回。生生世世在生死海中流转轮回，心被现象、被人世间的声色尘劳染污了、杂乱了，于是人就流浪在生死中。自己不清楚原来每个人的自性本来清净，本来就是净土，本来就妙不可言。

有染即色，无染即空

"唯心"一词最有名的是唐译八十卷《华严经》卷第十九"觉林菩萨章"中所说："若人欲了知，三世一切佛，应观法界性，一切唯心造。"

又说："心如工画师，能画诸世间，五蕴悉从生，无法而不造。"

佛法中的"唯心"的心，有清净、真妄两类。清净心是绝对的圆满，亦是万法的根本，这清净心中，生一切法，现实社会的净染是非，与清净的本心，是没有关系的。

染净的区别是由于凡夫的烦恼妄想和执著所致。所以佛陀悟道时说的是："奇哉！一切众生，皆具如来智慧德相。唯因妄想执著无法证得。"也就是说，这种清净心是本来人人具备的，乃因众生迷于生死，执著于现象，因此心中有虚妄，而佛心中则恒是一片清净。

清净心的理论许多人不理解，老是问：既然本来清净，又从何而来种种烦恼杂染的生死现象呢？因此，佛法之中又有一种对于"心"的解释，就是《大乘起信论》中的如来藏思想。

成就一切法，利益一切众

禅者 —— 成就了诸行无常，诸法无我
进入了涅槃寂静的境界

诸行无常 —— "人"是主体 ⎫
　　　　　　　　　　　　 ⎬ 人法不二
诸法无我 —— "法"是主体 ⎭

禅心包容一切法，一切众

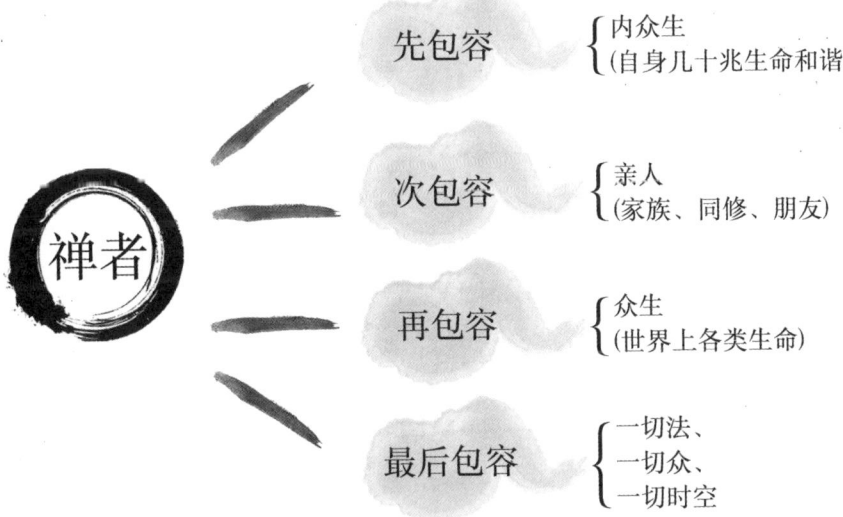

禅者 ——
- 先包容 { 内众生（自身几十兆生命和谐）
- 次包容 { 亲人（家族、同修、朋友）
- 再包容 { 众生（世界上各类生命）
- 最后包容 { 一切法、一切众、一切时空

《大乘起信论》中由清净心而开出"不生灭"与"生灭"二门,如来藏随净缘,则为清净心;如来藏随染缘,则成第八阿赖耶识,由此而形成了真妄心,又叫真妄和合心。如来藏是随缘的,是真妄和合的,亦即在染则染、在净则净的众生心了。

这点解释了为什么清净的心也会有染净之分,关键在因缘。但清净也好,真妄也罢,清净和真妄本是心的一体两面,无二分别的。大珠禅师的《顿悟入道要门论》中有学僧问禅师:"云何是即色即空?云何是即凡即圣?"禅师答:"心有染即色,心无染即空。心有染即凡,心无染即圣。"又云:"真空妙有故,即色;色不可得故,即空。今言空者,是色性自空,非色灭空。今言色者,是空性自色,非色能色也。"

其实佛法的本质不在这些哲学和本体论的逻辑中,禅所追求的也不是哲学的思辨,为了不堕入唯物、唯心之物本、神本的二元论的范围,禅不肯明确生死之初的情况,就像佛陀不讲各种"无记"的逻辑问题一样,禅讲活在当下,生命因无始无明而有生灭,而此生灭的本身,并不异于不生灭的清净心,一旦大悟,既非生灭,也非不生灭,强以名之,称为"禅心"。

"无明"是无始的,但却是有终的。"无明"的终点,并不等于把"无明"从清净心中割除掉,乃是从"无明"得到大解脱,不受"无明"束缚而自在游戏,往来于"明"、"无明"之中,禅师们以此为其出入不二之身心。

世间求"知",出世间悟"慧"。禅者需要具备出世的智慧来入世生活,没有一个可以脱开世间的所谓"出世间"。但世间社会是一个密密麻麻的利害网,普通人自己无法脱离这个网,无力自拔,跳不出一个个利益圈套,转来转去,被利、害两个大字系住,把"自我"和与"我"相关的人、事放在首位，欺诈、凌虐、劫夺都种根于此。什么叫"网"，天道如网，无边无际，什么叫"络"？天网恢恢，疏而不失。你陷入利、害，你就被无形的网络捕获，无处可逃。

出世的禅者，身处利、害之世，"无心"可化"万形"，唯有无住方可无心，唯有无心方可不拘于肉体、时空而心心相印，以心传心，如此则来去自由，师于徒，菩萨于众生，可以隔空对话，隔千年对话，如来如去，无来无去。想你时你在天边，念你时你在眼前。

拥有禅心的禅者把自己的平常工作、生活当作艺术来看待，绝不斤斤计较于利害得失，与此俗世中脱胎换骨、剥茧成蝶。拥有平常心的生活是丰富的，不会无聊、寂寞，又不会在孤独时多愁善感，感觉无依无靠，有一颗活泼泼的心，还有千百年的圣人、大德无时无刻不在常伴左右，这便是平凡无奇的生活禅了。这既是平淡人生的艺术化，也是平常人生的情趣化，更是肉体时空局限的超越化。

禅是生活的核心，生活是禅的表现。就生活本身来说，无禅的生活会流于世俗；就禅本身来说，无生活为载体承载的"禅"会落于虚无。禅心之所以可以心心相印，不是让我们把污染的脏东西人为地擦拭干净，洗干净，从而找到所谓的"清净心"。

我们的杂念，看似从外面进来，实际上杂念是内心中的欲望、贪恋、嗔恚这些思想的涟漪，在心湖上的投影。我们的魔障主要有两样：我执障和烦恼障，我执障看似是内在思想障碍，其实是由外及内；而烦恼障看似是外部事情引起的情绪变化，其实是由内及外。您以为外头什么事情来影响自己，实际上是您的心上浮现了什么，投影了什么而已。世间只有不被风浪影响的深海，不存在没有波浪的海面，我们要做的是让心变成深心,像深海一样不受风浪摆布,任风浪自生自灭,自由来去,而不受其影响,不是让人的心不起风浪和涟漪,不认清这一点,逃到深山里就可以找到禅吗?

当心里想着坐禅、修行可以让自己得到什么能量时,这颗心已经不清净了。您和佛、菩萨、祖师们的心也无法相应。无求才是安心药,不饱乃是祛病方,不要人为去设定什么禅修计划。如其所如,以无所求之心,无住于一境,乃趋于一无所得之心,如果产生了我行走于世界,我行住坐卧时念念清净的想法就不会清净。

在不动中寻静是简单的,在动中能够保持念念清净的心是相对困难的,世界万物存眼前,但可视若于无,人生如戏,但菩萨的情是真实的,用真情珍惜每个当下之因缘,做好当下的每一件事情,不逃避,不计较,不趋利避害,随缘自在,自在随缘,这便是老子说的"天下莫能与之争"之境也。当此无心、无我之境显现时,心灯便亮了。

刚才一直在讲以心传心的"心"是什么样的"心",那"传"如何发生呢?好像一人心中专心忆念着另一个人,但另一人却并未如此,这两个人虽然遇见了也等于没有遇见;说话了也等于没说,身在心不在是感应不了的。

我们这一生会接触多少人?但有多少时刻能让您触电一样地发生感应?同样的时间,如果彼此印心时,时间会被保留在心中,而如果糊涂地消磨,那些不能被保留的时间哪去了?

世俗社会谈忆念最深的,无过于热恋。男女之间做梦、吃饭、睡觉都想着对方,爱的是他恨的也是他,"劝君莫打同心结,一结同心解不开。"禅法的"以心传心"就像是师徒间的热恋,众生与佛、菩萨之间的热恋。不同点在于,这个热恋不是激情驱动,不是一念无明爱欲来引起的贪爱,占有的爱。禅心中产生的这种爱是由清净的心引发的,清净心的爱中没有占有、嗔恨、抛弃、别离。身在不在都可以时时刻刻彼此相应,而当这种相应发生时,传递的信息比电脑传递快亿万倍,你在我心中,我在你心中,彼此之间好像影子跟着身体一样,只要有心光就永远不会分离。

我的这些话,有缘人听了,会心有所感,感有所悟,一般人听了会是像听神话故事一样,哈哈大笑走了。老子《道德经》四十一章曰:"上士闻道,勤而行之;中士闻道,若存若亡;下士闻道,大笑之。不笑,不足以为道。"所以他笑归他笑,我道归我道,好像插电源一样,线路不通的,就不要插电线,需要先让电路通了,调到一个电频,才好沟通。

人类史上几千年朝代更替,战火纷飞,这是一片漆黑的历史,我们之所以在这漆黑的战乱中至今还能保存这片热土,而在此赖以生存和延续,全赖各位圣人的无私奉献,他们用生命的智慧点燃自己而发出的不灭星光,照耀着我们来时的路!直至今天这些微弱的星光还在不断地泽被苍生,您看,在漆黑的夜里,哪怕只有一星烛光,不已经足够照亮脚下的路了吗?

那么心灯点亮后会不会熄灭呢?我们要去哪里点燃心灯呢?请进入下一章"心灯无尽"。

第二章 心灯无尽

这一章我们讨论"心灯无尽"。凡常人的概念里光线会有明暗之别,正常来说,灯光必然有明就有暗,有始就有终。那么为什么心灯可以无尽呢?是"灯"就应该会尽啊,禅法中的"无尽灯"究竟是什么?我们先来看一则德山禅师悟道的经历吧。

德山悟道

唐代著名的德山禅师,俗姓周,"中国禅"中著名的"德山棒"就是他的杰作。他年少出家,精研律藏,熟记贯通大小乘诸经,因常讲《金刚经》出名,人称:"周金刚"。

德山本在西蜀讲《金刚经》,但听说有位龙潭禅师在南方说人可以"即心成佛"。德山遂发愤,怒担起自抄的《金刚经青龙疏钞》,直往南方,欲破他这妖言惑众的龙潭魔子。

初进澧州地界,他因长途跋涉走得头昏眼花,饥肠辘辘,见一婆子在路边卖油糍,遂放下《疏钞》,欲买点心充饥。

婆问:"客欲何往?所载何物?"

答曰:"欲见龙潭辩经,担《金刚经疏钞》。"

再问:"我有一问,你若答出,点心布施给你。若答不得,别处吃去。"

答:"但问无妨。"

婆一笑:"《金刚经》云:'过去心不可得,现在心不可得,未来心不可得。'你现在欲点哪个心?"

德山一怔,良久呆立无语。

婆笑而引道,带他上山去见龙潭。

才进院门,德山大声说:"久闻龙潭,及至到来,潭又不见,龙又不现。"

龙潭禅师现身曰:"你可曾亲到龙潭?"

德山又是一怔。

不久天黑,龙潭对德山道:"何不回房休息?"

德山道声珍重,揭帘而出,见外面天黑,伸手不见五指,转身回来,说:"门外黑。"龙潭点烛给他,德山伸手方接,龙潭便吹灭纸烛。

德山再次一怔,随后豁然大悟,倒头便拜。第二天,德山将千辛万苦担来的《疏钞》,于法堂前,付之一炬。

这个经历不少人看不懂,禅门中许多语录、公案人皆不懂,说这些讲的都是什么黑话?其实语录、公案是用来体悟的,不是用来猜谜的。这一则德山悟道公案中,老太婆跟德山说的"点心"是什么意思?大家就要往德山担子上的《金刚经》中去体会,《金刚经》的核心内容之一就是"三心不可得",什么是"三心不可得"?

首先是过去心,接着是未来心,最后是现在心,此三心不可得。人的痛苦不是执著在过去的影子里就是生活在未来的幻想里,其实过去一天和过去一百年的都已经是过去的事情了,已不是真实的存在,而

悟道

悟道 { 依靠个人悟性
悟性是契合本性的能量

明心　　　　见性

从生灭意识的角度说　　从不生不灭的空性角度说

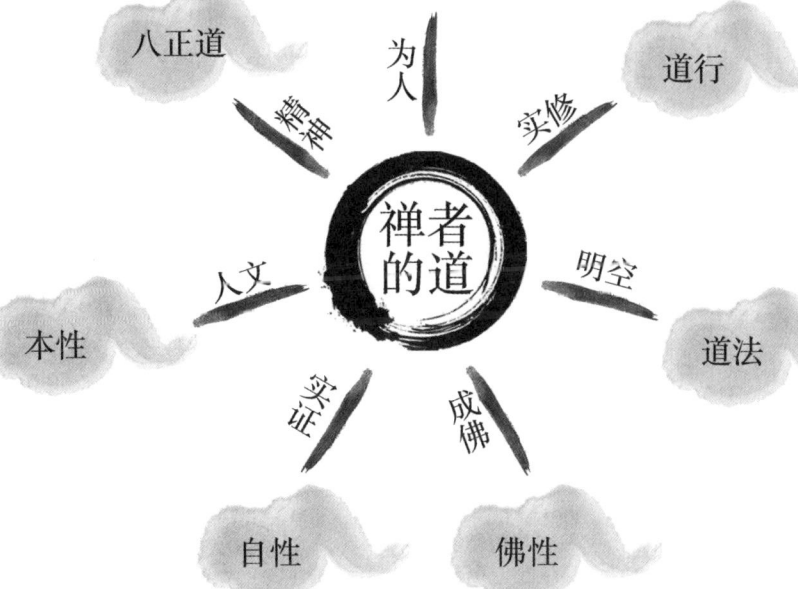

未来还没有来,也不是真实的存在,那什么是现在心呢?你看到的现在已经不在,真实存在的是当下一念。只有安住于当下真实之存在,才有可能于真实之存在见存在之真实相。

外部世界的一切就像黑箱中的东西,我们其实根本不知道它究竟是什么,只能根据感觉、各种信息、语言假设、尝试检验等方法进行猜测,科学正是用这样一种方法判断、认识外部世界,而禅则要彻底排除猜测获得的判断和认识。

我们喜欢回忆,尤其是老年人,但回忆是怎么产生的呢?过去的每个经验都会或深或浅地留下一些痕迹,我们根据这些痕迹加入了自己的想象,我们记的是自己想记的,它是过去的一个仿制品,而不是过去本身。作为仿制品它与过去看上去有些相似,例如故事中的人物、场地等等,但再相似也是幻想。就像磁带上记录着过去声音的痕迹,我们用录音机播放磁带,放出的不是原来的声音本身,新声音仅仅是和原来的声音相似而已。

回忆是在当下意识中建构过去经验模型的"过去心",而预测是在当下意识中建构未来模型的"未来心"。预测模型与知觉模型、回忆模型本质上类似,只是建构的方法不同。预测的依据也是记忆,基本方法是把过去经验的记忆痕迹按时间排序、整理、分析,找出规律,然后外推到未来,形成未来情况的预测模型。预测模型与未来的真实情况常常差距很大,假设性明显,这还是个人的幻想,不是真实的什么"未来",一切的"未来"都是无法预测和计划的,就好像人无法计划明天自己的心情一样。

过去已去,未来未来,我们都不能直观其存在,能够直观的是通过回忆和预测构造的关于过去和未来的模型,而这些模型本身则是当下的心念活动。说到底能够直观而无可置疑的真实存在只有当下的感觉和心念活动。

德山被龙潭禅师吹灭了烛火,他为何能在烛火的明灭中开悟?我们暂且放下我们的看法,还是一起去《坛经》"护法品"中,看一看惠能祖师怎么说吧:

唐中宗神龙元年(公元705年)正月十五日元宵节,则天后和中宗皇帝下诏书说:朕迎请惠安和神秀两位大师到宫中来供养,在治理纷繁的政务余暇,向大师请益佛法。但是两位大师都很谦逊地推让说:南方有惠能禅师,曾受五祖大师密传,是佛心宗的传人,圣上应该迎请他来宫中供养。所以派遣宫中内侍官薛简,带着诏书往南方迎请惠能大师,希望大师速速来京。

可是惠能禅师接到诏书后,上表称病谢辞,表示愿意在山林里终其一生。

内侍薛简修养深厚,便乘此良机请教六祖:"目前京城里的禅师们传禅时都说:'想要体会佛禅之道,必须要先坐禅,修习禅定功夫;不通过坐禅习定而得到解脱,那是不可能的。'不知道大师对此看法如何?"

师说:"道要从自心去体悟,岂在坐呢?经上说:'如果有人想从坐、卧相见如来,这就是行邪道。为什么呢?因为如来是无所从来,亦无所去的。'无生无灭才是如来清净禅,诸法空寂才是如来清净坐。究竟的真理本来是无有一法可证,哪里有什么坐或不坐之别呢?哪里有什么不坐禅就不得解脱的道理呢?"

简问:"弟子回京城后,皇上必问我,希望大师慈悲,指示佛法心要,让我能奏闻两宫圣上,并且告诉京城中所有学法的人。这就好比点亮了一盏灯,辗转燃点百千盏灯,使幽暗的地方全被照亮,光明将永无穷尽。"

师说:"道有什么明、暗的分别?明、暗是新旧更替的意义。如果说光明永无穷尽,其实就是有尽,因为明暗是互相对立才建立的名称。《维摩经》说,'佛法是无可比拟的,因为没有对立的缘故。'没有参照物如何有对立?"

简说:"明如智,暗如恼。学法的人如果不用智的光去照破无明烦恼,如何能出离无始无终的生死呢?"

师说:"烦恼就是菩提,这并不是两个东西,也没有什么区别。如果说要用智光来照破无明烦恼,这是声闻、缘觉二乘人的见解,有上智大乘根性的人都不会有这样的识见。"

简问:"如何才是大乘的见解呢?"

师说:"明和无明,在凡夫看来是不同的两种东西,有智的人了达它的性体没有两样,这无二的性体,就是真如实性。所谓实性,就是在凡愚身上并不曾减少,在圣贤身上也不会增加,住于烦恼之中不会散乱,处于禅定之中也不滞空寂,不是断灭,也不是恒常,没有来也没有去,不在中间也不在内外。不生不灭,性相一如,永不改变,称之为道。"

简又问:"您说的这个不生不灭,和外道所说的不生不灭有什么不同呢?"

师说:"外道所说的不生不灭,是以灭来终止生,以生来显现灭。我所说的不生不灭,本来就无生,现在也无所谓灭,所以和外道不同,如果你想要知道佛法要旨,只须对一切善恶诸法都不去思量,自然就能悟入清净心体,澄明常寂,妙用无穷。"

薛简得到六祖教诲,忽然大悟,于是礼谢辞别大师,回到京师,将禅师的话表奏两帝,两帝闻听后赞不绝口。

顺逆皆方便

"无尽灯"究竟是什么?我们现在来到《维摩诘经》中寻找答案。这本经书我在过去的书中曾经多次提及过,后面的章节里我们还会不断提起这本经书和维摩不二智慧对"中国禅"思想形成的重要性。

《维摩诘经》"菩萨品"中有一位菩萨名"持世",菩萨的名都不是随便叫的,比如我们熟悉的"地藏菩萨",为什么叫"地藏"?安忍不动如"地",这是菩萨的禅定功夫;静虑深密如密"藏",这是菩萨的智慧,因此所谓"地藏",就是定慧等持。

这位菩萨为什么叫"持世"这个名呢?因为他"执持佛法,教化世间",故名"持世"。"世"是世间的世,哪有什么真的能离开世间的"出世间"存在呢?但世间法和出世间法,区别在心不在法。我们这位持世菩萨讲法时,出口成文,义正辞严;而不讲法时,乐喜禅定,常住于静室入定。

这一天维摩诘大居士病了,佛陀要他代表自己去探病。可是持世菩萨不愿意去,为什么呢?因为他有一次特别的经历,令他无颜去大居士那里探病。

他告诉佛，那日他在静室禅坐，大魔王波旬假装成帝释天王，带了一万二千名天女鼓乐喧天地从天而降。大魔王为什么要过来打扰菩萨修行？为什么还带着天女？带着天女为什么还敲锣打鼓？这是魔王的险恶之处，我们接着往下看。

中国传统中对"魔"的理解是人自己的阴气所致，人的阳气上升变"神"，阴气下沉成"鬼"，所以神鬼是人自己的阴阳气所化显。鬼不都是魔，迷路的鬼才叫魔。古时"魔"写成"磨"，因为迷路了，找不到正路就来折磨人，当然也有历经磨难的意思。人生中能打扰心情的挫折、烦恼都属于磨。事业、家庭、亲朋之间的关系处理不好也是磨。"磨"后来改成了"魔"，心鬼就是心魔，烦恼没有转化时就成了烦恼魔。

《涅槃经》上说，佛要灭寂涅槃的时候，曾和这个大魔王波旬说：你和我捣乱了这么多年，现在我要离世了，但你不要高兴得太早，我虽然灭寂了，但还有我的弟子们在，还有正法可以驻世。没想到波旬回答：哈哈，那时候我就穿你的衣服，吃你的饭，讲你的经，看你怎么办？佛说：啊！你行！

这个波旬不得了，他是天界的大魔王。《华严经》讲十方世界治世的转轮圣王，是十地菩萨。但凡能与佛对抗的大魔王，都是十地菩萨演变的。古时候禅师们会谈及某人的修行境界，说虽然可以入佛了，但是还不可以入魔，还不够。为什么呢？大禅师要能够正反不二，光入八正道还不够，还要能出入八邪道。魔佛两边不着，才得真解脱。

看到大魔王是十地菩萨转变的这句话，有读者肯定会大吃一惊，怎么魔王也是菩萨呢？菩萨不都是慈眉善目、和蔼可亲的吗？这是电视电影看多了，真正的菩萨行中有顺修也有逆修，有时候把您往火坑

禅者的心魔

心魔

邪见	不信任	暴饮暴食	妄想妄语
对禅法的错误认识	对人、法、事不相信、不安、猜测、恐惧	习惯难改无法入静	消耗元气，静坐时烦躁，腰背无力

对治心魔方法

邪见	不信任	暴饮暴食	妄想妄语
恭敬法 恭敬师 平等心	参加利众活动，财、法布施	了解自己的身体， 了解身体需要， 了解相应环境， 了解相应运动， 了解自身相应饮食， 不要跟着口味走	说话多停顿，思考，多饮茶，观心、观身、观念

里推的那个人可能是菩萨化显,不入火坑,您如何能凤凰涅槃、声闻九天?不过不是所有人都会用逆法来助您修行,逆行修法是为了磨练修者的意志,用逆法来激励人重生。但不是所有人都可以承受逆法的,有些修者没有意志力,也没有决心、信心和忍辱力,这些人需要顺法带动。顺、逆修法皆为方便。

孟子说:"天将降大任于斯人也,必先苦其心志,劳其筋骨,饿其体肤,空乏其身……"磨难可以磨砺修者的耐心、恒心和静心,是成就修行的一种方式。人生的苦难有两种,一种是外界的天灾人祸,无常发生;另一种是内心的烦恼和怨怼。修者对待人生中生离死别、喜怒哀乐、恩怨情仇、悲欢离合的心态是在修行中靠智慧转化的要素。修行的人,其实应该感恩魔,道高一尺魔高一丈,想要向上一路修道,没有魔来消磨,自己提高多困难啊!

这次大魔王波旬把自己变成欲界天的天主帝释的模样来消磨持世菩萨。他热热闹闹地带来这么多天女,天空中奇香扑鼻,天乐回响,转眼就到了持世菩萨的茅屋外面。菩萨听到声音,出门一看,并没发现这个帝释是假的,只是感觉他太放恣了,来就来么,兴师动众地干吗?带了这么多天女,搞这么大排场,哪里是修行人的本份?

大家一定要明白,魔可不是只有一面的,就像人一样,没有只有一面的人。魔如果看到信心不足、功力不够、胆小怕事的人,他就会露出狰狞的面孔来吓唬人,让人害怕、恐惧、担忧、焦虑不安;而对待像持世菩萨这类大修行人吓是吓不住的,他马上就会变得诚惶诚恐,大拍马屁,化身出对方熟悉、尊敬的面貌来糊弄、引诱、腐蚀。通常有本事的人最容易自傲,心生我慢,吃软不吃硬,几句奉承话就感觉有些飘飘然。魔当然了解这些心理，所以因人而异地化身各种形象，来消磨人。

有时他可能化身您酷爱的帅哥、美女，也可能化身您敬佩的长者、老师，或者变成您的粉丝、学生来迷惑您，真正的修者要知道无论是担忧、焦虑还是被奉承的飘飘然，都是在魔境中打转。"凡所有相，皆属虚妄"，不要被自己的心魔带着玩。

持世菩萨没有看清魔的变相，还在埋怨帝释王为什么这么兴师动众，魔王就假装关心菩萨，劝持世菩萨接受他带来的这一万二千天女作供养，留下她们以备洒扫，伺候菩萨修行。菩萨一听这话就急了，说帝释王，您没搞错吧？我是出家人，平时就住这破茅棚里，要这些天女干吗？

菩萨正跟魔王有理讲不清的时候，维摩大士他老人家突然从天而降了。这个大居士出现好像也没有什么前奏，就这么说来就来了。估计是感应到了菩萨的危急，他一来就对持世菩萨说：他是魔王！您修行这么久了，怎么能连这都搞不清楚？

训完菩萨，他笑眯眯地看着魔王说：您就别拿出家人开心了！一万二千天女他要来干什么？他要了没用，把她们统统送给我才对！我有用！

魔王一看是维摩大士来了，心里本来就怕他，当时就不想和他理论，转身想跑。这大魔王连佛都不怕，为什么怕大居士呢？因为佛比较客气，但这位维摩大居士是东方无垢妙喜世界的金粟如来，化身为居士，来到我们这个娑婆世界，住在中印度毗耶离城中辅助佛陀教化众生。他智慧卓越，辩才无碍，游戏神通，佛的弟子们如果修行不够，常常被他教训得说不出话来，更何况妖魔鬼怪？被他撞上了可不是闹着玩的,佛称他是火中金莲,魔王当然很清楚自己的道行,敌不住这通天彻地的维摩大士,所以心想,今天完了,被这老人家撞上没什么好事,脚底抹油快跑吧!

但哪曾想到,他像被定住一样,飞也飞不起来,脚也迈不开步子,根本无法脱身。当时这情景比电影还精彩,魔王本来美滋滋地想以天女扰乱持世菩萨的心志,乱他修行。他非常清楚菩萨不可能接受这些天女,其实他心里哪里是真舍得留下这些陪他行欢作乐的天女?他是为了来消磨菩萨的。没想到今天运气那么背,遇到大居士坏了自己的好事。

正在魔王抓耳挠腮、走脱不开的时候,空中有个声音喊:波旬!把天女赶快给他!否则你走不了!(咦?这声音是谁在喊?经书中没有交代,估计是魔王的老祖宗,老魔王在教训大魔王)。魔王知道这下赔本赔大了,无奈只好把天女送给维摩大士,他才得以脱身逃走。

持世菩萨眼见到这瞬息万变的一幕,恍惚从睡梦中惊醒,想到自己眼力如此之差,心中羞愧不已。魔王一走,维摩大士就对留下来的天女们说:从现在开始,你们就不属于波旬了,你们都属于我,所以要听我的话!

说完,维摩大士以持世菩萨的静室为道场,为众天女宣讲佛法。由于每位天女业力不同,根器不同,大居士便运用大神通力,因人而异地各个说法,每个天女感觉维摩大士好像就在眼前跟自己单独讲法一样。

其实大居士讲的内容都差不多,只是宣讲方式有别,有些人要哄着说,有些人要板起脸说,有些人则不用说,她自然会跟着头儿走,人人根器不同,业力不同。他说啊:你们现在都要听话,我今天要告诉你们,世间最大的快乐是法乐。你们原来所享受和执著的五种欲乐,犹如怨贼、毒蛇一样,到头来都是空的,最终还要轮回于恶处。

维摩大士巴拉巴拉讲了一大通,他是辩才无碍的如来,这一通演讲还了得?把他讲的内容写出来,估计这一本书也写不完,诸位读者将就着大致理解就行了。我们这些神仙姐姐昔日在魔宫,只知道以五欲为乐,今天被正法度化,心中霎时充满法喜。齐声表示以后要听话,发菩提心,以法乐为乐。

这边维摩大士正在教化天女呢,那边魔王心中实有不甘。他逃到半路,左思右想不对,所以又厚着脸皮回来了,悄悄躲在旁边。听大居士讲完法,他就腆着脸,笑着对维摩大士说:"哎呀,您讲得真是太好了!您真是大菩萨啊!我都感动了,但菩萨就应慈悲,可以将自己的一切布施别人,这才是菩萨行啊!我现在恳请您将这些天女布施给我,可以吗?"

维摩大士已讲完法,看着壮着胆子回来的魔王,说:"当然,她们现在就可以跟你回去。"

魔王简直不敢相信自己的耳朵,闻言大喜,立即让天女们动身回魔宫。没想到诸天女们不乐意了,她们心中已经产生了对佛法的追求,再不愿像昔日那样,在魔宫陪着魔王以五欲为乐,于是请教维摩大士该怎么办。

维摩大士便即时又为天女们宣讲了一个"无尽灯法门"。他说啊,诸位姐妹,因为魔宫有着无尽的幽暗,魔宫的人错把幽暗当光明,为对治这没有光明的魔心,唯有您们回去,将在此被点燃的不灭心灯带去魔宫，点燃魔宫中迷者心中的明灯，让他们在灯红酒绿的幽暗中可以升起内心的光明照亮自己。

您们回去后如能持一切善法，魔界就是净土，您们在魔界的魔光中以佛法照亮自己无始劫以来心中的暗昧，再传点其他人，互相传点，光光不绝，灯灯无尽，以此心中不灭的明灯照亮魔宫中魔光笼罩的痴冥之室吧！您们这么做就是在修行佛法。天女们这才欢喜而回去魔宫。

痴冥之室

灯红酒绿的痴冥之室只在魔宫吗？我们的社会中有没有这样昏暗的魔境？魔境的昏暗是指居者于灯火通明中却感觉暗无天日，读者想想这是眼盲还是心盲？环境真的有天堂地狱之分，垢净善恶之别吗？天堂地狱，垢净善恶难道不会同时存在的吗？有的人一只脚在天堂，一只脚在地狱里同时生活；有的人早上在天堂，晚上在地狱里颠倒生活；有的人外表干净，内心肮脏；有的人却外表脏乱，内心清净；有的好人在无心办坏事，有的恶人却实际在行善，各种复杂现实情况您有智慧区分吗？

如果社会上魔宫和净土同时存在，天堂和地狱都在眼前，那么在什么地方生存取决于人的内心。有些人身处的环境优美，空气河水犹如天堂一样纯净，但心中却充满了烦恼、欲望、渴求、比较和不满，不断为了需求去破坏身边的资源、环境，这些人难道不是身在天堂，心在地狱吗？

有人讲医院等地方像地狱，每天有各种痛苦不堪的人在里面煎熬，天天上演着催人泪下的生离死别，可就在这么恶臭、痛苦的地狱中，那些救死扶伤的天使们，他们纯洁善良的笑容难道不是污泥中开出来的莲花吗？他们的精神不就是魔界不灭的心灯吗？他们不就是身在地狱、心在天堂的菩萨吗？

天堂和地狱没有距离，选择在哪里生活就在您的一念之间，就像一切的厌恶和接受、抱怨和包容都在一念之间。魔界在哪里？魔界一定是恶臭、痛苦的地方吗？这样的没有吸引力的魔界，人是不愿意去的，魔王才没有那么傻！魔王带着魔女是以享乐的方式来迷惑人的，那些令人昏沉、迷失、放纵、贪恋、丧失人性之境就是魔境。在魔境活着的人，身体行尸走肉一般活着，但有个显著的特征就是心已经逐渐死亡了，越来越胆小怕事，越来越麻木不仁，越来越冷漠矫情，越来越虚荣作假，您自己看看自己现在是否在魔界生存？魔在哪里？难道反对、刺激、烦恼人的人与事叫"魔"，而奉承、哄骗、消耗、软禁人心的人与事就不叫"魔"吗？

魔王是大能量的菩萨，为什么菩萨要做魔王来消磨人？因为只有大菩萨才有这个威力。威力是从福德来的，魔王是有大福德大享受的。如果没有福德的人，做了魔就迷了，永无回转之日，所以愚痴的人想要做魔王还不够资格呢！要知道只有魔王才有资格迫害众生，用逆行助人修行，令人发心向善，我们反复强调佛法的教化有顺行和逆行，不要认为逆行就是忍耐，您修习打坐，腿痛可不叫逆行，充其量叫耐力！反面教化，痛不欲生时才能方死方生。但如果菩萨修行不够，言

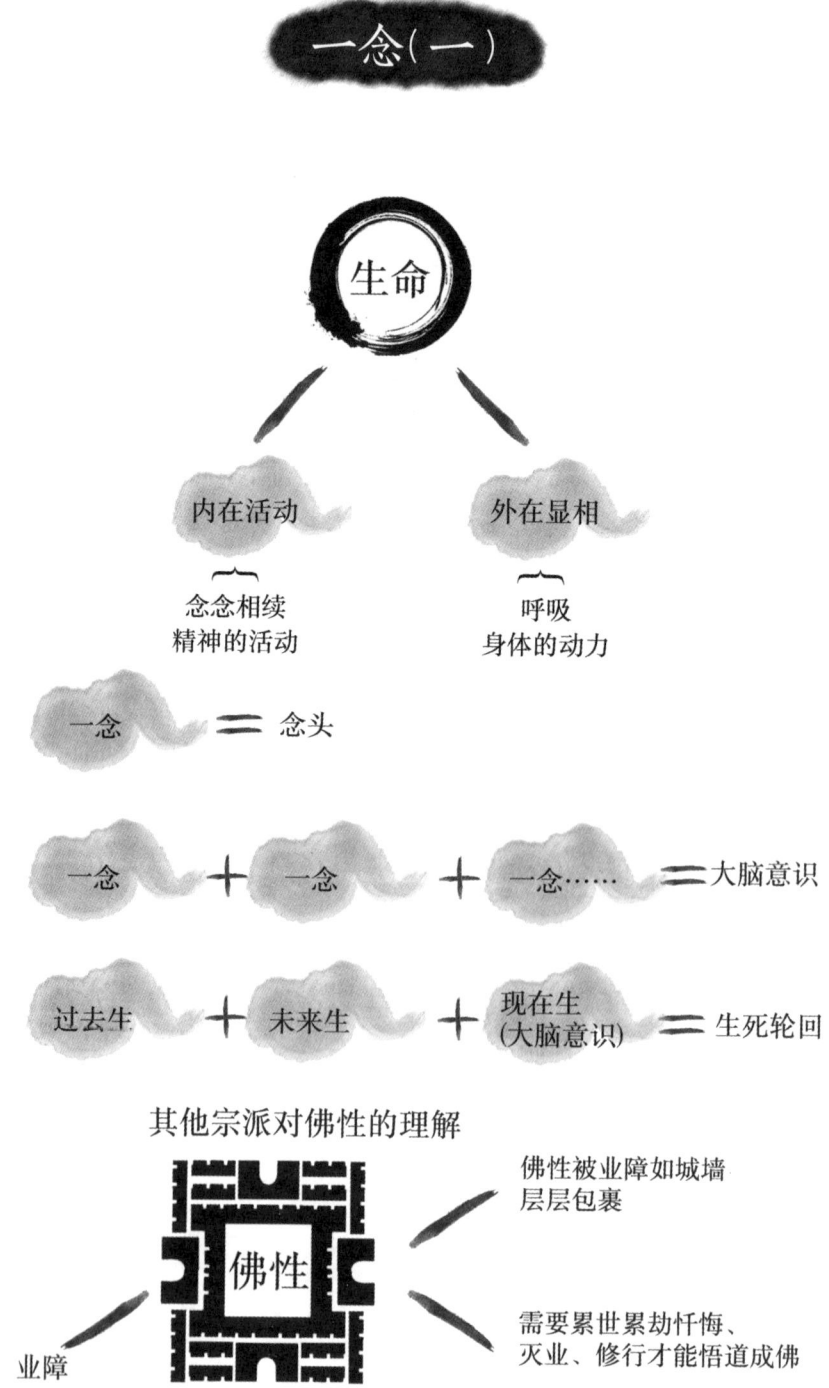

中国禅对佛性的理解

不惊人,智不出众,这样平实无奇是做不了魔的!好比龙象行路,踏下去的力量有多大,反弹的力量就有多大,这是作用力和反作用力的关系。

现实中您身边的什么人会是魔王呢?天界魔王难道只有波旬一人吗?魔王难道只在外界吗?心魔才是最可怕的。以持世菩萨这样的大修行人,尚不能分辨魔王的变相,何况现实凡众?喜欢的事情就一定是好吗?有些事即使看上去有好的结果就一定好吗?顺耳的话一定是好话吗?大家认为对的就一定对吗?被奉承、吹捧、认同、神化、崇拜的感觉很不错,可是有几个人清楚为这种感觉所需要付出的代价?

将欲取之,必固予之

《老子》三十六章云:"将欲歙之,必固张之;将欲弱之,必固强之;将欲废之,必固兴之;将欲取之,必固予之。是谓微明。柔弱胜刚强。鱼不可脱于渊,国之利器不可以示人。"

《周书》亦曰:"将欲败之,必姑辅之,将欲取之,必姑予之。"

我们要理解老子的这些话,不过不要把老子圣人的《道德经》仅仅当兵法书看,把老子动态的智慧视为阴谋家或者阴阳家。老子的智慧要全面理解,他重阴柔,重柔弱胜刚强,重守雌而知雄,歙和张、弱和强、废和兴、取和予都是相反概念的动,这智慧的精髓在于"反者道之动,弱者道之用"。

为什么古代圣人—如老子、孔子、释迦都重阴性能量呢？因为阴性的能量在内，阳性的能量在外，人往往重视外在的变相、现象，喜欢地位、权势而忽略内在的能量，忽略能量的转化规律。尤其是现代人，更是内外、动静完全失衡。刚易折，因为失去了弹性，唯有百炼才可化作绕指柔。

老子这段话还在讲道的运动方式，从"无"变化到"有"，再从"有"变化到"无"："天下万物生于有，有生于无。有之以为利，无之以为用。"这是从平衡到不平衡，再从不平衡到平衡的过程，伴随着是物质、能量的相互转化，遵循道的变化规律，所以运动是从歙变化到张，再由张变化到歙，如此简单的迭代运动反复交替循环，这是势之所趋，因此修者顺势而为，自然而然，无为而无不为。

对待的事物如果处于张的过程中，您想歙，怎么办呢？令他加速！加大它的张力，使张到极限时，它就转化了，这是"道"的第一个变化规律。第二个规律是：阴能制阳，柔弱胜刚强，柔弱不是无能、无力、不自信的懦弱，而是柔软，保持弹性和张力，能因势利导，可灵活运化，这就是"微明"。

高手相逢，处于柔弱而有智慧的一方，会不断等待时机，好像太极推手一样，一来一往看似无力，却绵绵不绝，及时把握对手最微小的漏洞。而处于强势状态的一方往往会藐视对方的示弱，他的变化就只有由强变弱了，中国内家功夫，出手发气走的都是"S"形，这就是势的转化途径。柔弱一方在伺机而动，此时对方如果还不够强，他会想办法示弱再示弱而使对手更强，强到忘乎所以，就进入到由强变弱的趋势中，高下立判。

但这种变化的规律不可投机取巧、包裹任何机心来使用这种智慧,智慧是双刃剑,离不开慈悲心,就像鱼不能脱离于深渊一样!修者要安于虚心实腹,海纳百川,带着不二皆同、无不包容的慧命,此时再加上配合运化的智慧,这种智慧才无往而不利。

老子看这些天道的法则和规律,这些智慧就如同是国家的秘密武器,不可以让那些不具备慈悲心的人,还在为欲望所迷惑的人利用,否则遗祸无穷。

慈悲的人,如果缺乏了智慧,那么他所做的善事未必是真善。有时候是小慈悲,还有时候是好心办坏事而不自知,为什么?因为见地不够,看不透事情的趋势、发展和本质,并且这些慈悲泛滥而少智者,常常会带动许多人受他们的影响和感染,误以为他们具有的牺牲小我的精神就是菩萨精神的显现,就是大乘菩萨行。

而那些只有智慧而缺乏慈悲心的人,他们的智慧越高,越能够干掉对手,谋权夺利,由于他们的心智高超,玩弄世间的凡夫俗子犹如猫戏老鼠一般,爱和恨全由他操纵,这些人对社会、环境的破坏力无法计量。

禅者讲变化,即在平时修炼时绵绵不断积累储藏势能,以备转化身心之用,专修一段时间看上去没有变化并不等于真正没有变化,这些变化在身心内隐藏着,潜伏着,等着某一时刻的来临。而许多聪明人恰恰是在这种时刻没有耐心等待,感觉无聊,老想着惊天动地的大变化,其实真正的大转化之前,身心仿佛柔弱到极点已不能再虚弱时,这个交点就来临了。

"天地之间,其犹橐籥乎?虚而不屈,动而愈出",便是这一种虚静

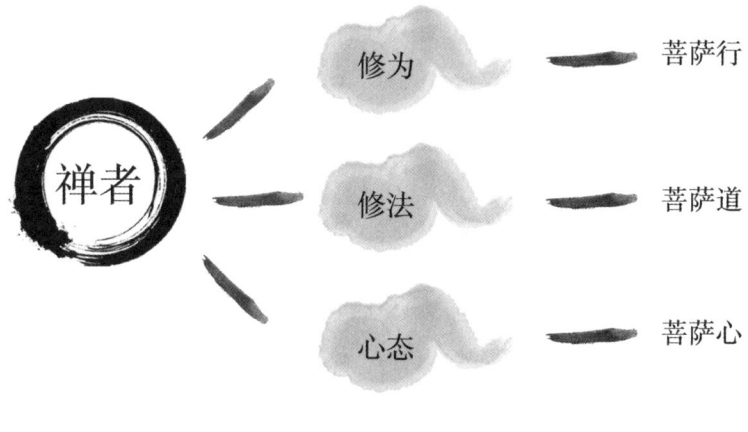

佛的行法 —— "修行"

道的行法 —— "修炼"

儒的行法 —— "修养"

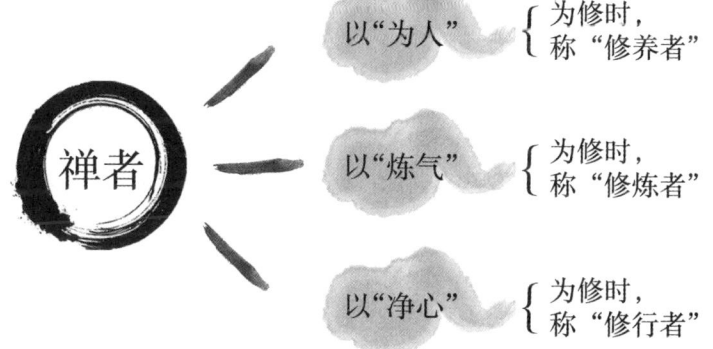

的状态,身心中虚得越多时,可塑性和可包容性就越强。普通人的身心装满了杂念、妄想、垃圾和欲望。

虚明自照,不劳心力

　　菩萨转诸事物的对立和矛盾关系一如车轮运转,在黑白、是非、善恶、动静、明暗、多少、内外、爱恨、歙张、弱强、废兴、取予之间,化显无限变化之身,游刃世间、出世间而有余。此时的状态叫"虚明自照,不劳心力",脱开了大脑意识的人为带动,心中的清明就如同心灯一样可以点燃自己,更可以照亮众生。这盏心灯被点燃和不灭的关键在于清明和清净的心。

　　简单来说,人为何没有这种清明和清净的心呢?若想钓到鱼,须用好的鱼饵,难吃的鱼饵鱼是不吃的,只有自己喜欢的东西才能诱惑到自己,那么出现喜欢这种心情究竟是人的什么部位在起作用?单纯的喜好只是神经反应而已:眼、耳、鼻、舌、身、意,这些接入口的微电流反应在帮您做决定,替您喜欢。

　　比如有些人爱吃,这个吃是真的身体想吃吗,还是内心贪图口腹之欲,还是因为工作需要不得不吃?口腹之欲是被舌头和味觉带着玩,工作需要是被大脑意识带着玩,总之和身体真正的需要没什么关系。

　　凡人的生活,往往不知生命的目的,每天和梦中一样,不知道为什么去做,反正为了谋生做,为了公司做,为了子女做,不知所以,不明所以地被各种假象和假需要带着走。当六根和外界发生接触,会产生各

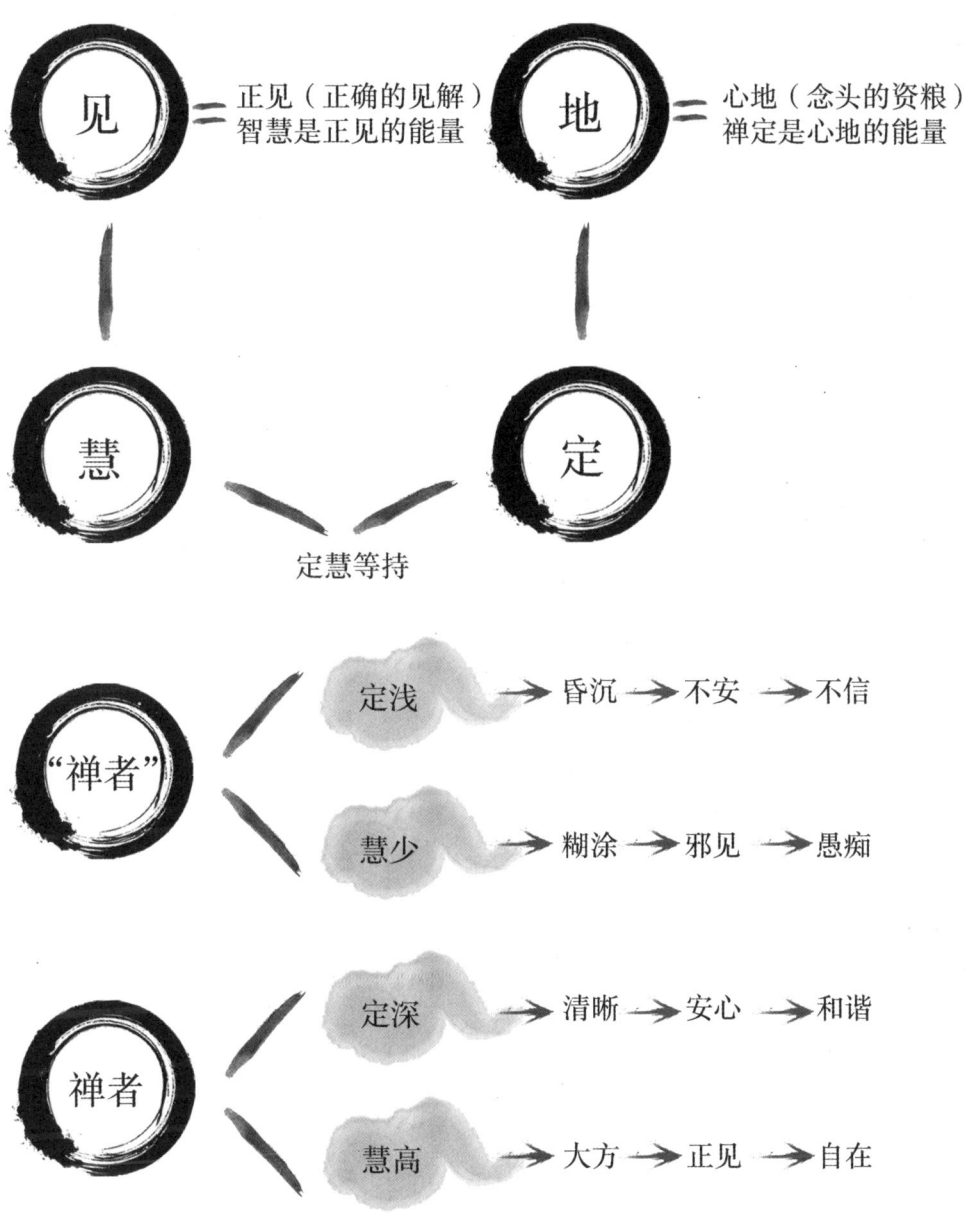

种反应和欲望,吃是欲望,色是欲望,财权是欲望,收藏是欲望,出名是欲望,这些欲望驱使我们逐渐丧失自我,借口说什么人在江湖身不由己,真的不由己吗？因为欲望太大太多,所以不由己！病倒了,意外发生时就知道由不由己了！

有谁真正思考过,欲望本身是什么？得到了又会怎么样？难道不会产生更大的欲望吗？欲望可以止住欲望吗？这个世界被各种欲望推动的生存法则是谁定的？这些有尽头吗？为了满足这些而牺牲健康、家庭、自我,值得吗？住别墅开豪车和人生的幸福美满有多少直接的正面作用？我看反面作用似乎更大。人都有欲望,菩萨利他行是欲望,想觉悟成佛也是欲望,修者的真心中产生的欲望是清净的,不为欲望所驱使和带动,这些欲望和本性契合。凡没有和本性契合的欲望,这个人都像看到被人抛出了爱吃的鱼饵的鱼,钓鱼者只需要静待鱼儿上钩。

没有智慧的人就如鱼一样被这些鱼饵吸引而颠倒梦想,您看猫儿爱吃鱼,可猫不会游泳,鱼儿爱吃蚯蚓,但鱼无法上岸。能够诱惑您上钩的,遁入陷阱无法自拔的,必然是您最喜欢而靠自己难以得到的。事物都需要有逆向思考,要想听见别人的真话,就必须自己先敞开心扉；要想赢得别人的尊重,就必须自己更加谦虚；而对于那些总想占便宜的人,最后必然付出更大的利益和代价。

云在青天水在瓶

天女来自魔域,每天陪着魔王享乐,魔界中充满了享乐、舒服的人、事,有迷人的魔乐,曼妙的舞蹈,精美的饮食,凡能令人入魔的大多是迷幻舒服的,凡是迷幻舒服的必然是消耗生命的,生命在乐中消耗,苦中转化。所谓:生于忧患而死于安乐。

当维摩大士和魔女们宣讲佛法后,这些本来迷惑的魔女们得闻正法,于是转性,希望跟随维摩大士继续修习佛法。从这个转化我们能够看出:佛是觉者,魔是迷者,人是替天行道、奉天承运、补天地之不足者。佛、人、魔是一体三态,如果不同体态是无法相互转化的,只有在一体的几种形态之间,可以一念成魔,一念成佛。

这好比水之三态,遇寒冷则坚硬如冰;遇温热则幻化成汽,或聚或散,无有定行;再遇冷热对流则成雨水回到地面。

唐代的大儒生李翱,闻听药山禅师智慧了得,兴冲冲想要一见,乃至山中见到禅师,禅师自己看经书,他来后禅师头也不抬。

身边侍者看到李太守站立良久没人搭理,挺尴尬的,便谓禅师曰:"太守在此,守候多时。"

禅师还是没有答话,李太守实在太没面子了,乃曰:"见面不如闻名。"然后拂袖便想离开。

就在这时候,药山禅师淡淡地说:"太守为什么独重耳而贱目?"

李翱也是大修养者,一听便惊。

于是再次拱手,问曰:"请问如何是道?"

禅者的佛、人、魔

佛境　　　　　　　魔境

　心净　　　心垢

禅者

时净时垢

人境

不垢不净时　＝　禅境

禅师用手指先往天上一指,再往地下一指,问他:"懂了吗?"

李翱头都大了,想了半天,老实回道:"不懂,请指教。"

禅师一笑,曰:"云在青天水在瓶。"

李翱刹那间顿觉暗室已明,疑冰顿泮,躬身致谢。离别禅师后,下山路上心潮澎湃,写了两首脍炙人口的佳作流芳百世:

一首写他自己悟道心得:"练得身形似鹤形,千株松下两函经,我来问道无余说,云在青天水在瓶。"

另一首描写药山禅师神韵:"选得幽居惬野情,终年无送亦无迎,有时直上孤峰顶,月下披云啸一声。"

估计许多读者也像他刚才一样头大,这让他顿悟的"云在青天水在瓶"究竟是什么呢?笔者试解一下:人的本性如青天一样一片光明,但现实中的人们却因为社会熏陶,身心入魔境而不知,慢慢只见乌云蔽日,而不见本性清明。

在青天的云和在瓶中的水本是一物,由汽变化。修者要突破和超越的人生就是无拘无束地自由往来于佛、人、魔三态之境。禅心之所以无我、无相、无住的精髓就在于如同水一样,以无形变化万形,随缘而形,任运自然。

水德是"上善若水",利万物而无形,这是老子智慧的精要,遇到寒冷的环境,结冰坚于水,此是修者的忍辱精进,百折不饶;遇到温度、环境变化而化于无形之汽,以无形蕴万形,此是修者的施而无求,因果随缘;汽虽无形,却以云为相,聚可结雨;散便无踪,逍遥于天地之间,随风潜入夜,润物细无声,此为修者更深层的境界——有相无相,有形无形。因缘和合而生的万物,没有生,没有灭,没有不变,没有断绝,没有来也没有去,没有一样的也没有不一样的。《楞严经》中谓不生不死为"常",那么生灭就是"非常",我们若能深刻地体会到其中的深义,就不会妄自地赋予现象事物一些人为既定的概念,不会颠倒是非妄想、纷乱与不安。止息这些伪概念,造作和纷乱不安也将随之止息,即可安心。

药山禅师在这里讲的"云在青天水在瓶"是"断"和"常"的现象,这里的"青天"和"瓶"属于"常"的范围,而无形之水汽,变化的云雾则属于"断"的范畴,"断"是变化,没有恒久之态。这种"断"并非是佛法中说的"无常",也不是《易经》中的"易"。

世俗的"断常论"是黑白、是非、对错、善恶的见解,这些妨碍了禅修的禅定,也妨碍不二中道智慧。李翱得到药山禅师点化顿悟后,茅塞顿开,恬静如水,淡薄名利,修身正道。这一段佳话便是药山禅师点燃李翱的无尽心灯之法。

我们刚才讲了佛、人、魔是一体三态,取决状态的关键在心,心觉是佛,心迷是魔,天女们在维摩大士的引导下顿悟了法乐,想要脱离魔境,这便是身心开始转化,我们叫"转心"和"转身"。但维摩大士却让这些转化了性情的天女们回归魔境,去将自己心中被点燃的心灯在魔界长明,这就是大乘菩萨的非凡之处了。

禅者的灵魂观

禅者

慈悲心显现时　　清净心显现时　　超越心显现时

与一切众生相应　　与一切圣贤相应　　与天地万物相应
我与众生不二　　　我与圣贤不二　　　我与天地万物不二

禅者的灵魂观

与众生相应的慈悲心　　与圣贤相应的清净心　　与天地相应的超越心

觅心不得

心灯缘何可以不灭？一切生灭、明暗的想法源于二元思想，就像我们肉体死亡真的是生命的终点吗？可能我们认为有终点是个误解，而生命没有终点就不是误解吗？

我们也许会死，也许不会死，这个生死取决的关键在哪里呢？有些人认为人死的时候只有肉体会死，然而灵魂与心灵会长存，这个观点正确吗？也不尽然。心灵和肉体都有尽头，又都可以以其他方式长存，心灵和肉体实际是一体两面，既独立又相互依赖。人的肉体消亡后，长存的不是这个人的灵魂，而是这个人不朽的精神，是人格的光辉。有些人活着的生命其实已经"死"了，而有些人虽不生但这不生本身就是一种"生"，这样不生不灭的心灯当然可以长存不灭啦。

让牛羊生长最好的方法就是把它们带到一片肥沃的草地，然后任其自由生长，牛羊吃草，便溺肥草，草得肥料再次发芽生长，生生不息，您可以说这草被牛羊吃光了，灭亡了吗？对待点灯不也是一样吗？我们只需要点燃心灯，然后就是在一旁守护而不打扰，但不打扰不是置之不理，眼见迷路时当然要适时指路，只是说不要想着驾驭和控制，菩萨们只是静静地看着，帮忙点燃迷人的心灯，而非计划着、规划着如何使用和传递这心灯。

我们再转回来看这些天女，她们如果不回魔界，不过是维摩大士又多了些追随者，而被点亮心灯的天女们回到魔界，以此心灯照亮无明幽冥的魔界众生，这才是功德无量。魔界需要心灯来温暖，需要心灯来引路，每盏心灯虽然微弱，但微弱的心灯足以覆盖彻夜明亮的魔光！如果心灯足够多，足够亮，就像河里的小波澜，如果足够大，足够多，就可能改变河水的流向了。

我讲这一番话，读者不要又只看到正的一面，心灯是波澜，杂念同样也是波澜，心灯足够多可以改变心河的流向，杂念足够强也一样可以改变心河的流向，任何事情有正就必然有反，仅从一面去思考和理解就可能会把无尽的心灯也变成无尽的执著了。就像人的眼睛在太强的阳光下什么也看不见一样，强光下其实是一片黑暗。

"以心传心"是禅法的根本，这个心是无住的、流动的，禅的传递是同类之间的感应。我们反复论述魔与佛，魔境与佛境，魔界与法界，在世间的魔境中点燃心灯，灯灯无尽传递下去是禅者的本份事。心灯微明的禅者好像维摩大士一样，任何魔界都是他修行的法界，慧命长存。一般人执著在一些本能的欲望上，食、色、权、位、名，这种命叫"性命"，另一种人会追寻生命的意义，追求精神的充实，这种命除了"性命"之外，还有一种"生命"存在。而菩萨除了"性命""生命"之外，重要的是"慧命"，慧命不仅仅是个人的使命，而是一种难行能行、难忍能忍的忍辱、慈悲，是"无缘大慈，同体大悲"，是智不出三界、悲不入涅槃的菩萨精神。

我们普通人认为耀眼的明星最亮，但明星遇到更绚丽多彩的魔光就会被掩盖，当外界光线环境变化时通常耀眼的明星总是最先被湮没。唯有慧命的灯不耀眼、不依赖环境，这种微明是他强归他强，清风过山岗，什么可以阻碍悠悠的清风呢？

读者一定想知道，我们说的这个心既然不是西方解剖学心脏的"心"，也不是心理学中大脑意识和"唯心学"的"心"，禅法里最关键的这颗无住的、活泼的心究竟在哪里？二祖慧可面见达摩祖师时，曾说自己不安心，祖师让他把心找出来，慧可禅师仔细觅心而不可得。达摩祖师谓之曰："我与汝安心竟。"

我遇到不少实际修禅的禅者，问过我同样的问题：祖师为慧可禅师安心竟了吗？人的心到底在哪里？现代人好像觉得我们的高级思维和神经活动都是在大脑中。所以错将大脑意识当心了，其实并不正确，大脑意识只是我们唯识学中的前七识，那这颗活泼泼的真心究竟在哪里？不把这颗心讲清楚，似乎很难点燃内心中的不灭心灯。

《楞严经》中有一段对话，佛帮助阿难尊者觅心，破除他心中的执著。为什么要觅心呢？因为心有个特殊的重要功能，就是观照。阿难认为找到心，便可提升觉悟。关于这段对话初修者可能看不懂，没有关系，本书可能有些您暂时看不懂的内容，遇到这种情况可以直接跳过去，未来修到一定程度再回来看，会发现"循众生心，现所知量"的真正含义，您的认知程度提升时，那些原本难以理解的内容会瞬间了悟，因此不必纠结一时，苦苦思寻。

经中说：当时，佛问阿难您的心在哪里？阿难说在体内。佛说：当您闭眼时是否感觉一片黑暗？这感觉的一片黑暗的境界是与眼睛相对的，因为唯有相对，您才可以看到眼前的东西。根据这个道理，因为相对，您心中感觉看到的黑暗境界应在眼的前方，既然看到的事物在眼前，就不在体内。

如果阿难您执意认为，同样是黑暗，闭眼所感觉到的黑暗，和不闭眼所见外界环境的黑暗，两种黑暗完全一样的话，那么试想当您在一个黑暗房间里,没有任何光线,请问,这时候外界的黑暗应等同于您的身体内部吗?如果等同,那么这黑暗的外界不就成了您的五脏六腑了吗?可见,这种思考方式是不正确的。

所以,当您闭上眼睛感觉看到黑暗的时候,浮现出来的黑暗境界与眼睛相对,故不能称为心在身体内部。如果不相对,就连看都看不见。比如现在我看到杯子,是因为杯子在我们眼前,与眼睛相对,否则,是看不见的。

这时,阿难反驳说:尊敬的佛陀,如果我的心能离开身体,就可以与身体相对了。这样闭眼看见的黑暗,就可以称为看见身体内部了吧?

佛说:阿难,如果心在体外,就好像把灯点在屋外,这个灯先照亮室外,光从门窗漏进,再照亮室内一样。一切众生之所以看不到自己身体内部,只能看到外物,就好像灯在室外,身体如门窗挡光,照不见内。假如您觉察心在身外,身心就各不相干,心有所知,身不能觉。身有所觉,心也必无所知,所以说心在身外也是不对的。

阿难又说:按照您的说法,心既然不在内,亦不在外,那么心应该藏在眼根里,眼睛一见外物,心立即跟着起分别意识。我为什么看不到身体内的五脏六腑,却能看到外面的事物呢?大概是因为心潜伏在眼根的缘故。

佛笑道:如您所说,心藏在眼根里,那么您可以看外面的事物时,为什么看不到自己的眼睛?如果看不到自己的眼睛,又怎么能证明心藏在眼根内?

阿难想了想,接着说:众生的身体,内有腑脏,外有九窍,体内黑暗,有窍则明,我现在站在佛跟前,开眼见明,名为"见外",闭眼见暗,名为"见内",这个道理对不对呢?

佛说:阿难,刚才已经和您提到,当您闭眼见黑暗之时,这个看到的黑暗境界,是与眼相对吗?若与眼相对,则黑暗在眼的前方,怎么能叫"见内"?我眼前的这个杯子,因为在我眼前,和眼相对,所以我能见。如果您这样就叫"见内",试想如果在没有任何光线的暗室,这个暗室不都成了您的腑脏,哪有这个道理?若黑暗不与眼睛相对,又怎么眼前能看到黑暗境界?假如您闭眼所见的暗境,不是外面和眼相对的暗境,而是身体内部的暗境,您的眼睛就有了反观能量,既然眼有反观的能量,您开眼见明的时候为什么不能看到自己的头部?假如开眼见明时不能反看到自己的头部,闭眼见暗时就一样不能反观体内。这说明有分别觉知能量的心和你的眼根都不在内外,而在虚空之中。

如果心和眼根在虚空里,不在身体里,也就和自己没有关系。如果您固执地认为离体之见还是自己,那我跟您不是一体,我能看到您的头部,难道我也是您的身体的一部分吗?如果您强说身体有知觉,虚空中的眼睛也有知觉,这就成了一身两知:一在虚空,一在自身,这样您未来能够成佛的话岂不是可以一身成两佛?

阿难提出的几种答案都让佛给否定了,这次他直接引用佛的话来说:我曾经听您讲过,由于心生出种种分别,所以才浮现出外界的万象。由于外界的万象变化,心又继续生出种种分别,也就是说,法本无生,由心故生;心亦无有,因法固有。那么这个能思维的自体,就是我的心性。若遇因缘和合时便成我的"心",无缘时便不合成我的"心",这个心不在身体内、外和中间,是"因缘和合而生心"对吗?

其实阿难能有这个见解就已经很了不起了,什么叫"因缘和合而生"呢?好像拍手一样,双手没拍之前,不会出掌声,掌声就是因缘和合而生出的第三者。

佛听了笑道:若如您所说,因法生所以种种心生,那您的心是否有体相?心无体相,又怎么跟眼前的尘、境、相和合?如果无体可以和合的话,这眼、耳、鼻、舌、身、意(六根),和色、声、香、味、触、法(六尘),加上六根对六尘中间又生出六识(眼识、耳识、鼻识、舌识、身识、意识),此"十八界"之外必有一个无体相的十九界,"六尘"之外必有一个无体相的第七尘,既然这十九界和第七尘都是没有实体的虚名,拿什么来和合呢?真空从来都不离妙有,您曲解了我的法义,这是没道理的。

阿难一听就急了,说:能见的是眼睛,心的功能是觉知,不是见。

佛说:如果说眼睛能见,那么人死了,眼睛完好,为什么不能见物?若死人还能见物,又怎么能说他死了?您寻找的这个能觉知分别的心,如果有体相,那究竟是一体还是多体?是全身共一心体,还是四肢各有一心?

如果全身共一心体,当你拿手掐一肢时,全身都会有疼感。既然全身都有疼感,这个被掐处就没有一定的位置。如果被掐处有一定的位置,全身共一心体就不能成立。如果心是多体,就变成多人,哪个才是真正的自己呢?

阿难头开始晕了,但阿难是多闻第一的佛子,他继续问:您曾对文殊菩萨、观音菩萨等诸位大菩萨谈论心的真实之相时,说心不在内,亦不在外,我想这个心应该在中间。

佛说,您说心在中间,既然有"中间"这个名相,就表明"中间"肯定有一个固定的位置，不是虚无的。您好好想想，"中"在哪里？究竟是在外境还是在身中？若在外境，外境怎么定中心？若在身中，身有前、后、左、右，哪里算中间？

阿难彻底糊涂了，自己的所有说法都被佛给推翻了，但他不服输，继续说：我说的中间，不是内外这两种，而是佛曾说的"眼根对外境的色尘互相为缘，中间便生眼识"中的那个"中间"。眼能分别，色尘无知，但在眼根和色尘相接触的时候，这中间就生出了分别的作用，这个能分别的作用，不是心的所在吗？

佛说：您的心若在眼根和色尘中间，这个心体是兼具眼根和色尘二者，还是与眼根和色尘分离？根为有知之体，尘为无知之物，有知和无知如何相混？如二者混杂，岂不是根、尘相混，而心、物相杂？一个是有知，一个是无知，两相不同，各落一边，您是怎么得到的"中"呢？若说不兼具二者，也非有知，也非无知，就没有了一定的体性，又以何处为"中"？所以您说心在中间，也是错误的。

阿难理屈词穷，最后只好说：我以前曾听佛和目犍连、须菩提、富楼那、舍利弗四大弟子说法时说，这个能觉知分别的心，不在内，不在外，也不在中间，一切不着，就名之为"心"。那么我现在一切不着，是否可以叫作心呢？

佛说阿难啊，您说一切不着名为心。须知，所谓的一切是指世间、虚空、水陆飞行等等的物象。您所说的不着一切，是指您的心离开一切物象，本来就有处所；还是离开一切物象，心本来就没有处所？

如果心，离开一切物象没有所在，那是心相亦无，这就像兔子头上长角一样，是不存在的，是不可能发生的虚无事件，那还谈什么着不着呢？如果您的心离一切物象之外，另有一个所在，而不再去执著其它一切，那么您说的无着，早已经先有着了，只是嘴巴上不承认，怎么还能说是无着呢？所以您所说的一切无着，给个名字叫"心"，也是不对的。

各位读者看看，谁能比得过阿难尊者的智慧多闻？但他所有的徒劳觅心的见解，都被佛一一否定，可以说遍觅心不可得。我们回到达摩祖师对慧可禅师说的"与汝安心竟"这句话，就因为这句话，慧可禅师开悟了。

现在我们找了这么长时间的心在哪里？不在内，不在外，不在中间，不在一处，不在多处，不因因缘和合而生，遍及法界无处不是心，无处不离心，我们的这颗心非意识、非脏器、非分别、非有生灭、非因缘和合而生，唯有无在不在、无前无后的活泼禅心中点燃的心灯才是永无生灭的。看到此处，我想说的是，各位大德，我已为您点灯竟。

禅悟不是仅仅只有一条路，有些时候往往特别聪明的人修禅悟道而不得，这些人通常上手容易，但就不愿意单调反复修证，感觉无聊，感觉没用处，感觉自己能带动，自己了不起，这个也知道，那个可以试试，心中的灯根本点不亮，自以为是，最终魔王给点鱼饵就咬钩，魔境显前而不知。

对于禅者来讲，灵活聪明不是悟道的根本，有时候资质差的人反而会成就。一位大修行者、一位禅者的成长之路，本身就要经历很多年，很多次的一错再错，唯有一心一意的人才会最终成就。

有的时候下下人会有上上智，二十四岁一字不识的卢惠能只是个挑水、舂米的小杂工，当年的黄梅山东山法门千百个聪明人里谁会把这么个最微不足道的人物放在眼里？谁能想到祖师衣钵会被这个相貌平庸的南蛮子拿走？我们永远不要高估自己的小聪明，更不要低看真正的大根器。在修行的路上，一错再错也是禅，下一章，我们进入"释迦拈花"，我们来看看佛陀如何在一错再错的修行中最终悟道。

第三章

释迦拈花

妙不可言

凡新生命的诞生，常伴随着一声响亮的啼哭。而在两千多年前北印度灵鹫山的山顶上，一位觉者在早晨的清风中端坐宝莲，手中轻轻拈起了一朵曼妙的大婆罗花，另一位老者见此破颜微笑，挺身默言，合掌而立。自此，一个影响了世界千百年，至今依然鲜活的生命在如此宁静祥和的气氛中诞生，这个微笑着诞生的新生命，我们称之为——"禅"。

这朵两千年前盛开的花虽然至今仍然鲜活，但似乎和这个越来越科学化、工业化的现代社会形成了一个极其鲜明的对比，今天科技进步带来的丰富知识已经彻底颠覆了人类以往对世界的认识，世界变得越来越系统、逻辑、流程、推理、计划、可策划和模式化。现代人仿佛一个个机器一样，无论东方、西方，大家认可的品牌趋同、审美趋同，天下趋同，您看现在走在美国大街上看到的街景和北京、东京、香港、新加坡还有多大区别？我们已经成功地把本来几大洲完全独特的文化和文明，饮食和习惯变得越来越相似了，但这个相似是有主体的，它是以引领世界潮流的科技发展为趋势的精密分解、可复制传播的工业化、同质化的西方文明为主体的。

"禅"这朵没有语言的花，这禅花盛开的世界，对于现代人来说简直是现代文明不敢想象、也不能想象的未知世界。在现代人看来，生活在禅花世界里的这些人，他们是人吗？用分析和解剖，这些"人"是人；用验证和实践，这些"人"又非人。

禅者的饮食

- 清凉纯净茶水
- 新鲜有氧空气
- 相应能量气场
- 卫生自然食品
- 禅者饮食

现代人类的聪明和科学进步同步发展，当社会以人类史上从没有过的速度一路高歌，同时人的心灵感知能力、感应能力、感觉能力、感悟能力却在以同样的速度退化。人类生活在半机械化、机器化的各种仪器、工具、电子环境里，所依赖的事物、环境越来越多，无可预知的也将越来越多。但现代人将这些不可预知的、无法解释的事情归纳为"非科学性"，或科学未知领域，然后就不得其解了。

我们一步步发明了各层次的虚拟环境，然后就不知不觉地生活在虚拟的家庭、生活、感情、大自然当中，我们用随心所欲的虚拟世界来逐渐替换现有世界的真实发生。例如当人类交易由贵金属货币变成纸币，再从纸币变成虚拟化的货币等等，所有这一切的繁荣背后是什么？这样的发展，越来越减少了大多数人的参与，而只需要服从少数人、少数集团，这些领导世界的集团和个人，只需要按不同的几个程序就可以实现他们的意志了。而这些引领世界潮流的集团和个人会提供给大多数剩下的人一个虚拟世界，娱乐大众，让大家在虚拟世界里忘情玩乐、享受、自寻烦恼，引领者以此丰富的娱乐世界来让余者安心，羊群效应、丛林法则、适者生存、弱肉强食不正在变成生存的"真理"吗？可惜的是，大多数人都乐意地朝着这个方向努力，这份人类共同的美好假象似乎远比我们痛述现代人精神上的空虚听起来更有实际意义。

几千年前各种语言、文字的相续出现是人类一个划时代的标志，所有新事物的出现，必定对我们的生活产生巨大的影响，语言传递着、承载着、继承着人类的文明、历史和创造，不敢想象如果没有语言、文字的社会会是怎么样！但我们充分享用语言、文字给人类带来的文明盛宴时,却忽略了语言、文字不过是工具,就像现代人用手机本来为了传递信息、方便沟通,结果却变成了手机的奴隶。多少人睡觉也要带着手机？手机已经从沟通工具一跃而成为生活以及和世界连接的必需品,真的如此吗？

语言、文字既然是沟通的工具,必有其局限性、不完整性、不真实性、片面性、时效性等等特征,可惜的是,我们人类的独立主体意识在迅速衰退,人类在不可避免地身心退化,许多人只会不动脑筋地跟着社会舆论走、跟着周围习气走、跟着潮流走、跟着书本走。精神日益贫乏的人类变得越来越麻木、颓废、困惑、死气沉沉,错把恶俗当有趣,错把现象当本质,现在是否还能有高屋建瓴的圣人智者引导我们找到一片人类精神的净土,没有人能够给出我们一个答案。

两千多年前,佛陀的那个微笑,那朵禅花,到底是对今天人类的考验还是他老人家无奈的微笑,答案不会从书本上来。

爱、道、法这些都是无法用语言描绘的。语言是"实相"的第三层投影。皮影戏大家都看过,看到的投影和背后的真实是一回事吗？大爱无言,大道无为,心法如如。

凡所有物,一至圆满,便无形、无象。道是圆满的,所以道无处不在,却不可见其形,无法见其象,以至于凡夫盲居于"道"中而不知。佛性没有生灭,也不需要培育,它本来就是圆满的,里面包容一切。"禅"便是这本不生灭、本来清净的圆满佛性：无相、无住、无形、无我。

佛性是宇宙中存在的最高能量,这种能量到来谁也无法抗拒,因缘和合的推动能使这股能量通过受载体显现在世界上。宇宙中的万事万物的生灭非有神定,也非由谁主宰控制,也非自然而生,乃是这能量自然而然、因缘和合的显现。自然而然不是指自然界,注意不要漏了"而然"这两个字,老子说:"生之畜之,生而不有,为而不恃,长而不宰,是谓玄德。"玄德就是自然而然,是虽生之育之,但为而不恃,不破坏、不要求、不人为控制,这种能量是宇宙间的一种存在,所以不能被发明,而是被发现,六道众生皆有这能量,都可以被打开,可以成为觉者,成为佛。

所谓"佛"者,乃是觉悟的众生,是觉悟了生命本质和宇宙实相的人。佛法中的涅槃,就是生命回归到本位,还生命以本来面目,好比融冰为水,散云为空。

生命和事物成、住、坏、空的过程只是生命本身的这一团光和宇宙的这一整体光融入一体的过程现象。生命不以死亡作为结束,不以出生为开始,生、死的现象都只是另一过程的开始,生死也是同时发生,"以心传心"的禅法如同打开一个电门,通了电,在同一个频道的六道众生顿时可以解脱开悟,这既是最快的法,也是最难行的法,无限风光在险峰。

微笑是佛陀无言的一种表达方式,他手里拈起的花,也有生灭,任何一种妙境,只要心停住在上面,就有滞碍、有局限、有寿命、有好坏、有远近,禅是内外不住,来去自由。微笑中没有佛教、道教、基督教的分别,也不分种族、民族、国籍、性别、年龄、学历。佛在微笑时,心中没有认为自己在微笑,在传法,或者特别地在做什么,一切都是他自然而然在真实当下的如实发生。

正法眼藏

据禅史记载，宋朝以前未见"拈花微笑"的记载，而记载"拈花微笑"的是《大梵天王问佛决疑经》。此经为历来《大藏经》所未收，亦为各种经录所未载。日本天台宗的圆仁慈觉大师，于唐末之际，来华留学，曾将此经抄回日本，秘藏于某处，三百年后，复现于人间，但已为蠹鱼侵蚀，并有脱页之处，现已被收入日本编集的《卍续藏经》中。

此经中关于"拈花微笑"的描述如下：世尊在即将进入大涅槃前不久的一天，在灵鹫山顶对百万人天及诸比丘宣说："不久我就要入涅槃了，诸位对于法还有什么问的，就问罢。"比丘们皆颇为惊惶，不知在佛灭之后，应当依止何人继续修持，甚至不少人要求：跟随世尊一同涅槃。

众人中，娑婆世界之主大梵天王，即以千叶妙法莲金光明大婆罗花，双手捧过头顶，奉献世尊，顶礼并请示："世尊成佛以来，种种说法教示，化度一切众生。不知是否尚有最上的大法没说？恳请世尊为我等及将来修菩萨行者，以及欲修佛道的凡夫众生，敷演宣说。"

说毕此语，大梵天王即将他自己的身体，化作庄严莲花宝座，请世尊坐。世尊受此大婆罗花，端坐莲花宝座，面向法会大众，但他拈起花，一直微笑不语。

此时与会的百万人天及各比丘、比丘尼众，大家面面相觑，不知世尊何意，此时有摩诃迦叶尊者，悟到世尊所示，即是无上传心法门，于是破颜微笑相应，挺身而起，合掌正立，默然无语。

大藏经

禅者
对大藏经中各种不同说法平等看待

佛法的宝库
禅法
属于佛法的一部分
"中国禅"
属于禅法的一部分
"禅宗"
属于"中国禅"的一部分

大藏经

禅者
将大藏经看为：
自心清净的各种表现，
是禅修时的各种念头，
是先辈祖师们禅修时的影子

人法不二
禅者心海：如来藏
禅者法海：大藏经

世尊看到迦叶相应，受了自己的心法，便向大众宣示："我有正法眼藏，涅槃妙心，实相无相，微妙法门，不立文字，教外别传，总持任持，凡夫成佛，第一义谛，今方付嘱摩诃迦叶。"说完又说："如今，我快将灭寂了，诸比丘们，都可依止摩诃迦叶尊者，入大乘门，修行佛道。"

我们来看世尊的慈悲心，即使在大涅槃前，为报大梵天王所请的最上大法，将大梵天王奉献的大婆罗花，拈在手上，心传了这无上的"教外别传"之法，教外的含义是经、教之外，另传一法。他的意思也同时想告诉大梵天王：尽虚空，遍法界，有哪一法不是最上大法呢？有哪一处不是净土呢？法实相无相，亦无不相，无定、无住是法的实相，亦可说每一法都未离实相。大家总喜欢离心另外去找，您看，连这朵花，不也是最上的大法吗？

世尊的这些心里话，当时百万人天及诸比丘之中，除了摩诃迦叶，无有一人能够体会佛的深意。唯有大迦叶心映佛心，破颜微笑，默然无语，与佛心心相印。

世尊欢喜印可，承认已传了无上心法给他，最后仍郑重叮嘱诸位弟子："诸位比丘，我今所有的无上正法，全般付嘱摩诃迦叶。如来灭后，摩诃迦叶当为你们作为大依止，犹如如来为诸众生作大依止。"

摩诃迦叶在佛陀的诸大弟子之中，本来就是苦行第一，他比佛陀还年长二十岁，年高德劭最为持重，佛传给摩诃迦叶的这个无上心法，原来叫做"正法眼藏，涅槃妙心"。

正法的眼目藏于此，寂静的智慧存于此。迦叶尊者由此成为"禅"西天第一祖，后来东渡来中国传法的达摩祖师为"禅"西天二十八祖。这二十八位祖师传的都是"以心传心"这个无言之教，以此无言之教的

"妙心"为修证的法,称为密付密受。此"密",不是我的秘密不许别人修、学、知,也不是只传给自己的弟子,而是未得开悟实相或佛性的人见了、听了也不知、不觉、不解、不契;唯悟者与悟者之间,心心相印,禅心的秘密一览无余,感而遂通。

"拈花微笑"是否实有其事?笔者不是史学家,无从论证,而论证是否属实也不是我写这一章的目的。写给大家看,是因为它具备了"禅"的特征:默然不语,而又有千言万语。

在《维摩诘经》中,维摩大士一默如雷,默然不语的法音振聋发聩,点燃百千菩萨的心灯。当时文殊菩萨受佛所托去维摩大士住地探病,文殊菩萨曾是佛陀的老师,智慧功夫都是深不可测,而维摩大士我们上一章已经介绍过了,此二大士见面,必定有精彩无比的法会,于是百千菩萨都乐呵呵地跟着文殊菩萨一起去探病。

菩萨见了维摩大士请教了关于什么是"不二法门"的问题,何谓"不二法门"?其间各个菩萨都表达了自己的看法,文殊菩萨最后总结说:"如我意者,于一切法,无言、无说、无示、无识,离诸问答,是'不二法门'。"说完,文殊菩萨问维摩大士有什么看法?维摩大士当时"默然无语",这就是维摩"一默如雷"的典故,此与在《大梵天王问佛决疑经》所述的释尊拈花示众,心同理同。

惠能祖师创立的"中国禅",受《维摩诘经》、《楞伽经》、《金刚经》影响至深,《维摩诘经》的"一默如雷",《楞伽经》的"无门为门",《金刚经》的"无住生心"、"无法可说"都属于无言之教。

《六祖坛经》中有一则记载,有一天六祖向大众说:"吾有一物,无头无尾,无名无字,无背无面,诸人还识得吗?"神会站出来说:"是诸佛的本源,神会的佛性。"六祖说:"说了无名无字,为何又唤作本源?佛性?"

为什么佛陀最后传无言之法呢?这就和佛陀当年证悟的法有关了。这是公元前六世纪的一个清晨,一棵高大茂密的菩提树下,深入禅定的佛陀睁开眼,看着天边微亮的启明星,这一刻,他的心中从刚坐下时的波涛汹涌到深广无边与澄澈清凉。

在这个伟大而平凡的时刻,他究竟悟到了什么呢?佛陀知道自己现在知道的和世间上人所知道的东西不一样,他认为美好的,众生不见得认为好,他认为道是至真至贵的,而众生畏苦裹足不前;他体悟到所有痛苦皆来自于欲念,而众生贪爱名利趋之若鹜,所以他的证语是无法用语言去描述完整的,只能通过实修实证去证得。

他入定后首先突破了时间限制,他的时间在倒流,由现在到过去,再由未来到现在,过去、未来、现在历历如绘呈现眼前,他发现这三个时间段并不是截然不同的三个阶段,时光是一条长环,而非前后流动的河,原来时间是无始无终的,当下一念,便是万年。

再次,佛陀突破了内外空间,山河大地无边无际呈现眼前,远近高低、前后上下对他已经没有了隔碍,佛心遍及法界一切处,遍及一切微尘,遍及一切众生,他觉悟到万事万物的无主宰、非自然,皆为因缘和合而生,看到的一切现象都是因缘而生的假象和合,都只是假名而已。众生无知,执假为真,计较人我是非,妄起贪、嗔、痴、慢、疑,随着各自的业力,在生死之流中生了又死,死了又生,实在是可怜可悯!

最后,佛陀觉悟到人人皆有佛性。其时他说出了震撼古今的一句话:"奇哉!一切众生皆具如来智慧德相,只因妄想执著而不能证得"。由此佛陀证悟了诸法实相，兴起大慈悲心、大平等心，运用一切大智能来救度教化和他一体不二的众生。

这个瞬间的证悟，一语道破了宇宙和万物的实相，实相就是无相。那么，佛陀如何证悟的呢？他天生应该是大王，他为何却放着王位不继承呢？以他离家前的聪明才智，做了大王，也可以把这个国家统治好，让人民幸福。可是他考虑的不是这么短暂的利益，他就算做天下最好的大王，善待人民，国家和谐富强，也不过是短短的几十年，之后又会陷入混乱。人类为什么不能永远和平？人为什么有欲望，为什么有执著？为什么脱不开生老病死的痛苦？为什么贫富不等、阶级不公？

为了证悟这一切，他离家出走。悟道后他清晰地知道了宰制人类的，是欲望！他明白心物一元的道理，心和物不是分开的。时间、空间、物理的真实生命，跟精神、思想、灵性的生命，是一体的。

一错再错

当时印度的宗教，有各宗各派的修持方法，这些修法，在佛陀以前，就已经存在了。佛陀离家后诚诚恳恳地跟随各种老师去修法，一直到他睹明星悟道成佛，这段时间持续了十二年，他做了些什么？又是如何修持的？许多关于他的传记都有介绍。

他先修瑜伽、冥想，三年便证得了"无想定"，最后发现不究竟，佛经中只用了四个字来表达此时佛的行为："知非即舍"。什么是"无想定"？就是没有妄想。

我们可以做到没有妄想吗？绝对做不到！但佛陀做到了，可见他的定力有多强！但做到了"无想定"，发现那不是正道，马上就"知非即舍"。我们看看佛陀有多了不起！先舍了王位，舍了三位如花似玉的妻妾，舍了刚出生的儿子罗睺罗，修了三年瑜伽得了"无想定"，发现不是正道，立即"知非即舍"。

古印度的修行者，能修到"无想定"境界的又有几人？连这个都不是正法，于是他进一步修更深层的"非想非非想定"。"非想"，是指非常人的思想境界，已脱开凡俗的妄想了。"非非想"则不是思想，可以说是一种灵觉、灵知，是一种超越思想的灵感。"非想非非想"不是我们现代人讲的冥想，或超越冥想功夫。"无想定"时需要把妄想和杂念灭除，而"非想非非想"并不是灭除妄想、杂念，不是没有思想，它不是没有知觉，这已是当时印度的最高修炼境界了。佛又以三年的时间，成就了"非想非非想定"，但发现这还不是正道，不能究竟解脱，再次"知非即舍"。

当时印度虽然有多种修行法门，但这两种定的功夫，已经涵盖了当时印度修持各门派的最高境界。佛在离家前，数学、武功、文学等都达到了极高明的境地。离家后又修成了两种当时印度最高的"禅定功夫"，这在修行人中早就已经是算"得道"了。但佛认为这些不是正道，正道在哪里？当时的印度已经找不到明师，找不到更高深的修法了。于是他只好独自进入雪山去修苦行。

他一天吃一个干果，饿得不成人形。他这样精进不怠地苦修为了什么？就为了发愿为众生悟出一个"道"来。这样过了六年，他再次认为苦修也不是道，再一次"知非即舍"，下山去了。

我们的故事来到《茶密禅心》中"释迦·缘起性空"这一篇，此时下山后虚弱不堪的佛,用牧羊女供养他的羊乳恢复了体力;而五位同修认为他放弃了修行,都离开他走了。佛悟道后立即去鹿野苑找到他们,首讲苦、集、灭、道四谛,佛陀初转法轮时最先得度的就是这五位。

佛陀喝了羊奶,恢复了体能,渡河找到一棵大树。十二年的修行,他还是没有找到正法,他知道现在只有靠自己了,于是他在这棵菩提树下发愿:这一次如果我不悟道,誓不起此座!这就是佛的心!

佛陀青年出家,修持了十二年,又发了大愿悟道悟出的这些真理,为什么需要讲法近五十年?讲了这么多年还没讲完?最后只能是通过拈花一笑,以心传心?读者看本书的时候,一定要仔细体悟这些问题,如果等着书上的答案,答案很简单,佛悟到了:人人皆有佛性,缘起性空。但看了这几个字,你就可以一而贯之、一切通达了吗?

讲这几句话是一张口、一闭口就讲完了,为什么我们还要修持那么久?因为这些理虽然会讲,但却不是属于我们的,而是佛陀的证悟,是他的!真理只属于自己证悟出来的人。

我们现在看书太方便了,听课也太容易了,但光看是没有用的,知而不行,不如不知!事实上,我们如果不理解,这法还是没有传到我们手里。要想接受到佛陀的法,必须要和佛心心相印,否则直接拿到答案也不会理解和契合,这真理对没有佛心的人来说,是没用的。真正的修持是闻道、修道、证道、悟道,必须自己去证悟为什么人人皆可成佛?证悟什么叫缘起性空?

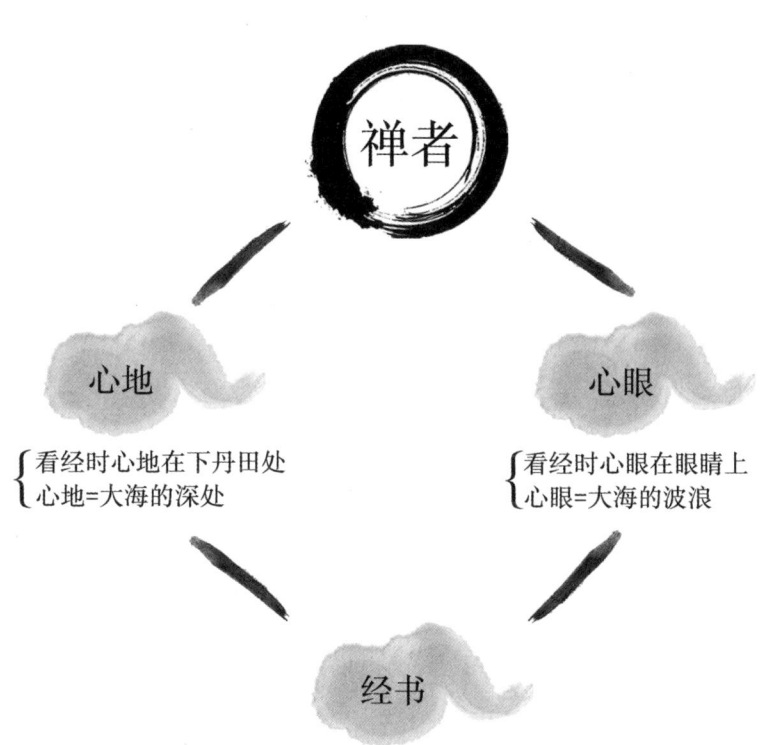

唯我独尊

我们再来谈谈佛陀的悟道经历。佛陀出生的小国家叫迦毗罗卫城，他原名悉达多，悟道后成了无上智慧的彻悟者，成了最高人格的究竟者，所以尊称他为无上正等正觉的佛陀，或者世尊、如来、大雄等等。因为他是出生于释迦族的一位圣人，故也称之为释迦牟尼佛。

佛陀悟道后开始传佛法教化众生，后世弟子以宗教的形式为主传播佛法。到目前为止，佛教已成为世界四大宗教之一。就佛教本身来说大致上分成两大系统。南方的小乘佛教，包括了斯里兰卡、缅甸、泰国、柬埔寨、老挝、越南等南亚和东南亚各国；北方的大乘佛教，包括中国、韩国、日本等东亚各国。但是，佛教与其他宗教的最大不同之点，本在于其"无神"的教义。

不论任何宗教，若非崇拜多神，便是信奉一神。唯独佛教，其教义本独树一帜，秉承世界万物是因缘和合而生，无主宰，非自然，否定神的权威；这种观点不偏向唯神论，也不走向唯物论，是平易近人的，又是宽容博大的，佛法中对待生命的观点是命由己造，并非天定。

印度这个民族，自古以来，有复杂而繁多的宗教信仰，但在八世纪之初的回教入侵印度之前，印度尚未发生过宗教战争。当回教徒以武力征服印度后，印回两个宗教之间，战乱不已，迄今未了。

根据近代学者的考证结果，已认定佛陀是在公元前565年诞生，入灭于公元前485年。佛陀悟道之前，印度民族的固有信仰主要是婆罗门教，屡经变迁后成为现在的印度教。公元前1500年之时，来自西北方的雅利安民族侵入印度，从而形成以雅利安民族为主流的印度文化。雅利安民族，是由中央亚细亚的高原，通过阿富汗尼斯坦，到达印度河流域，再向南侵而至恒河流域，这个民族构建了以印度河流域为中心的婆罗门教。

可是，印度除了高贵的白种雅利安人，尚有肤色黑暗的土著。达罗维荼人住于南方，另有一支接近中国边界的蒙古族。依据佛经中的记载，佛应该属于白种雅利安人。

婆罗门，是雅利安人之中世袭的祭师阶级，婆罗门教在他们的社会上占有无上的权威，婆罗门教的主要特色，即是以婆罗门为中心的阶级制度，这个阶级制度是世袭的，永无变更之可能。

除了第一阶级婆罗门种姓外，第二阶级可从事大臣、武士，称为"刹帝利"；第三阶级为商人和一般庶民，称为"吠舍"；第四阶级是最低贱的奴隶和贱民，这是以被雅利安人所征服的土著为主的人群，称为"首陀罗"。

佛陀悟道前的古印度有这四个森严的等级，这当然是欠公平的。佛法后来之所以能在婆罗门教盛行的印度，快速发展，其中和佛陀提倡以人为本，反对阶级制度，主张四姓平等、男女平等、众生平等的创举有很大关系。可惜，佛陀入灭后，佛法僧团被回教驱逐，之后印度教再度抬头，现在阶级制度依然存在。而此阶级制度的规定，记载于印度神圣的《吠陀》等圣典，教义和经典相互为因，影响社会的方方面面，无法根除。婆罗门教虽因时、因地、因环境的变迁而有所不同，但对于婆罗门阶级的特权和吠陀神圣的信念，在印度是根深蒂固的。

佛陀在世时，并未创立宗教，只是带着跟随他修行的弟子们四处讲法,教化众生。佛教乃是后世佛弟子们逐渐演化而成的团体,当年跟随佛陀的团体叫僧团,后来佛陀灭寂后,弟子们因观点不同,分出的是学派,不是现在的各种宗派和宗教。

真正的佛法里佛陀不是神,他没有创造宇宙及主宰世界,也不是任何神灵的代表。佛陀是人,是由人悟道即身成佛的,人人皆可依照佛陀说的修行方法,切实去做,都有成佛觉悟的可能。所谓"佛法",即凡常之人依佛教导而能成佛的实践方法。佛陀留给后世的,最重要的不是佛语、道场、遗迹、舍利子,他留下的是佛心,是他完美的慈悲人格和从彻悟中发出的伟大智慧。他以人之肉身,以身示范,激励历代佛子,以此肉身即身能证得无上佛果。

佛陀的出生地,在古印度迦毗罗卫国(今尼泊尔境内),佛陀的一生,活跃在恒河中游的北印度地域。佛陀的父亲,名叫净饭王,他是净饭王的长子,应该继承王位。佛陀的母亲叫摩耶夫人,然而在他出生后一周便去世了。此后佛陀由姨母带大,他那位姨母,是和摩耶夫人同时嫁给净饭王的,叫做大爱道。后来,大爱道跟随佛陀出家修行,度人无数,成为"僧团中"第一位比丘尼。

佛陀降生的地方叫蓝毗尼园,经书上讲他出生时,即能自行七步,一手指天一手指地,说:"天上地下,唯我独尊。"说毕此语,即如平常婴儿。这句话一直以来被误解,因为大家没有理解这个"我"的含义。

"我"不是指我这个人,佛法里的"我"恰恰是"无我",要找回本我,本我即人的本来面目。我们也可理解为:天上地下,唯有找回本来面目,找回本我的这个人是最受人尊敬的。

谈到找回本我这个话题,我想展开一下我们对古人的诸多误解,有一句话被经常提起：人不为己，天诛地灭。由于对这句话的误解，关键时候误导了多少人的行为和决断？

儒家"为己"一词来自于《荀子·劝学》："君子之学也，入乎耳，着乎心，布乎四体，形乎动静。端而言，蝡而动，一可以为法则。小人之学也，入乎耳，出乎口；口耳之间，则四寸耳，曷足以美七尺之躯哉！古之学者为己，今之学者为人。君子之学也，以美其身；小人之学也，以为禽犊。"

什么意思呢？就是君子学习，要听进耳里，铭记在心里，然后要用全部身心，一举一动来和学相应，知行合一，契合大道，君子的一切言行都可以作为大众的表率。这种修学叫"为己之学"。而小人学习，从耳朵进，从嘴里出，嘴与耳之间的距离不过四寸，只会说道理，不实际去印证，这叫"口耳之学"。君子学习，是为了自身的修养、德性，完善和完美自己的身心，而现在人学习，是为了炫耀给他人看，为了谋生之用，为了满足自己的欲望和兽行，所以儒家称这种口耳之学为"为人之学"。

这个"为己"当然包含了找回自己安身立命之本的含义，何为君子安身立命之本？便是仁义、品德、诚心、正气，因此这个被人误解的"人不为己，天诛地灭"，彻底被曲解了多年，本意是说君子修学要身心兼顾，修身而道立，哪里是让人自私自利，只顾自己？哪里是只学这些耳朵听、嘴巴讲的口头学问？

心学创始人明朝王阳明先生曾明确地指出："道之不明，皆由吾辈明之于口而不明之于身"，王阳明反对通过书册之知、见闻之知、语言文字等一切外在性的途径去窥测道学之本，主张着实在我的真切存在中以自我的体验、实际的践履达到对本的把握。他一再将身心上的体履提到突出的地位，认为"体究"不是简单的思辨言说，而是着重于实践中的体悟；而实践也不仅是一般的盲目实践，而是化所"悟"为实地用功。

青年时期的王阳明遍求百家，往来佛禅，乐于养生，修学以方，还去九华山访道、阳明洞等地隐居修炼，这些都是他力图摒弃口耳之学、见闻之知和支离外道，转向立足于从自身境遇的真实体悟中达到对存在本体的切身理解，最终实现对身心的根本改造和升华，以"为己"为目标。王阳明的追求及其身心之学的初步达成，以"龙场悟道"为转折点。

王阳明在龙场首先遇到的生命中最重大的问题，是什么呢？就是生死存亡。他初到龙场时不仅生存环境十分恶劣，就连生命都难有保障，时时处于百死千难的危困之局中。此后，王阳明精研《易》理，融合儒、释、道三家思想精华，由此贯通天人，超越生死，达到对天理、性命的彻悟，领悟到自性本足，不假外求，只须在自己身心上用功，这就是其"尽性至命之学"，也是阳明心学的精髓，更是真正的"为己身心之学"。他说："止于至善岂外求哉？惟求之吾身而已。"他"为己"之理想就是要契合身心，笃实行为，知行合一。

我们的话题再拉回到佛陀这里，对于一般的民间而言，婆罗门教哲学中高深的形而上学，是用不到的，但婆罗门教的因果、轮回之说，在民间甚为风行。婆罗门的"轮回"说，是对生命生死的一种宗教化理解，也就是说现在的生命，是接续了过去生的生命，而轮回的范围，则有天、人、地狱乃至遍于植物等各界的差别。人的善恶行为，称之为

"业",善业多,即在轮回之中上升至人天界;恶业重,便下降至地狱界。这在民间属于当时被大众广泛接受的最公平合理的理论。此种理论,能使人们在不如意时,也能心平气和地面对现实;并让人在为非作歹时,心有余悸。

佛陀部分接受了婆罗门教的轮回和业的思想,但没有接受婆罗门教的各种宗教仪式。除了轮回之外,佛陀也部分接受了在传统的印度宗教中,极其重要的另一宗教体系,那是一种希求达成神人合一、梵我合一之境的内观冥想体系,这种重视内观修炼的宗教,名"瑜伽"。

佛陀离家后先是修行瑜伽,没多久,他便修成了和老师同样的程度,他此时明白了,那些外道名师的所谓"解脱",所谓"与梵交感","梵我合一",都不是究竟的解脱之道。因此他证得了"无想定"、"非想非非想定"后只好独自一人,进雪山修习苦行去了。

苦行最后也被他证实同样无济于开悟,佛陀后来训诫弟子时说:"比丘们!须避两种极端。"哪两种极端呢?一是耽于享受欢乐的放纵,就是我们上一章讲的魔界,这是有害精神的无聊的浪费生命;另一则是苦行,那同样是凄惨的浪费。佛陀带领弟子们走的这条路,为"不苦不乐"的中道行。

现在人多佛子们,犯了一个严重的错误,有的过于重视仪式,每天忙着听法会、做法事、超度、放生;有的过于重视经文,结果除了学会一堆无用的名词和名相,拿到文凭以外,一无所获;有的则过于重视苦修,躲在深山不理人间疾苦,这些都不是中道。

过去修禅,刚一进门就会被师父安排到菜地、茶园里全神贯注地拔草、浇水和种菜。目的是为了提醒学人在穿衣、洗手、过河、担水、早

禅者的涅槃观

禅者

当下涅槃观
- 一呼一吸
- 重生重死
- 生生不息
- 一时清净佛境
- 一时迷惑魔境

一日涅槃观
- 早起床时新生命开始
- 晚入睡时一切寂灭
- 早上发心
- 晚上回向
- 在日月不二中修行
- 在阴阳不二中修养

超越时空涅槃观
- 直了诸行无常的禅境
- 直悟诸法无我的禅境
- 直入涅槃寂静的禅境

晨起来穿鞋、干活的过程中,能够始终如一地觉照和觉知。在适当时机才开始由禅师带领说法,说法不是研读经论,经论是死句,不知道活学活用是无用的。

禅者必须先用觉照之火把生命点燃,然后再学习如何在觉照中喝茶、吃饭、洗碗、行走、工作和坐卧等。通过觉照,我们日常的每一个动作、每一个当下具有了一种新的意义,生命是一种奇迹,宇宙是一种奇迹,当下本身就是一种奇迹。

坐禅的时候应该想些什么?只专注于当下每一个事物、每一个念头的生灭来去。禅者不需要成为思想家,也不需要天天做脑力劳动,计算、分析、比较,相反禅者要让自己的心休息下来。心不清净如何醒?佛是永远觉醒的人,有的修者偶尔也可能小悟一下,霎时清醒一会,这叫"不时佛"。

当年灵山法会的那朵大婆罗花,究竟会有多少人能真正欣赏到这其中的美妙呢?如果您当时也站在那儿,好像参与了法会,但念头流失到过去、未来的妄想当中,您一样无法体会佛陀的本意,不能欣赏到拈花之美,体会到传心之妙,身在不在又有何用?参与其中不见得就有收获,美妙的心法,只传给融入当下的清净的人。

曾有一个初修禅者在修禅时,不知道如何以正念来观照事物和自己,当他饮茶时,他不去想他正在饮的茶,这茶水的回甘、清凉,而是想昨天的事情,晚上的功课。到了晚上,当他和同修们一起月下打坐,他又不去深入体会和观想当下的身心,脑海中充满着妄念,又是公司,又是孩子,所以表面上他和同修在一起修行,实际上他却根本没有办法融入禅境。禅境不是好山好水,好风好雨,好茶好酒,更无法经由思考、概念、语言、文字这些名相来琢磨,这样修禅时,根本没有办法听懂老师讲的法,无法契合自己的本来面目。

其实他心中特别想知道什么叫涅槃、轮回、无相等概念,还思考着自己上一生是什么、下一世轮回能去哪里。他忽略了身边美好的黄昏、落日,忽略了每一刻身心转化时的心路,还有身边善良的同修,他一直不能理解佛陀手中的那朵花,其实就是禅的全部内涵。

白居易诗曰:"特入空门问苦空,敢将禅事问禅翁。为当梦是浮生事,为复浮生是梦中?"下一章,我们将开始讲述佛陀传的这朵禅花,怎么在中国盛开和怒放?什么是佛法在中国的革命性创举等问题,这就是:"六祖惠能"。

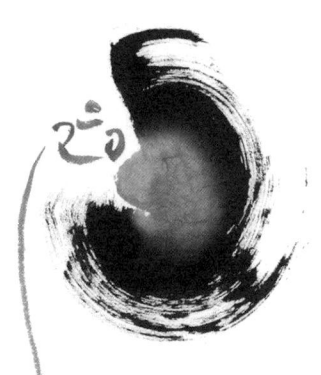

第四章

六祖惠能

黄梅受法

历史往往是在某一刹那被改变。

就像这个平凡得不能再平凡的上午,蕲州黄梅县东禅寺的禅门五祖弘忍大和尚,已经独自在方丈室内入定很久了。

侍者见大和尚不言不语在禅床上入定,没人敢去打扰他。跟过大和尚的侍者们都知道大和尚从中年开始就常常"不倒单"。

大和尚的"不倒单"功夫是从他师父四祖道信那里继承的,道信祖师几十年"不倒单",故此东山法门里人人对祖师的精妙功夫习以为常。弘忍大和尚常常一坐就是几天,甚至几个月,谁知道这次他想坐多久?所以侍者们一个个都自己做功课去了,方丈室内静得只有大和尚自己的心跳和呼吸声。

今天的入定和以往不同,从外表来看,大和尚和平时无二区别,但内心中他神清气爽,全身犹如佛光普照,和天地感应交通。这种法喜并不是世间人有什么喜事特别高兴的样子,世间的高兴是人的妄心所支配,而大和尚的法喜是清净的,是从他自性中流露出来的真实的佛性,他欢喜地想到:终于等到了这一天!

不知道哪里飞来一只大鸟,站在方丈室外的大树上"哇、哇"地大叫,大和尚听到鸟鸣,随即睁开眼往四周看了看,一缕金色的阳光从西边的窗户照进来,看来近黄昏了。他从禅床上下地,看到茶几上的茶杯里尚有上午剩下的茶,匆匆喝了一口,便一个人去了后院杂房。

矮小精干的南方人卢惠能,此时正在杂物间,认真地舂米。

维摩诘居士的房间名"方丈室"

↓

在"方丈室"中
维摩大士与
文殊菩萨谈"不二法门"

↓

"方丈室"虽只是
一丈见方的小房间
却能容纳三万多大众一起论法

↓

"方丈室"也能与十方世界
无量众生相应交流，
其小无内，其大无外，
宇宙万物尽在其中

"中国禅"祖师们尊敬维摩大士的
大菩萨心，将自居之处，
称为"方丈室"

后世禅门丛林中，
掌门居住的处所皆称"方丈室"

今天上午他无意中听到小沙弥唱诵偈语，一问方知弘忍大和尚年事已高，欲寻传法弟子，首座神秀禅师写了偈颂给师父。卢惠能请小沙弥带自己去前院，他请身边居士帮他念了一遍，自己也一起跟着大家向着写偈颂的墙礼拜了。

礼后，惠能面向大众合掌，说："各位大德，我也想作一首偈颂呈大和尚，但我不认识字，有哪位大德慈悲，可以帮我写在墙上？"

众人听后哈哈大笑，这个后院的杂工，字也不认识，也想写悟道偈颂？这也太可笑了！

这时，一位居士对惠能合掌说："我可以按你的要求，帮你把偈颂写上去，你如得法，需先度我。"

惠能点头应允。于是缓缓念道："菩提本无树，明镜亦非台。本来无一物，何处惹尘埃。"

诵完，卢惠能即向大众施礼告退，回后院劳作去了。

卢惠能转眼便放下了此事，回后院后，他便开始认真地舂米，上午写的偈颂他几乎没放在心上，偶有僧人来到后院和他调侃，他也默默地很少答话。对于他，这件事已经是过去了，此刻的任务是把米舂好。

他是南方人，矮小精瘦，舂米是一件苦差事，为了踏碓，他不得不在腰间拴上一块大石头，大和尚既然安排他干活，他便毫无怨言勤勤恳恳地舂米。

黄昏时分，僧人们都在大殿晚课，弘忍大和尚悄悄地走过来，看到汗如雨下的卢惠能，大和尚嘴角有一丝微笑。

八个月前，这个说话带着极强广东口音的卢惠能，自己跑来这里。进门时，大和尚正在和一众弟子们说法，见门僧领一人进来，他初时对这个相貌平常的小个子没太在意,随口问:"从哪儿来?"

答:"从岭南来。"

再问:"到这里干什么?"

答:"求成佛。"

他看了看这个山野樵夫模样的小个子,故意喝道:"你个岭南人,又是獦獠,你也想成佛吗?"

答:"人有南北,佛性有南北吗?确如大和尚所说,我在身份、形象、学识方面不可与大和尚及诸位大德相比,但佛性又有何差别?"

大和尚听了,心下暗惊,知是法器,本欲继续跟他多谈几句,但当时左右徒众甚多,担心他会遭到嫉妒和排斥,于是便打发他去后院碓坊舂米。一晃就过去了八个月,大和尚几乎忘了这个人,前院和后院虽然离得不太远,但后院的杂工想见大和尚是很难见到的。

没想到,没想到!上午在禅堂前墙壁上看到了写在神秀偈颂旁边的四句偈颂,大和尚的心再也无法平静了,他一直要等的那个见了性的人,终于来了!

惠能抬头见到大和尚走进房间,平静地微笑躬身施礼。大和尚问:"米舂得如何?"

答:"已经将糠剥离,正在滤米。"

大和尚点头道:"修道之人,需如此认真才是。"

说罢,他看了看周围还有其他人,便用禅杖在碓头上敲了三下,然后转身离开。

这是今晚三更方丈室见的意思,能否领会就看卢惠能的悟性了。

当时,东山门下僧众近千,其中以大弟子神秀最为出色。大和尚本也中意神秀,"东山之法,尽在秀矣"。神秀出家前儒、道兼通,内外之学齐备,入黄梅山后不久就升为上座和尚,常为大众讲经说法,深得弘忍的器重。平日里僧众常议论道:六祖之称号,除了神秀上座之外还有谁能够担当得起呢?

大和尚这些年已经基本不理法门具体事务,东山法门的住持实际上已是神秀上座,僧众们无论名义上是否属于神秀上座的弟子,心里都已开始依止神秀,六祖的衣钵似乎已然是神秀上座的囊中物了。

谁曾想到一个貌不惊人、目不识丁的居士卢惠能从天而降?弘忍想,这个卢惠能,不就是自己这么多年来苦苦等候的那个人吗?自从传法谕请各位弟子写悟道偈颂,以便定夺传法宝的弟子,黄梅山就变得出奇地安静。等了几天,也无人上呈悟道偈颂,其实大家心里都明白,除了神秀上座,谁有资格写偈颂?

神秀也明白,众人不写偈颂呈大和尚的原因,是在等自己呢!只是他不是不写,而是实在难写。他把自己关在房间里几天,想了又想,往来房间与廊壁之间,最后写在廊壁上,偈曰:"身是菩提树,心如明镜台。时时勤拂拭,莫使惹尘埃。"

看见此偈,弘忍当然知道是神秀所作,他心中感念到神秀已尽得《楞伽》精要,后人如果依此偈修行,也当在世间寻得善法,利益无数众生,只是,弘忍心中还有另一种要大力推广弘扬的禅法,就是《金刚经》中即心即佛,直指人心的顿悟之法。因此,大和尚当众对此偈大加赞叹,并且要求僧众焚香礼拜读诵此偈,依偈而修。

私下里,弘忍嘱咐神秀:"无上菩提须于当下识自本心、见自本性中荐取。你且再作一偈。"弘忍心里很清楚地知道,禅法要有变革,而可以引领变革的这个人，不是神秀。

这样又过了一日，今天上午弘忍正在房内用功，听到外面有些吵闹，大和尚闻声出来，抬头便见了墙上的新偈颂，问："谁人所写？"

众僧嘻笑着回答：后院舂米的杂工惠能。弘忍二话不说，马上脱了鞋擦掉偈颂，一甩衣袖，道："并未见性。"然后转身回房了。大家见大和尚这样说，也就一哄而散，各自离开。

看完惠能的偈颂，弘忍心中怎能平静？他自受师父四祖道信的法脉后，发愿要将此最上之法普漫天下。

东山法门

弘忍的师父道信是"中国禅"的四祖，他出生于公元580年，于公元651年灭寂。

道信禅师七岁出家，十二岁就跟随三祖僧璨学法，十二年时间已经完全继承了三祖的心地法门。僧璨禅师将法脉赋予道信后去了广东罗浮山隐居，道信受法时还并没有受戒出家，受法后他又在深山隐居了十三年才落发。

我们看看禅的特殊性，从三祖僧璨到四祖道信，受衣钵继承禅法时都没有出家，那么今天弘忍传法时不在意惠能的居士身份也就不难理解了，禅法是平等的，得道见性，不见得就非是出家人不可。学无先后，达者为师，禅无形式，觉者是佛。但为什么后来惠能禅师又要剃度出家？这是为了当时的社会环境下现比丘相，更有摄受力和教化力，

"不二皆同，无不包容"
"是法平等，无有高下"

修行时定住一法，会产生相对和比较心。
这已经出现真假，善恶，是非心了。

所以，"中国禅"是修行、悟道之法，
不是各别的门派、宗派、宗教、学术。

可是，三人一起称为"众"，叫"大众"。
修者集中一起参禅、悟道，请师父说法，是常情。

"五家七宗"陆续生成，
由禅风不同形成各自组织。
这些团体称"中国禅宗"，
但不是禅师们自称为"禅宗"。

史学家、文学家、思想家，
其他宗派称禅的修行团体为"禅宗"，
因此，后世自然而然将此团体定名为"禅宗"

从本质上说，
"中国禅"不是团体、宗派、教派之类。
无论无神，有神，修道，修密的人，
都能从"中国禅"中找到安心自在。

出家是为了弘法的方便。

　　道信禅师一直到快四十岁,才定居在黄梅西山双峰山。这次定居对后来禅宗的形成和发展迈出了重要的一大步,这之前禅师们的生活都是在山中搭茅棚结庐隐居,道信禅师改变了这个状况。他在双峰山底下,聚集几百徒众开门教学,禅者从此由分散的独自修行方式慢慢衍变到集中修行,这就发展成为了一个组织和门派。

　　当时黄梅比较偏远贫穷,道信禅师带着僧人们自行开荒种田,种粮食蔬菜,用这种方法解决了基本的生活需要,这在佛教史上又是一次大革命。

　　中国佛教如果没有走这条自给自足之路的话,可能就没有今天。后来唐武宗灭佛时,禅门之所以没有被消灭,最主要的原因是禅者不化缘,不依靠经典文字,更不依靠庄严的佛像、佛堂和法事、仪轨生活,禅者能自己解决生活问题,无论修行、生活没有任何必须的依靠点。禅者在人间,衣食住行都和大家差不多,当时的僧服和民间的长袍区别也不大,最大的区别可能在于有些人是光头,这容易解决啊,带个帽子就行了。

　　之后马祖建丛林,百丈立清规,禅门开始兴旺,天下寺庙几乎都改为某某禅寺或某某禅院,这些具体的情况我们后面章节有介绍。自道信禅师起,禅僧们便开始自己劳作,农禅解决了禅僧的生存问题,这是佛教中国化改革的关键一步。

　　四祖道信对"中国禅"的贡献,在于他从思想上、组织结构上、经济来源上,为几十年后"中国禅"的诞生打下了一个良好的基础。道信禅师是"中国禅"承前启后、继往开来的关键人物。

　　他的禅法除了继承了自达摩祖师传下来的《楞伽经》印心修法,同时又开启了《文殊说般若经》中"一行三昧"的念佛禅,直接影响了后世神秀的渐修北禅以及惠能顿悟法门的崛起。

听到"念佛"这两个字,或许大多数人会误解,以为是净土宗的念佛,其实不然,道信禅师所提倡的是"念佛禅",是《文殊说般若经》里讲的"一行三昧",这和净土宗的"念佛"有区别。净土宗的念佛是选定一佛,而且在念这一佛的时候有一个明确的目标,见佛以后要往生西方或东方等各菩萨净土。而道信禅师的"念佛禅",是要修者自己来确定究竟是念哪一佛。你念如来佛也行,念阿弥陀佛也行,念药师佛也行,念观音菩萨也可以。

禅者念佛不是为了死后到极乐世界去,禅者是十方世界随愿前往的,禅者也会发愿到畜生道、地狱中生活,度化异类众生。沩仰宗中的开宗祖师沩山禅师,他临别说道:"老僧百年之后,到山下做一头水牯牛。"大家一听就奇怪,以禅师如此境地的功夫智慧,为什么不到西方极乐世界,而去变一头牛干什么呢?就像地藏菩萨为什么不在天界享乐,而常驻十八层地狱一样,这是慈悲、担当和愿力,更需要自由往来的大能量。

四祖的这个"念佛禅"也不是他自己发明的,从哪里来的呢?第一从《楞伽经》第一品"一切佛语心品"来的,他根据《楞伽经》确定了"念佛禅"的一个理念:诸佛的心是第一位的,佛心也就是众生的心。第二个是根据文殊菩萨所说《文殊说般若经》。这部经主要是讲"一行三昧"。一行三昧是什么呢?就是"即念佛心是佛"。意即念佛的这个心当下就是佛,当下就与佛一体,与佛成为一个完整的统一体。为什么说念佛心就是佛呢?和佛念念相应的心就是觉悟的心,体悟了拈花微笑的心。"三昧"也可以叫做"定"、"正定"、"等持"。"等持"是定和慧平等,定、慧等持才能身心平衡。

　　道信禅师的"念佛禅"还有更深一层的含义,是"无所念者是名念佛",要做到念而又无所念,那就不能以平常的得失之心来念佛,更不是"口念"佛号,而要以一种无所得的心来念佛,"只问耕耘,莫问收获",这就是"念无所念"。

　　最后,"念佛禅"还有个特点就是在"念佛"的时候不能起"攀缘心"。"攀缘心"指什么呢？比如念佛时希望见到佛、菩萨,希望得神通得感应,希望可以得到佛、菩萨的加持和接应等等,这些都是攀缘心。

　　道信禅师除了弘忍大和尚外,还有一个特别出名的传法弟子是牛头法融禅师,法融禅师开创了"牛头禅"。"牛头禅"传了好几代,出了几位了不起的大禅师。

　　道信禅师对法融禅师说过一段话非常有代表性:"夫百千法门,同归方寸。河沙妙德,总在心源。一切戒门、定门、慧门,神通变化,悉自具足,不离汝心。"这是道信禅师的见地,百千法门不离自心,离心无别佛,离佛别无心。所以即心即佛,即心作佛。

　　这个世界已经成为语言的世界、符号的世界、概念的世界、科学的世界,把我们每个人都弄得本末倒置。佛法把语言的世界叫"名言世间"。"名言"者,概念也。我们每个人每天并没有真正生活在一个实实在在的世界里,而是生活在概念和符号世界里,被间接的东西带着生活,跟着我们给那个事物所安立的名相和概念走。对此禅师曾比喻说,有人丢石头,狮子会直接扑向丢石头的人,而狗却去追石头,本末倒置。

　　道信的禅修观法还继承了南北朝时代傅大士的"维摩禅"。傅大士是梁武帝时代的一个了不起的人物,经典上说他是弥勒菩萨的应化身。梁武帝时候弥勒菩萨应化身是傅大士，在五代时候应化身是布袋和尚契此。道信禅师说，诸经禅观之法有多种多样，但是傅大士所说只是单独地举了一个"守一不移"。

东山法门继承了道信禅师的"念佛禅"，但在弘忍大和尚这里实修的禅法除了"念佛禅"外，还有《十六观经》，通过观照、观念、观想的修法通过一个假想的特定物，慢慢地集中注意力。先从有相来修，从有相逐渐修到无相。专心致志地念一佛号也是注意看一物，称其名字、念念相续。不管白天还是晚上，都不间断。专心致志，精进不懈，精而不杂，不要动摇，不要转移。一直到今天，"守一不移"这种修法后来主要被曹洞宗以"默照禅"的方式沿袭发展。

四祖道信时，唐太宗李世民曾三次下诏请他进京，禅师虽然没去赴诏，但这已经足以在世人眼里显示出东山法门的重要性，禅的思想已经在世间开始普及。东山法门的禅法直截了当，简单明确地把佛、佛性、正法、诸法实相、实际、净土、菩提、金刚三昧、本觉、涅槃、般若等等佛法所宣扬的一切，归于"一心"。佛弟子们那千经万论的繁琐论证、六度十地的繁难修持，就这样被东山法门统一了。

弘忍大和尚主掌东山法门后，一方面继承了"达摩禅"的心性论特色，另一方面他增加了般若空观的思想，加入《金刚经》作为东山法门每日修心的功课，这似乎可以看作他个人心性思想的二重性。其实道信禅师也曾指出了两种修法，前一种为任心自运的方便般若，后者则是静坐敛心、渐次修净的次第法门。只是在弘忍手中，他更加大胆地发挥了出来。

自达摩初祖东来后，禅门祖师个个都是传奇人物。达摩祖师六次被人下毒，后来只履西归，尸身无影无踪；二祖慧可被人陷害，砍头无血；三祖僧璨合掌立化于树下。到了四祖道信禅师，他是第一个开始留下肉身的人。

永徽二年（公元651年），道信禅师命弟子造塔于寺之西岭，同年九月初四，他自入塔中，垂诫门人，言讫而自寂，年七十有二。

第二年，塔门自开，肉身不朽，众迎真身回寺供奉。

明正德十四年，四祖真身在圆寂四百多年后吐火自焚，得无数舍利，殿亦同灰。

到了五祖弘忍和六祖惠能灭寂时都留下肉身，六祖的肉身佛经一千三百多年的风雨，至今依然屹立曹溪南华寺，将此不灭的心灯光照人间，证禅法不虚。道信禅师灭寂后，弘忍大和尚在双峰山东十里建立寺院，接引学众。后人称颂"道俗受学者，天下十八九"。可见东山法门在当时的巨大影响力。东山法门在道信、弘忍两代祖师的努力下，一举而截断六朝以来发达的佛教义学之众流，推动了彻底变革佛教之大举。

弘忍大和尚的师父道信是位了不起的大禅师，他的大弟子神秀也同样是个不可多得的人才，"东山法门"把"不立文字，教外别传"的禅法，通过有佛经依据，有修行模式，成了让一般修行人能接受的禅法。而神秀禅师年轻时即志向高远，决意超越俗世，遍学儒、道后终归禅门，拜在东山门下依止弘忍大和尚，他的功夫、智慧出色得益于他早年儒家正统教育及后来息习禅定揉使之然，多年来已得弘忍的盛赞。

《楞伽师资记》将《楞伽经》译者求那跋陀罗认为禅的初祖，菩提达摩为第二祖，慧可为第三祖，僧璨为第四祖，道信为第五祖，弘忍为第六祖，神秀为第七祖。

敦煌本《楞伽师资记》记录了自《楞伽经》译者求那跋陀罗至神秀弟子普寂禅门八代传承的过程，但其中关于道信的篇幅占了全文一半，主要是记录道信禅师的《入道安心要方便法门》，可见道信在禅史上的地位。但这些书为什么这么写？为什么这么认为？为什么和后世禅门的传承记录有不同？我们以后会继续展开叙述和讨论。

就神秀禅师本人的功夫、智慧、德性来看，如果没有这个非人类可臆测的卢惠能居士从天而降，禅门在神秀手里当然一样会出色发挥，但能否在一百多年后令世间万法皆归于禅，这就不得而知了。笔者试想可能在弘忍大和尚眼中，神秀上座是难得的大材，而惠能则是不世之材，是千年难遇的奇才。

称神秀禅师为大材，不仅是他的功夫智慧，最重要的是他的德性修为也是举世无双的。公元700年，武则天亲加跪拜之礼迎神秀上殿时，当时命若悬丝、藏身于猎户之中的惠能禅师还不知道躲在哪里呢！

神秀禅师进京面圣，他即将面临着一个无可逃避的问题，这也是最关键的问题：他领的禅法，是否正宗？皇上必然问起法脉，如实回答，他的法还会被朝廷认同和推广吗？这涉及的并非单纯他个人是不是正宗法脉，是不是"六祖"的问题，从微处说，这是他的北禅渐修法门的一道关门，关乎北禅的命运。从大处想，这关乎天下众生慧命，关乎禅法精神，关乎师父弘忍的心愿，这是一个必须在私心和法心之间做出的选择。

果然，上殿后，武则天问他："大师所弘法之长，是谁家的宗旨？"神秀答："贫僧秉乘的是东山法门。"再问："东山法门所据是何经典？"答："《文殊般若经》一行三昧。"神秀一系的渐修禅法讲动、定一体，即所谓"敛心入定，如蛇行入筒"，主张"拂尘看净，方便通径"，是逐渐领会、逐渐贯通的修法。

武则天当时即请神秀出任国师,没想到已经九十岁高龄的神秀淡然地说:"我没有这个资格,师父的衣钵传给了师弟惠能。"说出这惊天动地的话,需要何等勇气和胆量!他敢于直面权倾天下的女皇,敢于承认自己非正宗传人。这是惠能的名字第一次正式传到大唐统治者耳中,也为南禅顿悟之法后来一统江山奠定了政治基础,神秀禅师的这份无私的大心,非圣人大德不可为。

不思善恶

我们现在把话头再次拉回黄梅山这个非同寻常的夜晚,一晃三更天就到了。弘忍大和尚端坐禅床,他看见卢惠能如约而至,于是,他便不再耽误时间,立即开始传授《金刚经》心要。

当讲到"应无所住而生其心"时,惠能豁然开悟,遂一口气说了五个"何期":"何期自性,本自清净;何期自性,本不生灭;何期自性,本自具足;何期自性,本无动摇;何期自性,能生万法。"

听到惠能一口气说了这五句话,弘忍大和尚露出了一丝孩子般的笑容。他停了停,乃对惠能珍重交付,说:"诸佛出世为一大事,故随机大小而引导之,遂有十地、三乘、顿、渐等旨,以为教门。然以无上微妙、秘密圆明、真实正法眼藏,付于上首大迦叶尊者,辗转传授二十八世。至达摩届于此土,得慧可大师承袭,以至于今,今以法宝及所传袈裟付于汝。善自护念,广度有情,无令断绝。听吾偈曰:有情来下种,因地果还生。无情亦无种,无性亦无生。"

惠能当即跪受禅宗祖师衣钵,问道:"法则既受,未来衣付何人?"弘忍答说:"昔达摩大师,初来此土,人未之信,故传此衣,以为信体,代代相承。法则以心传心,皆令自悟自解。自古佛佛惟传本体,师师密付本心。衣为争端,止汝勿传。若传此衣,命若悬丝。汝须速去,恐人害汝。"

说完,弘忍便不再多言,要惠能跟着自己立即下山,他连夜亲自把惠能送到九江驿。当看到一叶扁舟,载着惠能,载着禅法的希望渐渐消失在自己的眼帘时,大和尚仰天长啸,法已传付,弘忍心愿已了!

各位读者,看到此处,脑海有没有看武侠电影一样的场景出现?老和尚和小杂工用暗号约定见面时间,见面后面授机宜,仿佛传什么武功秘笈一般。再后星夜逃命,隐姓埋名入深山,伴身猎户躲避仇家追杀十五年,这些情景是真的吗?

是的,历史比武侠小说更不可思议。谁能想得到一群剃头出家的僧人会舞刀弄枪,千里狂奔夺命追赶祖师衣钵,乃至持续几十年时间仍不止?是什么让他们如此疯狂?衣钵中有法吗?不为求法,这些人出家发狂夺衣是为什么?

那么我们一起再来看另一段杀人越货的夺宝传奇吧!《坛经》"顿渐品"中记载了一段文字,引起了我的思考,原文如下:

僧志彻,江西人,本姓张,名行昌,少任侠。自南北分化,二宗主虽亡彼我,而徒侣竞起爱憎。时北宗门人,自立秀师为第六祖,而忌祖师传衣为天下闻,乃嘱行昌来刺师。师心通,预知其事,即置金十两于座间。时夜暮,行昌入祖室,将欲加害。师舒颈就之,行昌挥刃者三,悉无所损。师曰："正剑不邪，邪剑不正。只负汝金，不负汝命。"行昌惊仆，久而方苏，求哀悔过，即愿出家。师遂与金，言汝且去，恐徒众翻害于汝，汝可他日易形而来，吾当摄受。行昌禀旨宵遁，后投僧出家，具戒精进。一日，忆师之言，远来礼觐。师曰："吾久念汝，汝来何晚？"

这说的是江西有个出名的侠客叫张行昌，自从南宗顿悟禅法和北宗渐悟禅法分庭抗礼之后，虽神秀和惠能两位大禅师彼此没有争锋的意思，但两派的徒众却不时互相竞赛比拼。神秀禅师灭寂后，弟子普寂禅师、义福禅师在帝王的支援之下，继续阐扬道信的"念佛禅"宗风，盛极一时，洛阳、长安两京之间，皆归北宗门下，"念佛禅"势力连天。这种情况其实是到惠能的徒孙马祖道一禅师出现后，北禅一统天下的地位才被真正动摇。马大师的伟大之处，我们后面章节会谈及。

当时北宗的门人拥立神秀禅师为禅门六祖，但又忌讳惠能大师得了衣钵，必欲得之而后快，于是花重金买了大侠客张行昌来曹溪刺杀惠能。惠能禅师有他心通的功夫，能预知有人来刺杀，于是当夜遣散侍者，准备了十两金子放在桌上等人来。

到了晚上，行昌潜入内室，挥刀要杀禅师。禅师一动不动伸出脖子让他砍，行昌瞪着眼睛，用尽力气连砍三刀，禅师居然毫发无损。禅师看着惊恐不已的行昌说："正义的侠客不会为了钱而有邪恶的行为，有邪恶的行为和念头的人就谈不上什么行侠仗义。我只欠你黄金，不欠你性命，你是杀不死我的。"

行昌被吓得当即晕迷倒地，过了很久苏醒过来，向禅师哀求悔过，愿意剃发随禅师出家修行。禅师温和地把金子给他，说你先去吧，恐怕我徒弟们明天知道了会加害于你，过几天后你再改装过来，我那时

禅者的受戒观

无相戒 —— 受了"无相戒"便是

↓

心出家的禅者

↓ { 心出家的禅者最重要的戒律是

信心

↓ { 相信自心是佛心
自心以外别无佛
相信一切法，一切众平等无二

清净心 { 有了信心才会显现

↙ ↓ ↘

家庭和谐　　世界和谐　　人法和谐
同修和谐　　社会和谐　　凡圣和谐
师徒和谐　　人事和谐　　净土和谐

会收你为徒。

行昌遵照嘱咐连夜逃遁,后来皈依出家,受了具足戒,努力修行。有一天,他想起了禅师的话,前来向禅师顶礼。师见了他,欢喜地说:"我一直在想念您啊,怎么这么久了才来?"

每次读到这段经文时,我都是心潮澎湃,久久不能平静。如果说佛陀当年割肉喂鹰的经历感觉离我们有一定距离,那么一千多年前的祖师离我们远吗?那慈悲的话语、温和的眼神仿佛历历在目,许多人不相信这种事,于是我又记起另一则《坛经》中描述的类似经历。

那一日黄梅得法后,惠能禅师发足南行,不到两个月就到了大庾岭。时弘忍大和尚座下千余名弟子,法嗣十三名,除了神秀、慧安之外,排名第三位的叫慧明法师。

慧明本是南北朝时的陈朝宣帝的孙子,隋灭陈后,流落于民间,因是帝王之后,曾受将军的爵位,少时习武。最初因为求法,拜四祖道信为师,后转至弘忍的门下。他本是一介武夫,修炼精进,但因缘未到,一直未能开悟。当得知大和尚已经把衣钵密付了后院杂工卢惠能时,慧明恼怒异常,杀心顿起,于是他率领几十位师兄弟,奋力追赶,一直追到大庾岭。

慧明是武夫出身,到了大庾岭健步如飞地上山了,师弟们的脚力哪里跟得上他?就搭伙在山下喝茶休息,等他的消息。当他气喘吁吁往山上赶路,没想到居然看到衣钵就放在一块山石上。慧明看见衣钵,心中着实开始狂跳,想都来不及想伸手上去便拿,谁知力大如牛的他,竟然怎么也拿不起这小小的衣钵。

慧明面红耳赤,龇牙咧嘴地反复尝试,最终精疲力尽,这时他突然想到一个问题,衣钵怎么会自己放在石头上?于是他便四周张望,大声说道:"卢居士,我是来求法的,不是为了和你夺衣钵,请卢居士显身,把师父所授之法传与我即可。"说完,他发现惠能其实就站立在不远处的大树下微笑地看着他,只是刚才自己看见衣钵太过性急,没发现几步之外站立的惠能。惠能禅师看他此时心情较为真切,于是开口说:"你如抛开心中一切杂念与妄想,息心灭虑,我可以为你说法。"

慧明在东山法门修行多年,听了这话知道自己不对,加上拿不起来衣钵本就说明自己不如法,于是忙合掌施礼,席地而坐,洗耳恭听。惠能机锋直入,问道:"不思善,不思恶,那么,哪个是明上座您的本来面目?"这一段就是惠能禅的核心所在了,没有善、恶的对立,没有分别,就可以见到自己的"本来面目",心中带着分别心,如何看到清彻透明的本性?

大家总是不理解什么是分别心,我们插入一个新罗元晓大师的悟道经历吧。元晓大师公元617年出生于新罗国押梁郡佛地村(今尚北道庆山市慈仁面北部)。公元650年(真德女王4年)元晓与好友义湘为了向心中敬仰已久的唐玄奘法师学习从印度学到的《瑜伽师地论》,两人启程前往中国,不幸的是路上被当作间谍抓捕,在狱中关押了十一年。

公元661年(文武王元年),被放出来的元晓又与义湘再次准备前往唐朝,到了唐项城(今京畿道华城市)郊外,准备上船时,遇瓢泼大雨,所幸山上有一洞穴,二人便进洞避雨。洞中黑漆一片,什么也看不清楚,疲惫不堪的兄弟二人就歇息了。半夜觉得口渴,元晓摸到身旁有一瓢,瓢中还有水,他想都没想就端起来喝掉了,水清澈甘甜,回味无穷,喝完,他满足地继续睡去。

次日早上天放微明，太阳照进洞里，元晓起身顺着阳光一看，不禁大吃一惊。原来二人所在的洞穴里有许多尸骨，其中一个头骨就是他昨晚喝水用的水瓢，这阴森恐怖的骷髅仿佛在对着他狞笑。想到昨晚用这个骷髅喝的污水，元晓不禁五脏六腑开始翻腾，狂吐不止。然而，吐着吐着他突然由此悟道。心生则种种法生，他此刻彻底明白了：同样的水，昨晚是甘露，今晨是恶魔，水无别，而人心有别，一切唯心造。

就像有人买了一套二手房，风景怡人，价格便宜，住着很舒服，可某天突然听说这个房子以前死过人，瞬间心魔即起，哪里还能够欣赏什么房子的风景？于是开始看哪都开始不顺眼。其实静下心来仔细想想，这个世界上哪片土地上没死过人？心起了分别后，就有善恶、是非、好坏、对错、高低。惠能禅师问慧明法师的问题就是：回到了生命的本体中善和恶还存在吗？就像天上的月亮，恋人们形容月光如水，皎洁动人；强盗们形容月黑风高，阴森可怕；而对于饥寒交迫的穷人，月亮既不美，也不黑，那圆盘一样的月亮如果是一个大烧饼就好了。人人心中有不同的月亮，你的心如何，外境就如何。心外无法，何用别求？元晓大师于骷髅水中悟道，世上哪有什么另一个世界？哪有什么极乐净土？因此他当即与坚持要去唐朝求法的义湘分手，一个人轻轻松松回到了新罗。

惠能禅师在心中无分别，当然一念通天地，他自然有神通，但这一切都不离禅者普度众生的大愿。大愿的基础是大慈悲，当利刃加身，可以从容引颈受刀之时，敢于拿自己的生命来点化刺客，而且非但心中没有怨恨，还备好十两黄金给他。大家或许奇怪，惠能禅师为什么会欠他钱？因为禅师慈悲的心中什么都设想到了，行刺未果，刺客还能收刺杀的酬金吗？收了也是需要退还委托人的，古时候来去不便，从京都洛阳来曹溪的时间要耗费几个月，刺客做了一次亏本生意，所以惠能禅师付的是别人应付刺客刺杀自己的酬金。

有人问为什么慧明这么强功夫，但在大庾岭却拿不动衣钵？又问刺客三次用剑刺颈，怎么可能砍不死人？这些是神话故事还是禅师真有神通？提这些问题的人，我希望有时间最好亲去一趟广东曹溪南华寺，直接去向至今尚在用肉身度化迷路众生的惠能禅师请教吧。

惠能禅师的慈悲心不仅仅是关键时候能用生命为刺客说法，这还不够，他清楚徒弟们明天知道了这事绝不会饶过刺客，所以让他连夜带着钱逃走，这个情节和怕徒弟们加害，而连夜亲送他离开的师父弘忍何其相似？当年大和尚把惠能送上小船后便想亲自摆渡送他过河，弘忍说道："合是吾渡汝。"可是惠能却接过了船橹，谓大和尚曰："迷时师度，悟了自度，度名虽一，用法不同。能蒙师传法，今已得悟，只合自性自度。"弘忍听后哈哈大笑，言："如是，如是！以后禅法由汝大行也！"回去后，弘忍至圆寂再未上堂说过法。不同的是，弘忍送走的是他的希望，而惠能禅师这夜送的却是杀自己的刺客。这份大慈悲之心，古往今来，何曾有之？

对待惠能禅师的这种处理方式，可能许多人认为，这叫"以德报怨"。我们通常对此的理解是别人欺负你了，要忍，要反而应该对他更好，要用爱心去感化他，去包容他，这才是所谓的正人君子。仿佛惠能禅师也是这种以德报怨的行为，让人肃然起敬。

我们来看看以德报怨的原文吧，子曰："以德报怨，何以报德？以直报怨，以德报德！"孔子说啊，如果别人欺负您，您就以德报怨，那"何以报德"？当别人以德来待您的时候,您才需要以德来回报别人,对待欺负,我们应该"以直报怨","直"是什么意思？"直"是公正合理、耿直不阿、无虚假故。"惠能禅"不是懦弱的忍让禅,禅者怒目是金刚,慈眉是菩萨,这个关键就在于"直"。直心是道场,直心为真人。

我们现在有人讲西方文化,说西方人对待仇人要"以牙还牙,以眼还眼",而东方文明是谦逊坚忍的,所以东方文明是一味的忍辱和忍让。这不仅曲解了东方文明,也曲解了西方文化。忍辱和忍让是要看时机,不是胆怯和懦弱,这个时机的判断需要智慧和功夫来运化。好比力有作用力和反作用力,打在别人脸上的巴掌,自己的手不是在同时受力吗？所以禅者是用智慧转化矛盾,该避让时避让,该威慑时威慑,这个关键就在"直",不要假惺惺。

那么为什么说同样也曲解了西方文化呢？因为"以眼还眼,以牙还牙"这句话在《圣经》旧约多次出现,圣经中说我们对待敌人,"要以命偿命,以眼还眼,以牙还牙,以手还手,以脚还脚"。但在《新约》中,耶稣已经教导门徒："你们听过'以眼还眼,以牙还牙'这句话,但我告诉你们：不要与恶人作对。有人打你的右脸,连左脸也转过来由他打；有人想要告你,要拿你的里衣,连外衣也要由他拿去；有人强逼你走一里路,你就同他走二里；有求你的,就给他；有向你借贷,不可推辞。"可见,如果我们把"以眼还眼,以牙还牙"这句话强加到耶稣那里,同样是断章取义。

孔子并没有直接反对以德报怨的行为,只是他反问说：别人对我不起,我对他好；那么人家对我好,我又该怎样报答呢？所以他主张的是"以直报怨",以直道而行面对善恶是非,也不是对我好的我当然对他好,对我不好的当然不理他,而是由智慧的直心带动对待怨怼的行为,这才是孔子智慧和明辨的真正思想。

那么对这个问题,圣人老子是什么观点呢?《道德经》说:"善者吾善之,不善者吾亦善之,德善。"对善良的人我以善良对待他,对不善良的人我也以善良去感化他。又说:"和大怨,必有余怨,报怨以德,焉可以为善?是以圣人执左契而不责于人。故有德司契,无德司彻。"和解大的怨恨,必然还有残余的怨恨,怎么能算是妥善呢?因此,圣人执借据却不逼索于人。有德者就像执借据而不逼索一样,施德不求报,得理能让人。

道的重要特性是"和",所以"冲气以为和","和"是汉文化的最高精神追求,也即从"和"心中产生"谐"的境界,产生"合"的结果。我们看故宫三大殿的名字,最大的殿是太和殿,"太和"就是无上的和谐;中和殿是阴阳、刚柔的互补,是万物生;保和殿是指保持中和之道:这些才是中国传统智慧的核心。

宋代张载《太和篇》曰:"有象斯有对,对必反其为,有反斯有仇,仇必和而解。"这四句话其实就是一部《周易》的智慧。《周易》的核心思想是讲阴阳。阴阳相对,因此世界上所有的事情总有与其相对的事物存在;既然相对,行为方式相反,应该互相尊重对方。这话的前三句是世界的物理现象,最后一句是中国传统的最高智慧:仇必和以解!就像火止不住火,欲望止不住欲望,以暴不能止暴,仇恨只有"和"才能化解。"仇必和而解"是《周易》关键的关键,此为"王道"、"天道"而非"霸道",霸道只能造成口服但内心并不服,以德服人,以直服人,而非以力、以谋,这是惠能对待刺客的王道、天道、禅道。

自性三宝

为什么僧人也会起杀心？从黄梅山逃走至行昌来行刺，二十多年过去了，什么样的仇恨必须让仇家刀刀见血？是因为惠能禅师个人言行让人仇恨？还是不认可顿悟可以成佛的禅法旨要？是双方有杀父之仇不共戴天吗？显然都不是，那么只有一种解释，就是：利、害、名、位。什么叫真正的佛、法、僧？穿着袈裟的，剃了头、受了戒的都是僧人吗？《坛经》中说："劝善知识，归依自性三宝。佛者，觉也，法者，正也，僧者，净也。"

心中没有慈悲，没有利益众生的大愿，把佛法当夺取世间名利的工具，把佛像拿来当挣饭吃的工具，披着袈裟的，就全是僧人吗？相反，如果心中觉悟清净，依佛法智信教化众生脱离迷、欲之境，这些大善知识难道不是僧吗？现出家相的目的是为了更好地弘法，但不显出家相就不能弘法吗？中国民间四大菩萨：观音、文殊、普贤三位大士都是居士相，而地藏菩萨是时现出家相，时现居士相。

就像许多人吃素的行为一样，吃素的根本是在慈心中不断大悲的种子，念一切众生的苦而吃素，不仅仅是为了养生，或者证明什么，佛陀自己乞食时未吃素，南传佛教、密教至今也未严格要求吃素，难道他们就不慈悲吗？

说到这个问题时，我们来谈谈惠能"顿悟禅"的另一大特色："无相戒"，这是《坛经》里的重要内容，也是佛法戒、定、慧三学中的基础，禅者怎么看待戒律问题？《坛经》开篇说："惠能大师于大梵寺讲堂中，

禅者的三宝观

佛法三宝 —— 以佛"宝"为主的"三宝观"

↓

"中国禅"创新的禅法三宝 —— 以"法宝"为主的"三宝观"

禅法"三宝观"开拓者鸠摩罗什
↓
佛法三宝：佛法僧
创为禅法三宝：佛法众
　　　　　　僧=众
僧：出世间概念，
众：世间概念，社会大众

禅法"三宝观"的实践者傅大士
↓
出家必须要入家
禅者是心出家
不注重形出家

↓　↓

惠能 —— 禅法"三宝观"确立者

↓

皈依自性三宝
佛者觉也
法者正也
僧者净也

升高坐,说摩诃般若波罗蜜法,授无相戒。"

佛法"戒、定、慧"三学中,戒在第一位,凡入道者,首先需要修正自己的习气、习惯,儒家讲"克己修身"也是戒。各个修养门派中都以戒为基础,戒规范修者的生活,起到调伏身心的巨大作用。

唐代南山律宗创始人道宣律师,根据《四分律》把戒分为四科:戒法、戒体、戒行、戒相。"戒体"是律学的中心,是"纳圣法于心","戒行"即遵守戒规的行为语言;"戒相"指的是持戒表现的相状差别。

然而惠能禅师的"无相戒",却不受《四分律》及其他戒条的约束,他重视人人以自悟成佛的信心。也就是说,这是不授戒相,只授"戒体"的戒,"无相戒法"是"中国禅"独创的弘戒法门。

惠能禅师说法时曾多次引用大乘戒律《梵网经》中的一句话:"戒,本源自性清净。"在《梵网经》中,菩萨戒又称"佛性戒"或"心地法门",表明以心为本。以"自性清净心"、"佛性"作为戒体。源于自性清净心的菩萨戒法的本质是无相的,所以惠能禅师称之为"无相戒"。要求禅者持而不持,持而离相,破除各种名相的执缚戒相,这种思想源于禅师用破执扫相的中观智慧对戒法的独特理解而贯通。以龙树菩萨为代表的大乘中观学派,本着中道不二和有无双遣、不落两边的智慧思想对待戒律,视不取于相的戒法为最殊胜的戒法。

道信、弘忍二位祖师门下的禅风,已经将禅与菩萨戒初步融合。到了惠能禅师,更是进一步创制融四弘誓愿、忏悔、三皈依为一体的无相戒法。惠能禅师的无相戒有四项内容,即:皈依自三身佛、四弘誓愿、无相忏悔、三性自皈依戒。

皈依自三身佛是指每个人本来具有的"自在法性"就是"清净法身"，因此佛的法身、报身、应身不在身外。人的心为什么不见本来的清净呢？好比天空中的日月被乌云覆盖，自皈依，乃是吹除覆盖的这片乌云。众生本具智慧心光，不是成佛时才有，成佛只是将之开显。

四弘誓愿，即："自心众生无边誓愿度，自心烦恼无边誓愿断，自性法门无尽誓愿学，自性无上佛道誓愿成"，惠能禅师首次将此大乘菩萨道精神摄入无相戒法中。

无相忏悔，即要求禅者通过对身、口、意三业所犯的罪业，从内心真正地忏悔，永不再犯，"罪从心生，还从心灭"。《维摩诘经》说："罪性不在内，不在外，不在中间。如佛所说，心垢故众生垢，心净故众生净，心亦不在内、外、中间，如其心然，罪垢亦然。"不论什么罪恶，皆由心念而生，心念本来无相，所以名为"无相忏悔"。

所谓"忏"，惠能禅师说："前念后念及今念，念念不被愚迷染，从前恶行一时除，自性若除即是'忏'"，无相忏悔摒弃了佛门通行的普请礼赞十方诸佛名号、诵经咒和在佛像前"发愿忏悔"或念忏悔文等外在形式，这是自隋唐起佛教越来越形式化的一次大革命。禅师强调心性本空，即一切法皆无自性，心本来就没有污秽，没有罪过。佛心、禅心就是我们这一颗活泼泼无住的心，这种心是"无相"的。

最后无相三皈依戒，是以自心皈依觉、正、净来改变对外在的信仰。《坛经》云："佛者，觉也；法者，正也；僧者，净也。自心皈依觉，邪迷不生，少欲知足，离财离色，名两足尊。自心皈依正，念念无邪故，即无爱著,名离欲尊。自心皈依净,一切尘劳妄念虽在自性,自性不染著,名众中尊。"

惠能禅师反复强调禅者应善为观察,不要用心向外驰求。如错用心,仅仅外表皈依有何用?皈依了某某名师、门派是没有什么用的,心不回到根本处,岂不依然是无所依处?三皈依戒,便是真正意义上的"佛性戒"、"持心戒"。

禅者受"无相戒",实际意义在于禅者从宗教化名目繁多的各种法事、仪式、形式、忏悔行为中解脱出来,真正的禅者拥有开遮智慧,以四弘誓愿为基础自己带动自我的持戒、开戒等行为,禅者的行为不再执著过去的功、过,以及对未来的期盼;而是关心实实在在的当下,此刻的心念,此刻的发生,这是"中国禅"对大乘菩萨戒的创造性继承和发展。一灯能除遍空暗,一智能灭百千愚。

惠能禅师的顿教禅法中融摄了佛陀的人人皆有佛性这个根本精神,也融摄了龙树菩萨般若空观和佛性妙有的智慧。人人皆有佛性,是佛法的根本慈悲和智慧,由于佛陀的这个伟大发现,给万千迷惑颠倒的众生指点了迷津,给黑暗的漫漫长夜带来了光明,从此修者有了无限的力量、希望和信心。

公元524年达摩祖师渡海东来,自广州上岸。公元526年10月至金陵面见南朝梁武帝,惜相谈不契。于是渡江北去,寓止嵩山少林,面壁九年,终日默然,期间有人问他,来中国何意?他答复了一句:寻找一个不受人欺的人!这句话究竟有什么深义?什么人才能不受人欺?如果一个人智慧都达到了不受人欺的地步,为什么还需要修习禅法印心?禅的法脉传承是否仅有达摩一脉?想了解惠能禅师创始的"中国禅"较之达摩祖师东来传承的"如来禅"还有哪些创举?请关注下一章"达摩一脉"。

第五章 达摩一脉

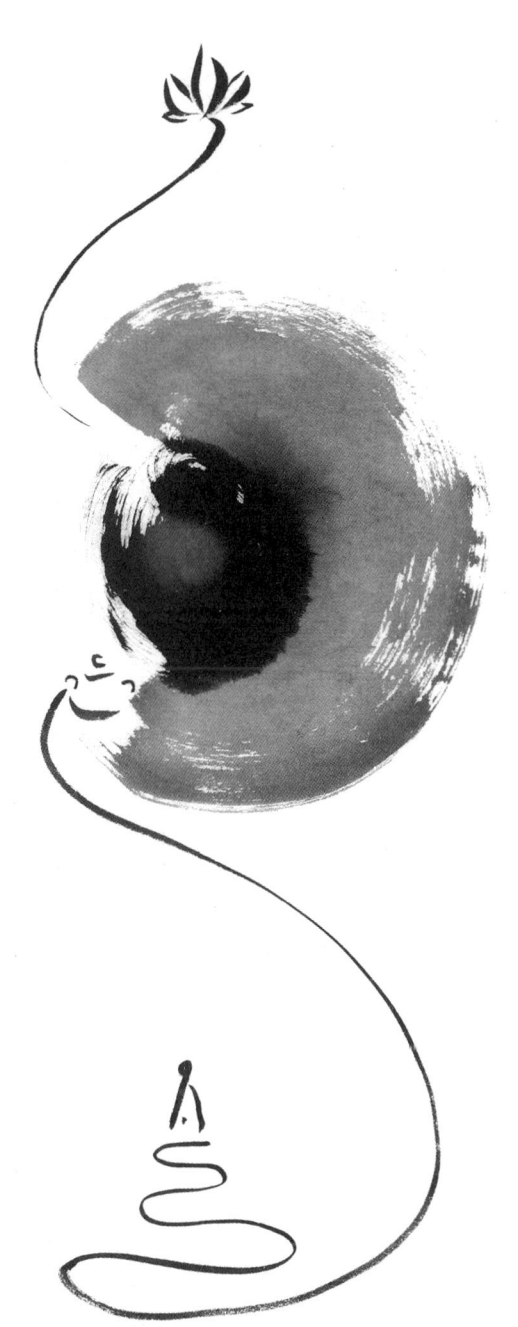

人天小果

公元526年10月,南朝京都金陵。

金碧辉煌的宫殿内,武帝与一胡僧有一段著名的对话,抄录如下:

帝问僧:朕即位以来,造寺写经,度僧不可胜记,有何功德?

答曰:并无功德。

帝问:何以无功德?

曰:此为人天小果,存漏之因,如影随形,虽有非实。

帝问:如何是真功德?

曰:净智妙圆,体自空寂,如是功德,不以世求。

帝再问:如何是圣谛第一义?

曰:廓然无圣。

帝最后问:对朕者谁?

答曰:不识。

武帝听后沉吟不语,低头百思不解,不觉中面带愠色。胡僧见武帝见地如此,此次面谈可谓不契,心知武帝虽甚喜佛事,但与最上乘般若空性之法没有领会,于是合掌告辞出宫,遂渡江至北朝。

不说大家也知道,这胡僧便是大名鼎鼎的达摩祖师,据《五灯会元》记载:西天二十七祖般若多罗禅师幼丧父母,约二十岁遇二十六祖不如蜜多禅师,受师传法而成为天竺禅门西天第二十七祖。

般若多罗禅师得法后,行至南天竺香至国,香至国王崇奉佛乘,尊重供养,施与他无价宝珠。王有三子:月净多罗,功德多罗,菩提多罗。

祖乃以宝珠问三位王子曰："此珠圆明,有什么东西可以与之比肩吗?"

大王子、二王子皆道："此珠七宝中尊,没什么东西可以逾越的。非尊者道力,谁能受之?"

三王子曰："此是世间宝,不足以道。诸宝中,法宝至上。"

祖叹其辩慧,乃复问："于诸物中,何物无相?"

三王子曰："诸物中,不起无相。"

又问："于诸物中,何物最高?"

曰："诸物中,人我最高。"

又问："于诸物中,何物最大?"

曰："诸物中,法性最大。"

祖见三王子菩提多罗是法嗣,便留了下来。及香至王去世,众皆号绝。唯菩提多罗于柩前入定,并无悲哀。

七日后,菩提多罗乃求跟随般若多罗出家。师告之曰："如来以正法眼藏付大迦叶,如是辗转,乃至于我。我今嘱汝,听吾偈曰:心地生诸种,因事复生理。果满菩提圆,华开世界起。"又曰:"汝对于各种法道,已然博通。'达摩'就是'博通'的意思,从今天起你改名叫'达摩'。得法后,汝暂住印度。等我圆寂六十七年以后,汝到中国去,始传禅门妙法。"于是菩提多罗改名叫"菩提达摩"。

般若多罗禅师付法已,即于座上起立,各舒左右手,双手放光明二十七道,五色光耀,后踊身虚空,高七多罗树,化火自焚,空中舍利如雨。达摩恭承师义,在师父圆寂后开始远涉重洋来到了中国的南海。达摩祖师从天竺带来了一棵禅花的花种,"中国禅"由此得以在

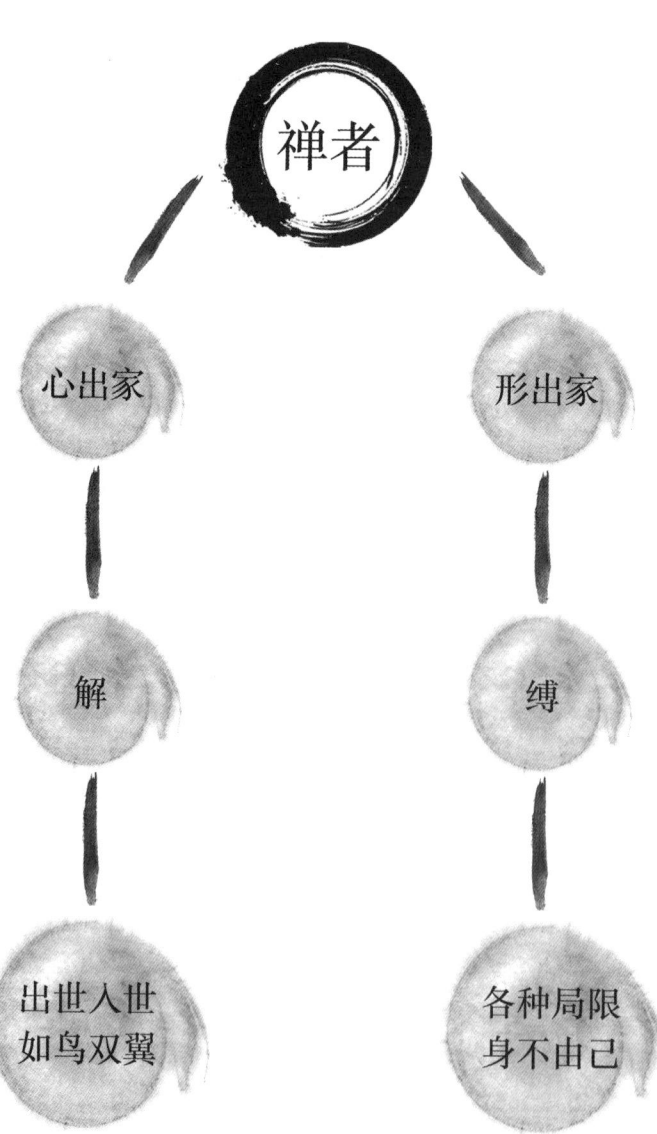

此后二百年开花结果。

说起梁武帝此人,读者万不可小看他,现在有些人一谈到梁武帝,基本上就会想起前文写到的这段著名对话。大家往往会根据这段对话,轻易认定梁武帝是个只修外在功德、不明大乘佛理的人,不算个及格的佛弟子,而且由于他最终被饿死的命运,似乎也或多或少地佐证了大家对他的评价。

其实不然,武帝是有勇、仁、慈、孝、德的大才子。只是与他此次对话的是印度禅二十八代祖师达摩,并且达摩刚入中国才两年,可以说对国情、人情各方面的了解还不够,由于达摩祖师内心中对武帝寄予厚望,一谈之下,发现武帝见识差的远,便匆匆渡江北上,这或许也是二人缘分使然。

我们纵观中国历史,帝王多为纵情声色犬马,当然也偶有一心励精图治的,还有喜爱驰骋疆场的,然"以佛化治国"以至自愿到佛寺里舍身供佛的,却只有梁武帝萧衍一人。

武帝原来是南齐的官员,南齐中兴二年(公元502年),齐和帝被迫"禅位"于萧衍,南梁建立。他吸取了齐灭亡的教训,自己勤于政务,不分春夏秋冬,总是五更天起床,批改公文奏章,在位时间四十八年,颇有政绩,晚年爆发"侯景之乱",都城陷落,被侯景囚禁,饿死于台城,享年八十六岁,葬于修陵,谥为武帝,庙号高祖。

武帝本人是特别虔诚的佛弟子,曾下诏令全民奉佛。梁一代佛教因武帝而全盛,南朝的半壁江山内,佛寺达2846座,僧尼82万余人。更为难得的是他身体力行,史书记载,他曾四次入寺舍身,在寺内只穿法服,最短的一次四天,第四次居然有五十一天,"四月庚午,群臣以钱一亿万奉赎皇帝菩萨"。梁武帝生活也极其节俭,到了晚年,每天只吃豆类的汤菜和糙米饭,中国汉地寺庙的全面素食,起源于梁武帝的"制断酒肉"。寺庙现在拜忏所用的《慈悲道场忏法》即《梁皇宝忏》,也是武帝发起,由志公和尚等制作而成。他除了吃素、生活简朴外,50岁开始断绝女色,远离嫔妃,潜心修行。

武帝本人广交有道高僧,佛、道皆通,他把儒家、道家和佛家思想揉合在一起,创立了"三教同源说",他亲手编辑并注释佛经,多次亲自登堂讲授佛经等等。武帝之长子昭明,也是佛法的传播者,我们诵的《金刚经》,三十二分就是昭明太子所编。达摩祖师、宝志公、傅大士三位并称"梁代三大士"。梁武帝虽与达摩祖师擦肩而过,但与另两位却过从甚密:宝志公和尚是梁武帝的师父,武帝曾请傅大士讲《金刚经》的公案,我在《茶密禅心》一书中也有介绍。

武帝不但天资聪颖,而且精通军事、经史、书法、棋艺、音乐、绘画等,他个人文采斐然,是中国七言诗的开拓者之一。由于他在位时期大力推广传统文化,使得梁朝发展成东晋以来文化最为繁华的时期。《南史》如此评价:"自江左以来,年逾二百,文物之盛,独美于兹。"佛法传入日本、朝鲜,也始于这个时期。

我们再回过头来看看当年那场著名的对话,谈话中触及了一个焦点问题就是武帝修塔造庙,大肆弘扬佛法,自以为功德无量,他的谈话中带有炫耀的成分,哪曾想达摩祖师一盆冷水当头浇下,谓之:实无功德!可想而知,武帝心中有多失落!这是怎么回事呢?祖师当时对之曰:"净智妙圆,体自空寂,如是功德,不以世求。"这话是什么含义呢?

这里面体现的是本与末、体与相的问题,修塔造庙与禅者的证悟不是一回事。修塔造庙是世间福田,是阳德,是为个人增加名誉、福田,这些在禅者眼里是有漏的小果,而真正的功德来源于能行法布施利益众生心,并能内在契合本性。

一个人如果能行真功德,对于社会和家庭、个人都是善莫大焉。修塔造庙这些是有为法。就好像现在一谈到佛事,大家都容易想到烧香、法事、供养等,这些是末不是本。如同《金刚经》云:"一切有为法。如梦幻泡影。如露亦如电。应作如是观。"

有为与无为相对,无为就是涅槃无相的道体,形而上的道体是无为、无相的、如如不动的;而有为法是形而下的人为,是形式,是不断变化的方法。有为法如梦,如幻影,好像电、影一样不可执著。佛经上对有为法的比喻很多:梦幻泡影、水月镜花、海市蜃楼等等。达摩祖师想告诉武帝,如果是普通人,做些有为的佛事也就罢了,您这么一个大人物,需要知道有为的福慧不能出三界。

惠能禅师曾说:达摩祖师谓武帝建庙没有功德,说的当然对!建造寺院,剃度出家,布施钱物,举办法事,这些活动叫求福报,不能把求福报的行为误认为是功德。功德存在于自我的本性中,并不表现在行善事求福报的种种仪式、行为和活动中。禅师还说:见性是功,平等是德。自修性是功,自修身是德。内心谦下是功,外行于礼是德。不离自性是功,应用无染是德。念念无间是功,心行平直是德。自性建立万法是功,心体离念是德。功德需自性内见,不是布施、供养之所求也,这就是功德与福德的差别。

说实话,在当时大乘佛法并未鼎盛,尤其印度禅尚未传来中国的时代,武帝要在这么短的时间内领略到达摩祖师的这些奥义,对他确实不太公平,不要说他是个皇帝,即使当时对面是一位高僧,完全理解达摩祖师的深意也是非常困难的。

说到这里,笔者插播一下禅与广州的缘分。从佛史可见,东汉时期,安息(今叙利亚)高僧安世高曾两度到广州,传授小乘禅观和禅定修行法门。三国时期有高僧康僧会,由广州登陆,进入江南传小乘数息禅观。

两晋时期,东天竺高僧耆域,于晋惠帝在位时(公元290年-306年)从海路来华,抵广州建王仁寺,传的也是小乘上座部的观禅法门,后来他北上去了洛阳,他是历史上经海上丝绸之路环行的第一人。再之后佛陀跋陀罗、昙摩耶舍等高僧也先后进入广州建寺、译经、弘法。

至南北朝时期,求那跋陀罗法师在广州译出四卷本《楞伽经》,我们上一章介绍敦煌本《楞伽师资记》,记录了自求那跋陀罗法师至神秀弟子普寂禅师禅门八代传承的过程,求那跋陀罗法师在广州正式设立"戒坛"传戒,并预言:"后有肉身菩萨于斯受戒。"

法师当时预言的"肉身菩萨"是谁呢?就是六祖惠能。公元401年法师建王园寺(今光孝寺),100年后智药三藏来此寺,123年后达摩祖师来广州,275年后惠能禅师结束了逃亡生活,于唐高宗仪凤元年(公元676年)正月初八到此登台说法。

广州不仅记录了这些高僧来华传法的踪迹,还是古代梵文佛经汉译的三大译经中心之一,当时译出的禅法重要经典有《安般禅》、《五门禅》、《念佛禅》、《实相禅》等,为达摩祖师登陆传禅打下了坚实的基础。

南北朝时期,南天竺商人来广州绣衣坊定居,他们以竺为姓在今华林禅寺附近聚居,其中竺显罗充当了达摩祖师的翻译。达摩祖师从印度出发时乃遵照师嘱,在公元521年乘商船东渡中国,本来他的师父圆寂前咐嘱达摩:"我死后六十七年,你才能到中国去传法,不要操之过急。"可是达摩早上船三年,结果在海上被风暴耽搁了将近三年,到达广州时正是其师圆寂六十七年,其时为公元524年。

达摩祖师上岸后在竺显罗住所东侧,结庵传禅,并嘱咐竺氏族人不可泄露其真实身份。祖师在广州开始仔细学习民风、民俗、中文,详细了解中国国情和佛情。从《五灯会元》卷一中可见,来华前,达摩祖师曾以"大乘禅观"的雄辩,逐一折服了印度"小乘六宗"的各位长老、尊者,这说明当时在印度"达摩禅"取得了最上乘禅的地位和认可。"中国禅"创立后为了区分,后世又称"达摩禅"为"如来禅"。

达摩祖师在广州时,王仁寺的僧众曾请这位胡僧说法。没想到祖师到法坛上坐一会,却什么也没说。当时这些僧众们都不能理解达摩所传的般若空性,我们让梁武帝一见之下便马上理解,是否有失公允?

就算到了今天,大乘佛法在中国经过一千五百多年的发展,佛经已经大大普及,但又有几人能真懂得什么是"圣谛第一义"呢?又有几人实证了"圣谛第一义"呢?而且两人的问答节奏实在太快,基本上还没有来得及缓冲,就结束了。笔者也没有发现志公和尚是否在场的记载。我想,当时如果彼此有多些时间互相了解,熟悉语境、心境,一个慢慢讲,一个用心听,加上志公和尚的翻译补充,就像傅大士默讲《金刚经》一样,如非志公和尚及时圆场,怕是傅大士会是达摩第二了。达摩祖师若能假以时日或许可以使梁武帝逐渐明白"第一义",至于实际能否修证悟道则要看机缘了。但实证之后,梁武帝还会不会继续做这些世俗的功德呢？这就无从知晓了。武帝缘份未至,遗憾的是,历史永远无法倒转,那个言谈不契的当下瞬间即过,达摩祖师于是动身渡江北上,这才有了少林五乳峰九年的面壁,才有了终于等来了慧可大师的那一天。

达摩祖师东来传禅,不仅对"中国禅"的形成有重要影响,其对密宗、净土宗等也有影响。祖师有《达摩宝卷》、《血脉论》、《悟性论》、《二入四行法》、《破相论》等一些著作传世,虽然现在人对除了《二入四行法》之外的论著存有争论,但即使是不存争议的《二入四行法》有几人能正解祖师法语呢？

许多人讲,禅不是说"人人皆可成佛"吗？那还修什么呀？即心即佛,还用修行吗？还有人拿着惠能禅师的《无相颂》来说禅,颂曰:"心平何劳持戒,行直何用修禅？恩则孝养父母,义则上下相怜。让则尊卑和睦,忍则众恶无喧。若能钻木出火,淤泥定生红莲。苦口的是良药,逆耳必是忠言。改过必生智慧,护短心内非贤。日用常行饶益,成道非由施钱。菩提只向心觅,何劳向外求玄？听说依此修行,西方只在眼前",然后有人就说心平何劳持戒？行直何须修禅？所以禅根本就不用修。对啊,如果已经心平、行直的人当然就不需持戒,不需修禅。但关键是您的心平了吗？您的行直了吗？

心的修炼是需要专门方法的,不是平日里读几本鸡汤佛意书,或者看几本佛学专著,也不是自己大脑念头中想平就可以平,认为直就直！心平、行直首先要无分别,上一章我们提到元晓禅师的悟道经历,心一起了分别就不可能平。

明朝四大高僧紫柏、憨山、莲池、蕅益之一的紫柏尊者,有一次五台山安居时,在屋里看书,看着看着就忘了时间,不觉已到深夜。这时,憨山大师秉烛夜行来到他这里,看到紫柏尊者在没有灯光的情况下仍然很认真地在看书,便道:"天光已暗,您看得见吗?"紫柏尊者经他"好心"提醒,马上起了分别心。当时眼前一抹黑,就什么也看不见了。

禅密法密

禅史记载,达摩祖师到嵩山少林寺五乳峰蚩尤洞面壁九年,默然不语。不过笔者写这本书的目的不是为了考古论迹,因此达摩祖师和梁武帝这段对话是否后人编造,对话内容有无增减?还有佛陀当年拈花微笑传禅是否属实?达摩祖师究竟哪一年来到中国?求那跋陀罗法师是否在中国亲自将四卷本《楞伽经》面授达摩祖师?慧可禅师断臂求法是否属实?他的胳膊是求法时自砍的?还是后来护法时遭人陷害和道育禅师一起被人砍的?这些历史的真相都不是笔者来和各位谈论的主题。学术界、历史界对这些虽各持己见,但在笔者眼中,历史就是历史,没有不断章取义的史书,各种版本书写的历史是真实历史的一部分。

就像我们一群人听了一节课,老师讲的内容肯定人人回去后记录不同,这些记忆是不是真实的呢?如果是,那么为什么有这么多的版本?如果不是,假如没有录音录像,若干年后,谁又能证实老师当时到底讲了什么呢?就算有了录音,记录就完整吗?肢体语言可以通过录音记录下来吗?失去了场景、肢体、表情等各方面配合的记录永远无法还原当时的情景,永远不是整体,整体是无法还原的。

佛经的集成便可窥其一斑,据《佛光大辞典》记载,佛陀入灭后九十天,在阿阇世王之保护下,五百阿罗汉会聚于摩揭陀国王舍城郊外之七叶窟中,以摩诃迦叶为上首,举行第一次结集。此次结集,由阿难尊者诵经(修多罗或法藏)、优婆离诵律(毗尼藏),再由诸长老将所诵出之经、律检讨修订、编辑而成。可就在集结完成后,阿难还在世时,佛法已经被一些亲随佛陀听法的比丘、比丘尼曲解和误传了。老师讲的东西为什么大家记得有如此大差别?如果没有铁证,如何证明谁对谁错?或者谁对的多谁错的少?这些就不得而知了。因此禅者不着眼在所谓的"真相"里,一切历史的"真相"都有其局限和遗漏,也可以说,历史没有统一的答案。我们这本书,重点在讨论"禅"的内涵。

我们现在的镜头转到五乳峰下的达摩祖师,他在此面壁究竟想给世人什么法义呢?我们不是要研究祖师如何打坐,或者琢磨祖师面壁时吃什么?怎么睡?洗不洗澡,换不换衣服?入定的人还上不上厕所这样的细节问题。无论出家人、在家人,如果能有幸用心体悟祖师们用生命说的这个法,无论是有声还是无声的智慧法语中蕴含的法义,才是禅者的根本。

达摩祖师保持默然无语,我们可以理解为语言、文字有太多的局限性,当时一些修行人多研究理论,研究形式,尤其南方气氛重玄理,喜在文字、清谈上打转转,因此祖师保持默然无语示现离文字相,就是要直指人心,告诉中国的修行人证悟需实修实证,不要执著在语言、文字上。

笔者见过有些人,对佛学、禅理,还有神识啊、心性啊、缘起法则等等说得头头是道,但就是没有实修体悟,只是在理论上来回论证,把逻辑思辨误以为佛法大义了,佛法变成了另一种哲学思想和理论体系,这样的佛法有什么用处呢?遇到了关键时候还不是同样"入地狱如箭"?

达摩祖师说,不用研究理论,就知道自己身上有一个真我,这是神识、也是心,这个心里还有一个性,直接修行就行了。一些人认为禅说"直指人心",那是不是就不用静坐了,不用读诵佛经了?禅者静坐内观是必然的,这根本不需要说。但建议初修者先不要研究理论,只有在修持到一定阶段,有一定感悟后再根据需要读、写、解、契,这样的效果更直接。而且有了修行体悟后佛经一读就明白,一明白就贯通,一贯通就不忘。没有实际修禅前,读什么经就被什么经转,有了实修体悟后,读什么经就主动转什么经,这两个境界天地之差。

《坛经》中有一段文字可供各位参考:有位比丘名法达,常常诵念《法华经》。有一天,前来礼拜六祖惠能,行礼时很傲慢的样子,头也不着地。惠能禅师说:你过来参拜我,顶礼时却头不着地,与不顶礼有何不同?你心中必有什么自以为了不起的事情,你究竟有什么专长呢?

法达说:我诵《法华经》已经三千遍了。

惠能禅师说:你念到一万遍时,如果会觉得自己其实没有什么了不起,那就能和我并肩,不用向我行礼了。你竟然诵经千遍而自负,一点也不知道自己的可笑和轻慢。(各位注意,此时惠能禅师说话口气和上一章面对刺客的态度截然不同,为什么对法达这么不客气?难道禅师真的介意别人顶礼他时头有没有点到地这些事情吗?一个连生死都置之度外的大禅师,会介意这些吗?此乃禅师的"直"心使然,此是另一种慈悲显现,请不要误解是禅师自傲,对方顶礼时头不到地就恼怒起来。)

看到法达表情有些惭愧,禅师话锋变缓,问他:你叫什么名字?

答：叫法达。

禅师说：你的名字叫法达，可曾通达妙法？

法达听完后，有些惭愧地向禅师说：您说的对，我未曾通达妙法，从今以后，我一定对一切谦虚恭敬，弟子虽然诵持《法华经》，却不了解经中的含义，心中时常有疑惑，所以来此请您为我讲说经中的义理。

禅师说：法达！佛法本来就是通达，是你自心不能通达；经义本来无可疑问，是你自心起了疑惑。你诵的这部经，可知道它以什么为旨趣吗？

法达说：弟子根性愚钝，向来只依经文诵念，哪里知道经中旨趣呢？

禅师说：我不认得字，你诵一遍来给我听，我为你说。

于是法达就高声地诵念经文，念到《譬喻品》时，禅师说：停！这部经是以"佛为一大事因缘出现于世"为旨趣，其他比喻、解说得再复杂也不会超越这个核心。所谓一大事，就是佛的真知见。世间的人不是向外迷惑执著诸相，就是心内迷惑执著于空，如果能够于相远离一切相执，于空远离空执，这就是内外不执不迷。如果悟得这个法门，在一念之间心地豁然开朗，这就是开佛知见。

但是，世间的人心地不正，愚昧迷惑，造种种罪，口说善言，心怀恶念，嫉贤妒能，谄媚佞言，这就是自己开启了众生世俗的知见而闭合了佛的知见。如果能端正心念，时常观照自己的心性，弃恶而行善，这就是自己开启佛的知见了。

能开启佛的知见，就是出世间；开启众生的知见，就是在世间。你不要以为辛辛苦苦执著念诵《法华经》，就是修行的功课了。

法达听后说：照这样说，只要能理解经义就好，那就不必诵经了么？

禅师说：佛经的本身有什么过失呢？难道障了你的诵念吗？须知执迷和觉悟在个人，受损或得益都由己不由经。口诵经文而心能行其义，就能够转经；口诵经文而心不行其义，就是被经文所转了。听我一偈：心迷法华转，心悟转法华。

法达听后，不禁涕泣，言下大悟，对禅师说：法达从过去以来，确实未曾转过《法华》，而是一直在被《法华》所转。

我们常常顾此失彼。"中国禅"里有很多高僧大德，说法说得非常圆融。为什么？就是心内证悟，证的多、悟的多，不空说、不乱说。没有证悟的人，空讲佛理容易误人，就像有的把心中念佛转变成口头念佛，佛经上分明是"都摄六根，净念相继"。达摩祖师壁观静坐，显现入定神通，在茧尤洞禅坐九年，不需要世间任何供养，不贪求任何名位而入禅定，祖师显现的是离心无禅，离禅无定，离定无观，离观无慧。这些法是告诉世人，唯有证悟到世间诸法空相和出世间诸法实相的人，才能脱离生死。

有人认为，达摩一坐九年这是不是什么密法？是的，禅当然有密传，以心传心就是密传，禅到哪一代都有密传之法，不公开的。但禅也无什么密传，因为这密法遍及宇宙，无心者通，空心者得。禅的秘密无文字相，"密在汝心"，一切的大秘密，大密法都在每个禅者的自心，自己心中本来样样具备。"达摩老祖一字无，全凭心意下功夫"。

"心意"是什么？是五蕴吗？不是，心意是修行的法门，是拈花微笑，以心传心的心意，心心相印，意意相通。"拈花微笑千古迷，以心印心法门立。气贯虹身印通关，无字文诀祖师意"。

禅之密，非师徒口耳相传，也非什么武功秘笈，是无法明说，无法用科学论证的,也是用思考、分析想不明白的。但一旦传心竟,师心和徒心之间即有无穷的奥义和微妙,这就是禅之密。

现代人喜修文字禅、口头禅、妄图速成捷径,偶尔念一句佛号,大致翻阅几本经书,截取部分含义,就想往生极乐,就想获得禅心、禅密,这样的投机取巧之心能往生到哪里去?能得到什么禅之密?如果有某位禅师号称可以传禅之密的,这会是真正的禅师吗?

我们来看,达摩祖师壁观九年,等的是什么人?是"不受人欺"的人,这能是普通人吗?能是想速成的修行人吗?祖师等的是当时中国最有毅力、最有决心、最有慧根、最有证悟的宗师级的人物,那么都已经达到这个水平的修行人,为什么还要跟达摩祖师修行呢?跟随一个中文也讲不流利的外国人,是什么让人产生巨大的信心跟随这个傻傻地面壁而坐的胡僧修行呢?达摩祖师又是如何分辨来求法者的内心是否真的坚定呢?所以求法来的这个人,必是智慧非常高,才可以不依赖语言文字而和祖师心心相印,法语契合。修行没有证悟的人是无法理解真正的法语真义的。

有些人跟我讲,禅书中的许多文字看不懂,当然看不懂,因为您的心不在禅境中。《楞严经》中,佛陀对阿难说:"汝元不知如来藏中,性色真空,性空真色,清净本然,周遍法界。随众生心,应所知量,宁有方所,循业发现。世间无知,惑为因缘,及自然性皆是识心,分别计度。但有言说,都无实义。"

这段话的重点在于:"性"本空,真正空了才能生"妙有",但空与有是不可分割的。四大的本性是自然清净的,它充满法界,无所不在,而你能了知的那个法界的显现量,取决于个人的见地和智慧的高低,每

慧根

禅者如何增长慧根

参究经典 —— 与古代祖师相应

静坐观照 —— 与安心自在相应

行走世界 —— 与社会大众相应

拜会长者 —— 与大善知识相应

参研科学 —— 与现代文明相应

了解运动 —— 与现代医学相应

……

↓

利众有情
增长福德

个人随着自身业力可以发现一层一层的不同境界,现不同的量级。这是《楞严经》中楞严大定的大秘密,一般人因为智慧不够,业力驱使,所以听不懂看不懂。

什么叫作"应所知量"呢?比方说,一个修者功夫好,定力高,当然心中的所知量就大。再比如说,某人打坐时感受的境界,跟同修描述,同修听了其实很无奈,谁也不能体会他人的境界,个人的所知量是自己的境界,别人很难理解。再比如说,阿罗汉修到可以涅槃,他认为就是究竟,这是他的所知量,他只到这个程度,菩萨的所知量境界就不同了,智不出三界,悲不入涅槃,这是菩萨的大彻大悟,是阿耨多罗三藐三菩提的心量。一旦成了佛,真正觉悟时,连"即空即有、非空非有"都属于戏论了,所知量又不同了。每位老师讲课,同一句话,每个人理解的深浅也都不同,这是"应所知量"的不同。

"宁有方所"的意思是这些并不是死板一定的。"循业发现"也是一样,各人的业力不同,智慧不同,胸怀见地不同,当然听到的、理解的程度不同。我们只要保持精进修持,实际证悟时也会一读就懂,一看就会,一通百通。

说到达摩祖师默言面壁的经历,读者难免想到祖师的其他神通,例如一苇渡江什么的,有人心中总是念念不忘这些神通,我们来讲讲印度禅西天第二祖阿难尊者的悟道经历吧。

法本自然

上文已经讲了佛陀去世九十天之后，大迦叶尊者召集五百名罗汉，在王舍城附近的七叶窟集会，要将佛陀生前所说的经文与戒律结集起来，以免散失。这是世界文明史上，最为著名的第一次佛法结集。

出席第一次结集者的资格，是以修行次第高低为标准的。当然这里面应该不可缺少随侍佛陀二十五年之久的阿难尊者，他聪明过人，记性天下第一，过耳不忘，在佛的弟子中，以"多闻"排名第一。少了他，经典结集的准确性就难以保证了。

然而，出乎所有人预料的是，大迦叶尊者毫不客气地将阿难挡在了七叶窟门外，不许他进门，说：你还没见性和得道，没资格进来。

阿难尊者难过极了，他在门口给迦叶尊者下跪哭求，但铁面无私的大迦叶不为所动：未悟法要的人，没有资格进入七叶窟。阿难，你要知道，许多已经修到罗汉果的长者，都未能入选，你随佛二十五年都不悟道，自己不感到耻辱吗？

阿难果然羞得满脸通红。大迦叶指着洞窟大门上的钥匙孔说：阿难，现在已经进入七叶窟的人，都是神通俱足的阿罗汉。你若是能从这个小小钥匙孔里进来，就说明你有资格参加结集了！

阿难羞愧难当，只好默默退下。

说起这个仪表堂堂、风度翩翩的阿难，他是释迦族最为英俊的美男子，也是佛陀最喜爱的表弟，在众弟子中，佛陀将他列为多项第一：博学强记，仪表风度，善解人意……

佛陀五十五岁那年,他成了佛陀的常随侍者。阿难的耳根天下第一,过耳不忘,所以,佛陀讲述过的每一句话,他都能一字不差地复述出来。然而,正如佛陀所说,他所讲述的佛法,是认识真理的工具,却不能代替对真理的觉悟。阿难虽然能牢牢记住佛陀的每一句教导,是所有比丘中记得佛法最多的人,能背诵所有的佛语,但他并未因此悟道。

有一次,他在城中乞食归来之时,口渴难忍,正好看到一位少女在井边汲水,便过去讨一些水喝。少女应声抬起头来,阿难情不自禁地发出惊叹:这是多么风情万种、秀色可餐的女子!

少女也发现这是位清秀英俊的比丘,不禁心旌摇曳,她垂下眼睛含羞地说:"对不起,我不能给您水喝,我叫摩登伽女,我是一个首陀罗。"

我们在第三章介绍过,首陀罗是古印度最为低贱的种姓,俗称"不可触者",根据婆罗门教义,其他种姓的人不可与之身体接触。

可阿难毫不犹豫,喝着摩登伽女手里的甘甜泉水……阿难回去后,无法忘怀美丽的摩登伽女,他无法把持自己的心,有一天竟然迷迷糊糊地走入城中,来到摩登伽女家中,和情窦初开的少女一起缠绵起来,正在此危急关头,佛陀法眼通天,立即派文殊菩萨去解救阿难的困厄。

文殊菩萨把阿难带回精舍后,阿难如梦初醒,痛哭流涕,祈求佛的原谅和教诲。于是,佛陀为他开示了《楞严经》。阿难听后五体投地,虔诚顶礼,说道:"我最受佛的疼爱,但我虽多闻佛法,却并未实修实证。我总是想依靠佛的神力。不必自己辛辛苦苦地修行,佛会特别照顾我这个弟弟,将神通、佛法赏赐给我……"

佛陀说:"您肚子饿了,我能替您吃饭么?"

"不能。"阿难说。

"那么,我将写有美味佳肴的菜谱说给您听,您也都能背诵菜谱,这能解饥吗?"

"不能。"阿难说,"佛陀,我已经知道了,我的身心和您的身心是不能相互替代的,所以,尽管我日夜厮守着伟大的佛陀,却并不能因此明心见性,大彻大悟。我也明白了,我虽然听佛讲经最多,会背的佛经最多,但是,如果不按照佛法实际求证,依然愚蠢无知,不能摆脱人生的烦恼。"

然而,尽管阿难知道所有的修行方法,但是,由于他备受佛的宠爱,而且自恃清高,所以一直没有像其他同修一样真正下过苦功修行,直到佛陀圆寂,他也未能证到阿罗汉果位。

这一次,他再也无法平静了,佛已灭寂,佛语只有自己记得最清楚,如果不参加集结,势必对佛法造成不可估量的损失,他知道大迦叶尊者是不会徇私通融的,唯有自己发奋悟道一条路可以走。

阿难晕晕地走到了七叶窟旁的一处悬崖边,此时他心中下定了悟道的决心,于是在悬崖处,阿难单脚独立,双手合十,发愤如不悟道,宁可堕入崖底。这么站了一夜,天将破晓,阿难豁然大悟了!他迎着喷薄欲出的朝阳,落落大方、坦坦然然地推开了七叶窟的大门,堂堂正正走了进去——法本自然,推门而入,这就是最大的神通!

写着西天第二祖阿难的悟道经历时,我有千言万语欲喷涌而出,印度、中国的禅门三十三位祖师,每位的人生都有令人惊叹不已的传奇，我想今后一定要找机会跟读者慢慢分享。例如十四代祖师龙树菩萨的悟道经历，我在《茶密禅心》中有介绍，他早年和同修们一起学习外道，习成隐身术潜入皇宫调戏宫妃，后同修死于箭下，他侥幸逃脱后，痛定思痛，由此潜心修证佛法，终成大乘佛教八宗之祖。

这里我们再花点时间介绍一位大家并不熟悉但对大乘佛法有巨大贡献的西天十二祖：马鸣菩萨。

马鸣菩萨造《大乘起信论》，不但适时秉承了佛法正义，同时他也是改写了后来佛教历史的关键人物。此论在印度曾失传，现在印度保留下来的是玄奘法师由中文回译成梵文的版本。中国高僧憨山、慈舟、蕅益等大师，及日本人汤次了荣，对此论均有著作阐述，此论萌发了中国及日本大乘佛法的种子，藉此论启蒙而亲近大乘者多不胜数。

"粗中之粗，凡夫境界。粗中之细，及细中之粗，菩萨境界。细中之细，是佛境界"。《大乘起信论》是修学大乘佛法之入门书之一，论中"心生灭门"与"心真如门"各摄一切法，甚深极甚深，非有大善根大福德者，实难闻知其中密旨。

佛灭度后六百年，马鸣菩萨诞生于西印度的婆罗门家族，后移居中印度舍卫国婆枳多。他年轻时和龙树菩萨相似，乐于修习外道，由于他智慧超凡，辩才无碍，是中印度的大智者，也是声名远播的外道论师，诸多沙门或其他外道和他进行激烈的法义辩论，他每次都能获胜，以致最后没有任何人敢于接受他的挑战。

当时北印度有一位长老，称为胁尊者，传说他在母胎中，六十余年。好像中国的老子一样，一出生就须发皓白，长大后厌恶世间五欲，不喜欢居家，自发誓：我若不通佛法三藏，不断三界欲，得六神通，具八解脱,终不以胁而至于席。经过勤修苦行,精进勇猛,他终于成就不以胁至地而卧,并证得阿罗汉果,时人敬仰,号为胁比丘。后世尊称他西天禅门第十祖。

有一天,胁长老入于三昧禅定中观察而知:中印度有一位外道世智聪辩,应度化他出家为比丘,广宣道化,开悟众生。于是,长老即至中印度,住在一间寺院。他很奇怪地发现:寺院里竟然没有一人敢敲击用来报时的院钟。就问诸比丘:您们怎么不依法敲击寺院的钟来报时呢?

答言:长老您有所不知。这里有一位出家外道善能论议,宣令全国诸佛门弟子,若其不能与他论议者,不得公然敲击寺钟而受人供养,我们谁也辩不过他,是故不敢打钟。

长老说:您们尽管去打,我来应付。

打完钟,马鸣一听到居然有钟声,就来到了寺院,一问得知,原来是北方来的长老欲与他公开论议。他看长老形貌老迈,不出于常人,所以定下盟约,七天以后,集合国王、大臣、沙门、外道等诸大法师即于此处公开论议。

至第六日夜,长老深入禅定,观其所应,已成竹在胸。第七日天刚亮,大众已经云集,争相来看这一场热闹。当时,马鸣瞻视长老之容貌和悦,志意安泰,举手投足之间,一副有备而来的样子,心想着:这下子,恐怕是遇到有料的对手了哟!

按照古印度规定,论议开始前要先约定输的一方该当如何?马鸣说:输的一方,当自断其舌。

长老说:不可,今天的规矩改为输的一方礼拜胜的一方为师,怎么样?

马鸣答：可以。又问：谁先语？

长老说：我年迈，又从远方来，又先于你在此就坐，理应先语。

马鸣答：可以。从现在开始，凡你所说，我一定全盘破解。

长老说：当令天下太平，大王长寿，国土丰乐，无诸灾患，请问该如何治国？马鸣没有料到怎么突然讲什么天下太平？治国方要？他一时没有反应过来，默然不知从何而答。论法时哪怕只有一句对不上的，即为输的一方。于是依约定，他只好伏为弟子，剃发出家。

有一天，他心里头嘀咕着：我怎么会只因一句话就败了？便当了人家的弟子？

因而心中闷闷不乐。长老立刻知道了他心中不服，即命他入房，为他示现佛法深意及神通变化。马鸣菩萨乃心悦诚服，开始真正从师学法。

长老告诉他：你的才智聪明虽然不错，但在法上，还没有得到真正的成就。所以要从头来过，从根、力、觉、道这四个基础开始修（五根、五力、七觉支、八正道），未来必定辩才深达，普天之下，将无人能及。于是将法尽传给马鸣后启程回北印度了。

此后的马鸣仍留在中印度，继续遵师命如法修习，他本来智慧出众，开始深入钻研佛法，不久弘通大乘，才辩盖世，中印度摩揭陀国王对他则甚为礼遇与珍惜，视为国宝。

其时，北印度小月氏族崛起，月氏国王迦腻色迦建立健陀罗国贵霜王朝，征服四方，后兴兵入侵中印度摩揭陀国。摩揭陀国战败，以至求和须付出赔款亿金，作为撤兵条件。摩揭陀国王无力支付，迦腻色迦王于是对他说：你国中有一马鸣，献上来，可抵一亿金。

国王舍不得，但马鸣闻讯自愿赴北印度健陀罗国贵霜王朝，宣扬大乘佛法，旋即度化迦腻色迦王，受封为国师。

健陀罗国曾迭属于弥兰及大月氏，迦腻色迦王建都"布路沙布逻城"，即今阿富汗之喀布尔。马鸣到后，将深奥的佛理融入音乐、戏曲、诗歌等文艺作品中，王虽对马鸣甚为礼遇，但诸臣不服，议论说，天下比丘者多得是，用一亿金换他，太过分了。

大王深知马鸣的修为，为了解答众人的疑惑，一日，大王事先饿了七匹马，到了第六日，日出之时，集合众人请马鸣当众说法。大王令人牵此七匹饿马于众会前，在马前放置马儿最喜欢吃的浮流草来喂马，但是所有马儿竟然均垂泪听法，欢喜悲鸣，无念食想。于是众人乃知马鸣实非凡人。以马解其音故，此后遂号为马鸣菩萨。

马鸣菩萨度化迦腻色迦王之后，王机务余暇常常习读佛经。其时，以迦湿弥罗国（即今克什米尔）四周皆山，物产丰饶，王亲至此国，建立伽蓝，结集三藏。此次为佛法第四次结集，由马鸣师父胁长老主持，公推马鸣菩萨负责修订文句、法义，同时也将戒律以及尚未记录成文的经藏部分写成文字，删订已有的写本，并注释三藏经典。前后花了十二年，共撰集三藏各十万颂，总为三十万颂，称九百六十万言，凡百万偈，是《大毗婆沙论》。佛陀真正的教义，受到广泛的辨正，于是各部派间近百年的纷扰终告圆满结束。集结结束后，马鸣菩萨此世愿行所作皆完成后，世人不知菩萨所终。

马鸣菩萨现存的重要著作有：《大乘庄严经论》（十五卷，鸠摩罗什译），《大乘起信论》（真谛三藏译一卷；实叉难陀译二卷，共计两译）。此论之作的缘由乃佛入灭六百年中，小乘之人不信唯心，心外取法，多起诤论，外道邪执，破坏正法，故论主兴悲，特造此论。

《大乘起信论》说明一心、二门、三大、四信、五行，为大乘修行的阶次，"一心有二门：心生灭门，心真如门，还是一心，真妄和合。"这个论点我们在本书前面章节有所论述。《起信论》一向被认为是与达摩祖师赋予慧可禅师的孤本《楞伽经》有密切关联的。

《起信论》中引用的"一行三昧"是《楞伽经》和《文殊说般若经》的融合，至四祖道信时依据此融合，成立了"入道安心要方便"的禅门。可以说道信禅师秉承的《楞伽经》诸佛心第一是达摩祖师的传承系统，而《文殊说般若经》"一行三昧"是适应中国文化的新修法，这就是他东山法门的"念佛禅"。在道信禅师的悟境里，这两部经没有孰重孰轻，这个修法的更新对"中国禅"诞生的重要意义及法脉思想的连续性我们在后文还会继续展开。

马鸣菩萨直接影响了后世诞生于南印度国婆罗门家族的龙树菩萨，以及诞生于南天竺执师子国的婆罗门种姓的提婆菩萨，及至无著菩萨与世亲菩萨均受其影响。其后，护法菩萨于公元第六世纪之中叶出世，以摩揭陀为中心，弘宣世亲之教系。同时又有陈那、天主、清辩、智光等人，鼓扬龙树之教系，发挥佛法"因明"体系之精髓。

公元626年，玄奘法师于长安遇到马鸣菩萨所造《大乘庄严经论》的译者——来自中印度的波罗颇密多罗（那烂陀寺戒贤法师的弟子），以此因缘而坚定了西行求法之志。公元629年，玄奘法师西行，于是如来藏法脉东移，盛唐之世，佛法大兴于中国。

公元600年，印度塔米尔地方开始盛行圣典湿婆派，湿婆之妻伽梨女神Kali是印度教性力派崇奉的主神之一。尔后，印度佛教屡遭印度

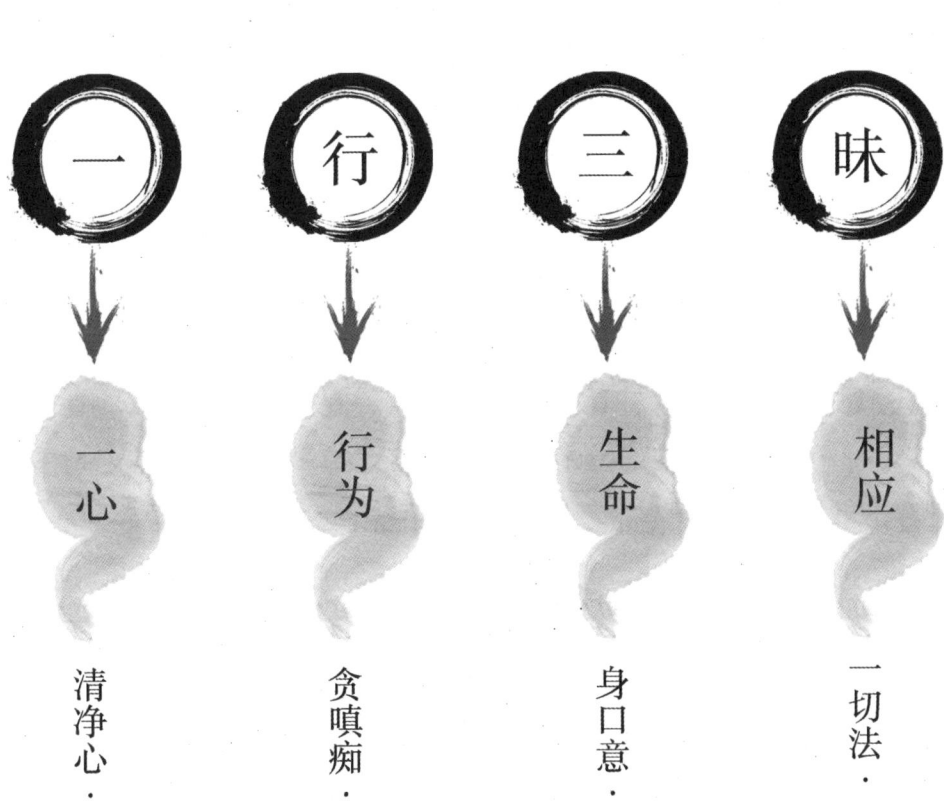

教所压制。至公元九、十世纪左右,回教侵入印度,佛教法脉在印度遂殆绝迹。玄奘法师适时远赴印度那烂陀寺求法。那烂陀寺不仅是当时全印度的佛教中心,而且也是全印度的文化中心。除了佛教经典外,还有许多天文、地理、医药、技艺等各方面的印度文化传承。

那烂陀寺的院主戒贤法师梦中得弥勒菩萨所示,知要将《瑜伽师地论》传付大唐来的高僧,界时戒贤法师已106岁了,众人不敢直呼其名,尊称他为"正法藏"("正法"就是佛法,"藏"的意思是包含万有;"正法藏"指通晓了佛教全部经典的人)。

那烂陀寺当时有四千多个和尚,寺中精通二十部经、律、论的有一千多人;精通三十部经、律、论的仅仅五百多人;而精通五十部经、律、论的,一共只有九名。精通五十部经、律、论的,才可称为"三藏法师"。

戒贤法师等来唐朝的玄奘三藏法师时,老泪纵横,当即为其开讲《瑜伽师地论》,玄奘法师回国后开中国"法相唯识"一脉,法相唯识法脉虽经几代传承后逐渐式微,但玄奘法师西行求法、译经的不朽贡献对后世影响实至深至远! 由玄奘法师开始,唐朝宫廷风气渐转,已由太宗皇帝所定道教为国教的形势,渐渐转化为佛、道并行,再后来,唐朝大部分时期以佛教为主流。

达摩禅在南北朝,不过是佛教的一个流派,而且是不太重要的一派。经二祖慧可、三祖僧璨二位祖师艰苦传承,终在四祖道信手里于世间始放光芒,二祖、三祖是楞伽师,修的是随缘而住,独来独往的头陀行,过着近于云水的修行生活,行踪不决所止,弟子们也难以摄受。

到了唐初,道信禅师到了双峰,改变了禅者楞伽师的独立修行传统,再经弘忍禅师五十年努力弘法,"达摩禅"一跃成为中国佛法修行界的主流。后过了不到一百年时间,惠能顿悟禅中大德辈出,时方有"天下凡言禅者,皆本曹溪"之说。"中国禅"自此在中国历史上呈现出了异样的光辉,属于"中国禅"的时代真正到来了。

传统的中国禅脉,一致公认达摩祖师为初祖,"中国禅"由达摩祖师带入中国,对待这个公认,笔者想从不同角度发表一下见解。是谁,为达摩东来带的这颗花种预备好了适合生长的土壤?"顿悟成佛"的思想在达摩祖师来之前便已有人提出,这个人是谁?请关注下一章"罗什一脉"。

第六章 罗什一脉

国之大宝

公元401年12月20日黄昏,一老一少二人风尘仆仆从北边赶来,跃马扬鞭一路狂奔来到长安城下。

渭河静静地横在前面,突然,老人拉住了马缰,下了马,独自一人往河边走去。少年接过缰绳,牵着两匹马默默走在他身后,不远处,依稀可见一队官兵不即不离地跟着他们。

冰封的河面无声无息地躺在一片白茫茫的雪中,黑白分明仿佛一幅水墨渲染的风景。冰雪沿着宽阔的河面从眼前延伸开去,两岸的胡杨树被河流分开,或散落、或密集地守着河的两岸,永生永世做着相聚的企望。

河边还有几棵灰色的小草在寒冬中极其坚韧地活着,昭示着天地间自有种顽强的生命力,就好像今天来到这渭河边,北望长安的三藏法师鸠摩罗什一样。

生命就像川流不息的河水,有平静有波浪,有冰封有消融。罗什顺着河岸抬头望去,深邃的眼睛仿佛能看到皇宫内今夜为他长明的灯光,和后秦王焦急等待的目光。

他又低下头,看着冰面上映现出来的自己无悲无喜的脸,他笑了笑,河面如投影一般回放着他五十八年的一生:

罗什七岁随母出家,初习小乘,无师自通妙谛。九岁拜高僧盘头达多为师,师父赞赏他神慧俊才。十二岁,他在疏勒国首次登坛讲经,少年得志,春风得意。于此他遇到莎车国王子苏摩,两人相见恨晚,罗什拜服苏摩才智绝伦远胜于己,于是弃小乘从大乘,依止苏摩参学大乘中观般若空性妙法。

不久,他归故国龟兹,在原属小乘地域的龟兹国,广开大乘法筵。龟兹王为他建造金狮子座,上面铺着锦绣坐褥,每次升座讲法,西域诸王都云集来听,并长跪拜伏在法座前,请他踏着国王们的背登上法座讲经,以示尊荣。

二十岁,他受具足戒,成为西域最精通经、律、论的三藏法师。

没想到的是,公元382年,前秦王苻坚深明贤哲乃国之大宝,听闻他深解法相,善明阴阳,是后学的宗师,苻坚日思夜想得到罗什辅国,他派骁骑将军吕光带兵十万攻打龟兹,誓要得到罗什。

遇到十万秦军是龟兹的灾难,而遇到武夫吕光则是罗什坎坷人生的开始。吕光不信佛法,不尊圣者,灭了龟兹后强行把他跟表妹一起关在密室,强迫他饮酒,又在酒中下春药,他在密室几次想入灭圆寂,但心中有未了的大愿,被关数月,他终于被迫破戒。

龟兹被吕光灭了,但发兵攻打龟兹的前秦也在淝水之战中一战而亡。无国可归的吕光移兵姑臧自立为王,罗什法师被吕光带在身边当个巫师一样呼来喝去。但是为了有一天可以来东土弘法,法师委曲求全十六年,这期间罗什在姑臧潜心学习汉语,为入长安传法做足准备。

公元385年,姚兴即位后秦,横扫前秦、西秦、后凉,雄霸北方,国势大增。姚兴推崇儒学和佛法,后秦在他手里逐步发展成为十六国中经济和文化最发达的国家。公元401年5月,姚兴发兵姑臧,点名要鸠摩罗什,姑臧守军抵抗了四个多月后投降,10月罗什带着弟子僧肇动身奔赴长安。

渭河的黄昏,金色的阳光照得河面一片金黄,空气寒冷,天空幽蓝,罗什深吸了一口气,当他回过头看到心爱的弟子僧肇牵着马一语不发地站在不远处等着他时,他的表情中充满了关爱。

东汉末年,佛法始传中国。这期间西域、印度、中国本土的不少大善知识,不畏艰险,远渡重洋,舍身求法,他们除了需要抵御路途遥远,还要克服语言的障碍,千辛万苦觅得的经书,有些在途中丢失,失去完整性,还有些因为翻译不准确,令人费解。故此,将正法传入中土的圣者们,不但要有百折不挠的大愿力,还需要融汇贯通几国文化、语言,具有对经文的深刻理解和如何融入当地文化的大智慧。

此时的中国,儒家、道家已经成熟,有些人为了更好地给大家解释佛法,就运用"格义"法来解释佛法和佛经内容。"格义"其实是两种文化初遇时互相理解的一个必然过程。就像一个人初学外国语时,必然习惯先把一句外国话对应地翻译成一句本国话,然后才能理解它一样。来自于印度的深奥佛理,曲折传到中国,也经历了类似的过程。

所以当时的中国大德们讲佛法、佛经,通常用道家、儒家常用的术语来解释,以今释古、以古释今、以中释佛、以佛释中。这些作法虽然让一部分人接受了佛法、佛理,但其中对佛法、佛理有相当程度的曲解,这种现象一直到鸠摩罗什入长安翻译诸经之后,新译的经文精审畅达,前无古人,为译事之绝诣。于此,那些对佛法、佛理"格义"者始知新义非如旧时解释得模棱两可,含混不清,牵强附会,罗什带来的全新般若"色空"诸说逐渐盛行。直到罗什弟子僧肇、道生提出"终日道法、终日凡夫"、"顿悟成佛"等佛法新意,迈出了佛法中国化的第一大步。

僧肇、道生都是罗什法师杰出的弟子,道生法师先师从庐山慧远,待罗什法师入长安后,转投罗什门下,他以解慧著称,僧肇以解空著称,二人私交甚密。自罗什法师处得法后,道生法师依据他自己的修证经验,提出"顿悟"便可成佛及众生皆有佛性。他认为修行的入手,固然可有三种等级之分,可是当修者亲证到本然自性时,其所体验到的自性,与佛在菩提树下所体验的,乃是完全相同的。于是道生法师提出了修者可渐次精进而到豁然大悟,那就会"绘累尽矣",此说虽与惠能禅师的大顿悟有区别,但与禅的"参学事毕"的说法颇为类似。

可惜的是这些观点被当时的众僧认为是邪说。当时《涅槃经》只有部分译出,在前部分佛经中明确说明除断绝一切善根的人外皆有佛性,换言之断绝一切善根的恶人是不能成佛的。唯有道生认为人皆得成佛,这一论点招致当时僧人们的激烈反对,被认为是邪说,遂即将道生摈出僧团。

据《佛祖统纪》卷二十六、三十六记载,道生法师被逐后,入吴中(今苏州)虎丘山,他在山中聚石为徒,为石头说法。有一次讲《涅槃经》,当说到人人有佛性,群石皆为点头。过了几年昙无谶法师译出的全本《涅槃经》,经中果然讲到人人有佛性,皆可成佛,证明道生法师当时说的正确,众人这才佩服他的卓越见识。当年驱逐他的人们感到罪孽深重,纷纷出外寻找,当他们在虎丘山找到道生的时候,正见道生法师对顽石讲法,顽石频频点头。于是"生公说法顽石点头"的说法便不胫而走。

此时距离达摩祖师来中国,尚早了一百年。距离六祖惠能公元676年开始弘法尚早了二百多年。

惠能禅师当年离开隐身了十五年的猎人队伍,到达广州的法性寺,正好遇到印宗法师在讲《涅槃经》。当时突有风吹动悬幡,一位出家人说,这是风动,另一个出家人说,这是幡动,两个人争论不休。惠能禅师走上前面,向他们说:"不是风动,也不是幡动,是仁者心动啊。"

印宗法师听了无比惊奇,立即将禅师请到上席,并求教佛法大义。禅师言词简单,义理确当,并不像是其他法师一样引经据典,他的智慧不从文字中来。

印宗法师于是问:"行者一定不是常人。久闻黄梅五祖的衣法南来,莫非就是行者吗?"

禅师说:"不敢。"

印宗法师于是大喜,立即执弟子礼,宣布这桩事情,并请惠能禅师将祖传衣钵拿出来给大家看。接着又问道:"黄梅五祖付嘱衣法时,有何指授?"

说:"指授是没有的,只论见性,不论禅定解脱。"

问:"为何不论禅定解脱?"

答:"因为禅定解脱是二法,不是佛法。佛法是不二之法。"

又问:"什么是不二之法?"

答:"法师刚才讲《涅槃经》,如《涅槃经》高贵德王菩萨对佛说:犯四重禁、作五逆罪,及一阐提等,应当断善根佛性吗?佛说:善根有两种,一者常,二者无常,佛性不是常,亦不是无常,是故说为不断,这就是不二之法。一者善,二者不善,佛性非善非不善,因此名为不二之法。五蕴与十八界,凡夫见之以为二,有智慧的人通达事理,知道其性本来不二,无二无别之性就是佛性。"

"犯四重禁"就是杀生、偷盗、淫欲、大妄语。"五逆罪"是杀父、杀母、杀阿罗汉、恶意出佛身血、破和合僧。"一阐提"的意思是不信佛法、不信因果、不信业报、没有惭愧心，这样的人，诸佛菩萨都无法帮助他。但是《涅槃经》里，高贵德王菩萨问佛：如果犯这些四种根本大戒、毁谤大乘经论、造五种大逆不道的罪恶、又不信佛法的人，这些人要是还有佛性的话，为何还要堕地狱？这些人要是还有佛性的话，佛为何又说无常乐我净？没有善根的人叫"一阐提"，没有善根的人，他的佛性何以不断？佛性要是断了，为何又说有常乐我净？如其不断，为何又称他为"一阐提"？佛陀对于这一连串的问题，以"佛性非内非外、佛性非有漏非无漏、佛性非常非无常，是故不断"来解答。

这也就是人人皆有佛性，是后来"中国禅"倡导的"放下屠刀立地成佛"之义。佛性、法性、罪性都无自性，不在内、外、中间，无落处。智者如果顿除妄念，明了事理，通达真相，于一切法不起有无分别妄念，无心无念，则五蕴十八界皆空，蕴之与界，也无二无别。

道生法师提出的"顿悟"便可成佛及众生皆有佛性之说，在当时可谓意义深远。在道生之前，研究老、庄的专家支遁法师，他曾经用老、庄的思想来格义佛法的般若空义，他有七住位上顿悟之说。另道安法师也有渐修顿悟之说，但是均未达到惠能禅师"大顿悟"的说法。不过这对道生来说，应当具有启示作用。可以说，此时佛教的思想在本土儒、道的融合下向前推进了一大步。

而最受罗什法师关注的弟子，就是现在在身后默默牵马、解空第一的僧肇。他不满十二岁时已是名动大江南北的玄学神童，曾有人千里负粮前来与他辩论，不过他才思幽玄，应机挫锐，毫不流滞，小小年纪名震京兆。别人羡慕他辩才无碍，唯有他自己心里明白，老、庄之道虽然奥妙，却不能最终引导人趋于精神解脱之境，而常常自感不足。及至后来，他在抄支谦法师所译《维摩诘经》时,始知众理之妙源在此,故而发愿出家。

出家后的僧肇很快通达了当时的所有经书,心中产生了对佛法的正信,但他知道这还远远不够,自己的许多理解似是而非,他需要寻找明师引路,但当世还有谁有资格传授、教诲天下已几无对手的僧肇?僧肇心里很清楚,唯有罗什方可为僧肇一生的师父。

公元400年,出家四年的僧肇毅然决然收拾行囊,千里单骑,经过几个月的奔波,终于入后凉国拜罗什为师。这一年,他十六岁,罗什五十七岁,自此师徒二人再也没有分开过。

时间如同流水一样,朝代更替变迁,渭河也曾断流。僧肇去年刚刚离开长安,可当他现在陪伴师父再次来到这里,河还是曾经的河,水已非过去的水,他僧肇自己呢?还是去年只身投师的僧肇吗?或许是,又或许不是。僧肇想,他会和这河水一样,是宇宙河流里延伸出的一脉细流,最终同归于寂。

听过鸠摩罗什法师大名的人,都知道法师是个杰出的翻译家,是的,法师从公元401年入长安至公元413年灭寂,十二年中,他在弟子的帮助下共译经74部384卷。其译文圆通流畅,典雅质朴,由此纠正了四百年来他人"格义"译经之局限,成为后世流传最广的佛教经典。

一提起佛经翻译,许多人会第一个想到名震海内的玄奘三藏法师,不过笔者本不想比较二位法师的成就,但老听有人对两位法师的成就有所误解,因此在此发表一下个人观点。

这二人啊,都是举世无双的三藏大法师、大圣哲,令人无法想象的是,罗什法师的中文比当时绝大多数中国文人都好,而且他的佛经存于心间,翻译时得意忘言,出口成章,文字精妙绝伦。而玄奘法师的梵语也是海内独步,比一般印度人都好,法师的翻译忠实原文,无论中文、梵文的转换几乎一字不差。毫无疑问这两位大法师都是中国佛教史上最伟大的译经家、文学家。

中国的佛教翻译始于东汉末年至西晋时期,汉哀帝元寿元年,博士弟子景庐受大月氏王使伊存口授《浮屠经》(另一说是《四十二章经》)。其后有安息太子安世高来中国,译出了小乘佛教的基本教义与修行方法。再有支谶(支娄迦谶)译《般若道行经》,此为大乘佛教经典。汉末译经由于没有官方支持,仅受早期信徒资助,社会环境不够合适,故而影响相对不大。

三国时期译经开始发展,有朱士行的《放光般若经》,支谶再传弟子支谦改译支谶的《首楞严三昧经》,但此时期的译者多为外籍僧人和华籍胡裔僧人,以汉族文人僧徒为辅助力量,古印度佛经无写本,是师徒口耳相传(传言、度语和笔受),在译经过程中格义佛经,比附儒、道和玄学,因此佛经内容有时会令人误解。

东晋时期道安法师总结汉以来流行的禅法与般若二系学说,而鸠摩罗什入长安后,第一次将印度佛学以本来面目译介过来,此时的翻译已由民间私译转入官译。至唐朝的佛经翻译是佛教中国化的全盛时期,玄奘法师译经十九年,佛经翻译数量无人能及。

从译经数量上来说,罗什法师的译经总数有两个说法,依《出三藏记集》卷二载,有35部,297卷;据《开元录》卷四载,有74部,384卷。而玄奘法师译经总量在75部,1335卷。数量上玄奘法师比罗什法师要多,这跟玄奘法师带回来的佛经数量有关,法师带回国的经典约357部,而罗什法师只身入长安,带来的是他个人对大乘佛法的非凡领悟。

在译经史上，罗什和玄奘两位法师的翻译风格也是有很大区别的。罗什法师重意，得意忘言，得意忘象，得意忘想，文笔精妙，达佛意而雅致，其所译经文文笔之华美，尤其是《金刚经》《维摩诘经》等经典，可与《庄子》的文学性媲美，中国读者易读易懂，朗朗上口，文笔令人如痴如醉。这是法师结合中国文化的特点而量身定制的翻译方法，这实际是对原典进行的再创作，其翻译的作品是否达意取决于翻译者自身对佛法的理解水准。而通常有如此水准的大法师，谁又愿意仅仅只翻译、不自创作？因此，除了罗什法师，还有谁敢这么翻译？能这么翻译？肯这么翻译？会这么翻译？

玄奘法师翻译的原则和罗什法师不同，他尊重原典，逐字翻译。以严复先生说的翻译需要"信、雅、达"三个标准来说，罗什法师重在"雅、达"，而玄奘法师则重"信"。平心而论，很难说谁翻译得好或者不好，不过事实是，一千多年过去了，目前佛学院及各宗派传承的经典大部分还在使用罗什法师翻译的版本。而在中国民间最流行的两部佛经，一部《金刚经》出自罗什法师，一部《心经》则出自玄奘法师。二位三藏法师均是无与伦比、独步天下的大才子、大文豪、大和尚，其翻译风格一位灵动，一位稳健，如车之两轮、鸟之双翼，一阴一阳相得益彰。有此两位大法师的译文，中国的佛弟子们得以打开视野、心胸，一窥佛海无量，此为我辈之福。如偏于一隅，执于一境，佛法的传递必然没有现在这般游刃有余。因此笔者认为两位法师没有谁高谁低，在当时的环境下两位法师都选择了最合适的以及和自己最相应的翻译原则与方法。

玄奘法师除了翻译佛经外，由于他在印度系统学习了《瑜伽师地论》,他回国后创立了法相唯识宗,弘扬无著、世亲二位菩萨的唯识学派。不过,法相唯识一脉由于义理过于复杂,曲高和寡,这适合印度人习惯的哲学体系不太容易被国人接受,两代后渐衰。不过玄奘法师带回来的法相唯识学至今依然存在。

法师还和弟子辩机法师一起整理完成了《大唐西域记》一书,此书现在被中亚印度学者视为照亮这个地区历史的明灯,古印度原来没有记录历史的习惯,所以无论是谁想研究唐代这个地区的历史和文化,都绕不开《大唐西域记》。

佛法进入中国后,对中国文化的影响至深至远,开始时佛法借用了本土的一些名词格义佛经,喜欢用道家、儒家和玄学的概念和名词去套佛经,造成了不少对佛法的误读,好些名词是几家共用,但内涵有所不同,差之毫厘,失之千里。直到罗什法师入长安才完全摒弃了格义的做法,费尽心思创立了许多佛法专有名词,例如觉悟、因缘、果报、解脱、悟道等等,沿用至今。罗什法师的出现避免了佛法和中国本土玄学由于共用名词给学者带来的混淆,这一点上法师实在太了不起,此举对整个中国的文学都有巨大影响。

罗什法师不仅创造了许多优美的汉文词汇,他转译佛经重视保持佛经原来的语趣,重视唱诵法言,他不仅通晓梵、汉语言,还了解当时双方文体的奥妙,在翻译过程中他从胡文转译的梵文拼音跟汉字读音的对比中通悟了拼音原理,于是用双声叠韵法来分析汉字字音,由此发明了"反切",开创了中国文字音韵字母拼音"反切法"的先河,对汉语的发展起到了深远的影响。《鸠摩罗什法师通韵》是现存最早双声叠韵的汉语文献,对汉语四声之发明及北传产生了深远影响。

综合来说，罗什法师在长安译经讲道使佛法在中国生根，是中国文化中具有划时代意义的一件历史大事。他不仅纠正了前人对佛法理解中文义舛杂的弊病，还对中国佛学宗派的形成，佛教在中国生根发芽，"中国禅"的出生，以及整个东亚文化的流变起到了重要的影响。

禅的胎动时期

鸠摩罗什是杰出的翻译家，这点毋庸置疑，但有些读者不理解的是：禅强调不立文字，不是重事实而不重语言、文字的吗？那么翻译佛经的翻译家和禅有什么直接关系呢？另外大家不是都认为禅的初祖是菩提达摩吗？禅和鸠摩罗什法师又有什么关系呢？达摩祖师以前中国的禅法又是什么情况呢？笔者尝试将鸠摩罗什法师和"中国禅"之间的传承关系解读一下。

所谓"中国禅"，首先是依据佛陀的根本精神，融合了龙树三论的般若空性智慧，结合《涅槃经》中常、乐、我、净的妙有思想，形成了独特的空、有不二的修证体系。

般若空性和涅槃妙有是"中国禅"的鸟之双翼，最能体现般若空性特色的是罗什法师译出的《金刚经》，它破除外相、破除非相，乃至无我相、人相、众生相、寿者相，臻于无住生心的境界。禅门在传灯接棒之时，以之作为无上法宝。惠能因听诵《金刚经》而出家求法，后来得五祖亲授《金刚经》要旨而豁然见性，可见以般若空性为主的中观思想对"中国禅"的影响。

但是,般若类经典讲空固然能使人生起对俗界的厌弃,却难免使人生的追求与期望无所栖泊,而生起茫然失落之感。因此在"色即是空"的后面,还必须下一转语,这就是罗什法师的思想核心:空、有不二,即"空即是色"。而《涅槃经》是侧重于妙有的经典,从大乘佛法的发展看,《涅槃经》出现在般若、法华、华严等大品类经之后,也就是说,"空"的思想出现在前,"有"的思想出现在后,从真空到妙有是大乘佛法发展的两个阶段。

除此之外,"中国禅"又适应了中国本土儒、道两家的若干成分,形成了广受中国人欢迎的本土"中国禅"。

初期的中国佛教,与来自西域或印度本土的佛教,从教义上虽没有什么不同之处,但由于中国人的思维中,把这些高僧当作道家的神仙看待,佛法和禅观仿佛是印度传来的另一种修炼长生不老之法。当时"禅"的含义和"中国禅"的"禅"不同,初期主要集中在"禅定"上,当时将"禅"翻译成"禅那"、"静虑"、"思维修"。

修习"禅定"是佛教各派修行的共同修法,禅定是大乘、小乘、密乘修炼的共法,对密乘修者而言,气、脉、明点,极为重要,这是继承了印度瑜伽的特点,他们修禅定时利用打坐或观想的修法,达到气脉畅通,这是内、外道的共同现象。所谓明点,和道家所说的还精补血、还精补脑有类似之处,修者自觉精力充沛而能气定神闲、头脑灵敏、身心舒畅。"中国禅"的禅者,虽不蓄意、着重去修炼这些,但时常也会有类似的现象发生。

早期传来中国的佛法以小乘为主重视禅定,诸如即身成佛、羽化登仙之类,大多是以肉体的转化为修炼的目标。可是从"中国禅"的根本观点而言,色身是五蕴假合而成的幻法,所以这些称为"有为法"、

"无常法"、"生灭法",是必须从中解脱的;禅者知道禅定会使人获得多方面的受益,仅仅坐禅便可以有益于身体的健康,而止观修法更能令人的情绪获得安宁。禅定的初步效果,就是令气血充盈、阴阳平衡与情绪稳定。但禅者明白若执著在无常的身体里修行,那仍在生死流转当中不可解脱。纵然史书中记载佛、道两家修者均有活到七八百岁,甚至千岁的神仙,但那又怎么样?终究不免一死。所以,"中国禅"不否定气血、气脉、明点、经络、坐禅的作用,也不特别着眼于这些神通功夫,因为禅的重心不在这里。

梁《高僧传》中,记载有21位僧侣是修习禅定和禅观的禅师,不过,这并不表示习禅的禅师太少,而是说明把习禅作为个人修炼方法而兼弘扬教义和翻译经典的禅师并不多。到了唐道宣律师所著的《续高僧传》中,禅师的人数增加到了119人。

这是为什么呢?因为两部《高僧传》对于禅师的判别标准不同。前者认为的禅师是和印度佛教的修苦行头陀行相同、隐于山谷林间、与虎狼毒蛇为伍、有神通摈除鬼魅、役使野兽的人。可是到了隋唐之际,道宣律师将天台宗的慧思、智者大师、灌顶祖孙三位开山宗师,一并收入禅师之列。此时的标准是除了对于教义的研究与发扬之外,在禅定的修行与弘扬上具有大贡献者。

这时期,"中国禅"尚在孕育中,四祖道信初立东山法门,后世真正将习禅定的禅者,从禅定、观想、念佛的修法中转化,以"无念、无相、无住"一行三昧为核心的,是惠能禅师,所以称惠能禅师为"中国禅"的创始人。

而正式将禅者组织化立出一个宗派,是惠能的法孙马祖道一、石头希迁,最后由他们各自的传人在唐末五代时再次分出五家七宗,禅风各异,史学家、其他宗派对这些禅门团体,始称"禅宗"。

"中国禅"的禅者是既能摆脱宗教形式的束缚,又能过着精进朴实、自力谋生修行生活的人。禅者既不受宗教理论的限制,又不废弃经、教的活泼运用,智信而不迷信,禅也有许多的教典,不断地反复阐明佛陀的根本精神。不过,究竟的法性、佛性,或自性,绝非以言语文字所能表达,也绝不能经由语文结构、逻辑分析而成的经典中所能见到,所谓"向上一路",就必须亲自体验或印证。因此,禅者未见性时,会把经典中的理论称为"葛藤络束",是禅悟的一道障碍。

禅不依赖文字,也并非一定要弃绝经典,达摩祖师开示二祖慧可,是用《楞伽经》来印心;到了五祖弘忍大和尚时辅以《金刚经》;六祖惠能禅师在《金刚经》基础上,极其重视《维摩诘经》,唐末宋初"中国禅"兼重《圆觉经》、《楞严经》、《大乘起信论》。中国禅师的传世之作,首推《六祖坛经》,再次三祖僧璨禅师的《信心铭》、大珠慧海禅师的《顿悟入道要门论》、黄檗希运禅师的《传心法要》,以及《五灯会元》、《指月录》、《临济录》、《碧岩录》等等。

印度初传到中国的初期禅法,是主张渐修和渐悟的,由于修者的功力强弱、修行时间有长短,所悟的境界必然也有深浅的不同,故有小乘的声闻、缘觉,和大乘的菩萨等三乘的分别,这与印度佛教所持的态度是一样的。由惠能禅师开始,以"顿悟禅"为主的中国本土化禅法开始创立,除此之外还有天台、净土、华严等宗派也是中国化的佛教。至马祖道一及弟子百丈创立农禅的生活方式时,被守旧的佛教徒骂为破戒比丘,但这些正代表了佛法中国化的特色。

"中国禅"由此超越了印度佛教的陈规戒律,在中国这片土地上焕发新生,至此佛法的中国化才算真正圆满成熟。自佛法初传,到对教义的融合领会,生活方式的大胆改革,这中间经过了约四百年的时间,在这期间经过诸位高僧、大德、善知识的共同努力,而最后的集大成者,即是"中国禅"。

佛陀在世时,和弟子们在修行、弘法中也曾借助神通之力而度化众生,成就佛道。佛法传入中国的早期,神通随着印度与西域来华传法的高僧们带到中国北方,中国人感觉他们就是道家的神仙一样,他们一度依靠神通之力扩大了佛法在中国的影响。魏晋南北朝时期,北方盛行修禅习定,通过修禅定获取神通。被道宣律师列入《续高僧传》的天台宗慧思祖师在北方生活、成长,深受当时北方习禅定修行的影响,他一生的弘法过程中,多次为弘扬正法显现神通力,他的经历和达摩祖师一样,曾多次遭受恶比丘毒害,但都借助神通力而得以免死,他自言"怨嫉鸩毒,毒所不伤;异道兴谋,谋不为害"。

鸠摩罗什法师入长安以前,各位高僧来中国传法,曾受到本土儒、道两家人士的强烈排斥,为了说服这些人士和一般信徒,西域来的高僧往往以神通和医术、工技来弘法,当时佛、道两家高人显神通斗法的资料在史书中遍处可寻。这些高僧们普遍鼓励佛弟子修习"禅定"。当时佛教的教义被格义化,加之玄学清谈盛行,佛法和佛理在被误解的有害学术风气影响之下开始枯萎,于是高僧们采用了大家普遍乐意接受的神通以其挽救佛法、佛理被曲解的危机。

在西方学者看来,禅或者禅定属于神秘主义的一种,无论显不显示出来什么特异功能,凡无法用科学论证和解释分析的,都会被归纳为非科学性的神秘现象。但西方的神秘主义认为是有一个客观存在的超越者，有一个或多个神灵存在，抑或是宇宙的超自然神秘现象，而禅的实修实践方法和西方的那些神秘主义完全不同。德国的神秘主义则意图在自己的生命和生活中去遇见无所不在的神，不少人会误解佛法、禅法中说的佛无所不在的思想和此论相似，其实这种神秘主义观点是"泛神论"，不是"中国禅"。

神秘尽管经常受到误解和贬抑，它却无可置疑地是一切宗教的核心；宗教信仰中的活力、庄严与稳定都是来自于神秘。没有它，则教义中的死后灵魂无以归属，宗教也就无别于世间道德规范。神秘有两种：一种是无可言说的境界，这种神秘是以个人为主体的体验，纯属私密的东西不应用来对外宣传，个人也不可执著于此。

唐善静禅师，长安人。南游乐普山，参见元安禅师后了悟本然，住持永安禅院。禅师会在洗澡时，身上洗出舍利子，他赶紧藏起来，不让徒弟们把舍利子给人看或告示别人。又有一次，他在坐禅时，庭院里飞来了几只白鹤，温驯地在那里，禅师命人把它们赶走，很多这类神奇灵异的事，禅师都秘而不宣。

弟子们不解，禅师说："古人身上如有神奇灵异的事，不告诉别人，以防后人偏求神通而不务正解；今人没有神奇灵异却伪称有其事，用来蛊惑大家以获名利，这两种心术实有天壤之别啊！圣贤愈修行愈趋圣贤完善的境界，愚痴的人愈修行愈走向堕落的深坑。"

禅师所讲的就是这另一种人为制造的神秘气氛或神奇现象，人为依附于某些工具、手段、技术、场地、情景来迷惑人的，这就是迷信。因此，不论何时，当宗教和信仰变得因循苟且，失去了其原始生命力时，神秘化现象必然被重视，以用来拯救某些需要。

"中国禅"一直忽视或摒弃一切神秘现象,摒弃任何权威,因为害怕执著在这些名相背后的附加值,禅的最终权威是在自心之内,而不是在自心之外。为了指月,需要手指,但若把手指当成了月亮,则必然会堕入无明。如果依赖神秘主义,依赖权威庄严,依赖仪式法事,依赖灌顶加持,依赖语言文字,这一切的依赖都会失去"禅"者的灵活、智慧、自由和真义。禅要面对的是具体的生活事实,而不是一切教条和神秘现象。禅者不在意是否真有什么神通现象存在,即使存在也是"迹",不是"本",只有慈悲、不二等大乘菩萨精神,才是根本真理,是不可思议之本。

要说清楚鸠摩罗什来中国传法时的情况,有些人我们还是绕不过去,佛图澄和他的弟子道安以及道安的弟子慧远这祖孙三位重要人物便是如此。

高僧佛图澄是西域人,他少年时曾两次到罽宾(现克什米尔一带)拜师求法。晋怀帝永嘉四年(公元310年),七十九岁高龄的佛图澄来到洛阳,隐居了解中国四年后,八十三岁时他进入世间弘法,一直到他一百一十七岁圆寂,这34年时间,他悯念众生,也曾显现神通征服后赵王石勒,借助王室的力量帮助弘扬佛法,使佛教首次成为国教。

根据文献记载,他左乳旁有一个四五寸大的孔,直通腹内,有时肠子从孔中流出,就用絮将孔塞住。夜里读书,只要一拔絮,整个屋子都照得通明。每到斋戒日,他须去河边引水洗肠,然后再纳入腹内。

佛法虽在汉明帝时就传入中国,但当时对中国的影响并不大。佛图澄到洛阳时,正值天下大乱,生灵涂炭,佛图澄目睹此情此景,毅然放弃安逸的隐居生活,拜见正当权的石勒。石勒当时还未成立后赵国,也不信佛法,一见深眼高鼻、银须满面、说不清多大岁数的神仙模

不可思议

心烦意乱时 —— 忍辱精进 是不可思议

见佛、菩萨时 —— 无分别心 是不可思议

禅者修行时

受到各种干扰时 —— 如如不动 是不可思议

神通显现时 —— 不为境迷 是不可思议

样的人,先就吃了一惊,礼貌地问:"老法师,佛法有什么好?究竟有何灵验?"

佛图澄说:"佛法太深奥了,一时讲不完,我先给您看样东西。"说完向一边侍卫要了把刀,轻轻松松地挖出了自己的心,挖心时,他身边瓦钵里的清水长出了一朵纯净的白莲花。当佛图澄面不改色地把这还在噗噗跳动的心双手捧给石勒时,石勒大惊失色,哪里敢接?当即拜服。佛图澄就趁机给他讲了一番不能滥杀无辜的道理。石勒果然就听进去了,少杀了不少人。

九十四岁时,佛图澄在邺城初遇二十几岁的道安,一老一少结为忘年之交竟日畅谈,谈毕,道安当场拜师。当时佛图澄已经有很多出名的弟子了,例如法雅、法和、法汰等都是独步当代的大法师。但他却当众称赞道安说:"此人远识,非尔俦也。"俦,同辈的意思。

佛图澄和鸠摩罗什一样,手头没有一本经书,几百万言的经书一字不差全在脑子里。道安跟随师父十几年学法,禅定修为也极为了得,佛图澄点亮了道安的心灯和慧命。

佛图澄圆寂一年后,后赵就乱了。道安居无定所,浮萍一样漂来漂去,这年道安三十五岁。其时有兄弟二人,均是有名的才子,精通六经,尤擅老、庄。听说道安法师大名,二人过来拜见,正值道安讲《般若经》,二人听后赞赏无及,当场拜师,这二位便是著名的净土宗始祖慧远及弟弟慧持。慧远法师开悟后有句名言:"儒道九流,皆糠秕耳。"这句话对当时社会的震撼可想而知。

升平元年,道安回到了邺城,期间鲜卑人灭了冉魏,迁都邺城,称霸河北、山西,史称前燕。整个北方分裂成四个国家,到处是血雨腥风。道安率弟子们为躲避战乱四下奔走。后来前秦王苻坚知道道安法师大名后,对身边人说:听说有个高僧叫道安,是个非凡的人物,我想让他辅佐朕。

公元379年,道安法师六十五岁,他当时正住在襄阳,没想到苻坚派苻丕率兵十万打来了,势头很猛,号称要襄阳守军献出道安方可罢兵。中国历史上为高僧而起的战争有三次,两次是苻坚发起的,这一次为了抢道安,第二次是公元383年他发起的龟兹之战,为了抢罗什法师。最后一次是后秦王姚兴兵伐姑臧,迎请到罗什法师入长安。

经过了一年多的围攻,襄阳破了,道安遣散了弟子们,慧远起初不愿走,但道安坚持让他们兄弟离开,万般无奈慧远带领弟子数十人,南下荆州,后到庐山住了下来,建东林寺,后来他成为净土宗的初祖。至于慧持法师在峨眉山千年入定的经历,笔者在《禅》一书中有专文描述,这里不再重复。

实相禅心

前文我们讲了罗什法师对汉传大乘佛法及汉文化的贡献,讲了他的译经数量,这一节我们讲讲他的法之本。

法师入长安后首先主导译有《中论》、《百论》、《十二门论》,这是龙树菩萨最重要的"中观三论"。法师圆寂后,弟子僧肇将三论弘扬于南方,经僧朗、僧诠、法朗,至隋代吉藏法师而集"三论宗"之大成。因此,鸠摩罗什被尊为"三论宗"初祖,三论后来又加上了龙树菩萨的《大智度论》，成为四论宗派。

另外他翻译的《法华经》是天台宗的绪端，天台宗依止《法华经》为立教的根本经典；《成实论》为成实宗的根本要典；《阿弥陀经》、《十住毗婆沙论》为净土宗的依据；《弥勒成佛经》促成中国弥勒信仰的发展；《坐禅三昧经》促进菩萨禅的盛行；《梵网经》使我国能广传大乘戒法；《十诵律》是研究律学的重要典籍。

从罗什法师所翻译的经典而言，可知他致力弘扬的，主要是依般若中观类而建立的龙树一系的大乘中观空性思想。但为什么法师们会顺带翻译一些小乘经典呢？因为思想需要落地，依靠小乘禅观修习禅定是实修佛法的基础，其中"不净"、"数息"两大甘露法门是佛陀当年亲传，不过当时的禅观经典都还是在四禅八定范围内。

龙树菩萨的大乘佛学，特别是《中论》卷首所提倡的"不生不灭，不常不断，不一不异，不出不入"的"八不中道"思想是罗什法师传法的核心。大乘中观空性思想主张宇宙万法皆由因缘聚散和合而有生灭等现象发生，实则无生无灭。如谓有生或有灭，则偏颇一边；离此二边而说不生不灭，则为"中道"。

一切诸法，尽为因缘所生，因缘所生之法本无自性而空寂无相，观此空寂无相之理即为空观。小乘佛教修习我空观；而大乘佛教修习我、法二空观。

弘始八年，即公元406年，罗什法师在长安大寺翻译并罕见地亲自注译了《维摩诘经》，法师空、有不二的中道智慧在经中全然体现，而弟子僧肇继师父的注解《维摩》，也写了《注维摩》。僧肇是将罗什空、有不二思想真正继承的人，可惜他英年早逝，在师父圆寂后第二年，即随师而去。他留下的主要著作只有《注维摩》与四篇论述,后人把四篇论述即《般若无知论》、《物不迁论》、《不真空论》与《涅槃无名论》合成《肇论》,对后世影响至远。

《维摩诘经》的根本在于"不二"智慧,罗什法师认为"上已说有,故今明空门也",他认为《维摩诘经》的品序用有、空二门的交替来诠释不二中道的智慧,例如第六品(不思议品)是"有门",第七品(观众生品)是"空门"。法师又说"前品说有,故次说空门",第八品(佛道品)是有门,第九品(入不二法门品)是空门。

我们翻阅经典发现,第六品(不思议品)记述维摩大士通过示现神通,如借座灯王等行为宣扬大乘佛法的不可思议境界,这种境界所表现的内在真正含义是大小不二、身物不二、往来不二、延促不二、动静不二、一多不二等"不二"境界。

《维摩诘经》的另外一个名称《不可思议解脱经》即来源于维摩诘大居士示现的神通妙用。罗什法师认为,这些神通现象都是外相,所以是"有门"。而第七品(观众生品),首先叙说观众生如幻,如水中月、镜中相、空中云等,需离众生相,证得"人空"。接着继续说明行寂灭慈、无诤慈、不二慈等,不著法相,继而证得"法空"。用"一切诸法是解脱相"来破除"执著于文字"的分别相,体现三乘(声闻、缘觉、菩萨)平等的不二中道,这是罗什法师说的"空门",也是不思议之本。

"空性"为物质、精神的本体,不依人的意志为转移,又称为"当体空"。大乘空宗的最根本的特征即"毕竟空",一切现象从其本质来说是"空"的,不需要依赖外在根据与分析,这个"空"不是通过论证可以证得出来的。龙树菩萨的《中论》里对"空"的解释为:"众因缘生法,我说即是空,亦为是假名,亦是中道义。未曾有一法,不从因缘生,是故一切法,无不是空者。"

空观是空、有不二的中道,千万不要误解"空"是没有,"空"好像天空一样,日月星辰无不闪烁其间,"空"心中,山河大地历历在目,房间不空怎么住人?但房间空,不意味着房间里无物,没有空气怎么呼吸?所以空不是没有,是真空生妙有!罗什法师对空、有不二的理解是:"佛法有两种:一者为有;二者为空。若常在有,则累于想著;若常观空,则舍于善本;若空有迭用,则不设二过,犹日月代用,万物以成。有无迭用,佛法之常。"

罗什在这里强调不要偏重一境,而是要保持"空"和"有"中道的不二境界。如果偏重于"有",很容易迷于外境,因为我们通过六根认识的、感觉的现象太多,要一个一个分别而掌握根本的真理,这实在不容易。而且在这样的过程中修者已经精神散乱,在各种现象之中迷失了。但如果不重视中道不二,只想要把握住诸法的空性,这容易堕入"顽空",忘记善本。法师把"善本"解释为功德业,僧肇则发挥为"树德本则以六度为根","善本"就是功德的根本。因此需要"犹日月代用,万物以成"之理来阐明平等对待空、有之本才是佛法永恒不变的真理。

佛法的根本真理所在诸法实相的"空门",不是从空性本质上出来的各种现象的"有门",可是众生容易相信眼前看到的现象,而不容易相信从现象中看不到的诸法内在的本性空,因此为了度众生,禅师们会方便设置于先"有"门,后"空"门。

《维摩诘经》对中国佛法中有关键影响的不二思想是"心净则国土净"和"烦恼即菩提"。罗什法师之前,中国的佛法大致认为修者修行是为了离开人间而去往出世间,脱离凡界修行去往极乐净土,这种佛法是离开人间的神仙法,罗什法师入长安后宣扬在人间实现净土,即《维摩诘经》中"不舍道法而现凡夫事","不断烦恼而入涅槃"的"世间与出世间不二"之法。此思想是大乘佛法的人间化应用,打破了出家和在家的界限。僧肇不仅继承了师父罗什的世间也即出世间的道理,并且还提出"出世间"不能脱离"世间"而存在,这是后世"中国禅"的核心旨要。

佛法旨要,谓一切法有两种:有为法和无为法。按照《维摩诘经》的说法,有为法的特性是无常、苦、空、无我,无为法的特性是寂灭不动,寂灭不动又叫"涅槃"。但修行者较容易在心中产生扫除有为法而追求涅槃之境的观念,把这两种法对立起来看待,这就违背了佛法的本意。罗什来中国后,不断强调和主张修者应以平等心来对待诸法,因为诸法的本性没有有为法和无为法的差别,可以说,他是来中国弘扬真正大乘不二智慧的第一人,而三百年后,"中国禅"在惠能禅师手中,用"一行三昧"、"定慧定持"、"平常心是道"等生活禅法真正实现了罗什法师的诸法平等思想。

不二中道思想对后世特别是"中国禅"的出生产生了重要作用,从惠能顿悟禅开始至洪州"平常心是道"的"生活禅"期间,继承和发扬《维摩诘经》不二中道思想的禅师主要有惠能、慧海和希运几位。

惠能禅师的《坛经》、慧海禅师的《顿悟入道要门论》、希运的《传心法要》和《宛陵录》里,有不少《维摩诘经》的直接引用和与不二中道思想相关的内容。根据内容来看,慧海与希运直接受到僧肇法师的思想影响,也就是说,此二人是根据僧肇法师的观点来契合不二中道的。慧海禅师主要是从僧肇的"本迹不二"思想来发挥,而希运禅师则是从

僧俗不二

僧 → 宗教身份上的区别 ← 俗

↓ ↓

众 ← （在禅修成佛觉悟上平等不二，求法、求师 不分僧、俗之别）

↓

傅大士 ｛居士身份(俗)

↑皈依   ↑皈依

僧   俗

僧肇的"终日凡夫,终日道法"的道俗一观思想来衍生发展。

罗什法师和弟子僧肇的"僧俗不二"之论,以及当时中国广受欢迎的在家与出家平等不二的无为出家之说,对一百年后南北朝傅大士僧俗平等道场、惠能禅师的僧俗平等无相戒,以及清末杨文会的僧俗平等佛学会等不二精神都有很大的影响。由此可见,经罗什法师发挥的《维摩诘经》空、有不二的思想被中国社会认同,为达摩祖师来中国传禅,培育了良好的土壤,也起到了不可缺少的推动作用。

不二中道精神是现代佛法的走向,是符合宗教与科技文明社会一起发展、共同实现人类和平和幸福的要求。自古以来,有不少大善知识重视和宣扬人间为本的人间净土观,近代则以太虚大师为代表。

佛教的传来、汉晋至唐宋的译经、南北朝的学派佛教、隋唐时期宗派的形成、宋朝以来佛教内部思想的融会和中国传统思想与佛教思想之间的合一精神等等,实际上主要都是为了适合当时或未来人类的精神修养和社会幸福而作为的,这一点与印度佛教有较大的不同。

笔者认为,"中国禅"最关键之处是:把以来生为中心的印度原始佛教思想转化为与当时、当地适合的以现世为中心的生活禅思想。从这一角度来看,罗什及其弟子僧肇是佛法中国化发展史上最大的贡献者之一。

所谓佛法中国化,我们不能误解为对传统印度原始佛教的扭曲,而是中国人根据当时政治、经济和社会制度的需要,对异域文化的一种升华,而这样的升华是两种文化交融汇合必不可少的过程,只有这样,异质文化才能真正融入本土文化中发挥作用。但从历史来看,在文化相互融会的过程中,有些输入的文化慢慢失去了自己的主旨,而被同化于对方文化中。而另一种则是虽与当地文化相互融合，但内在的根本精神依然存在，只是表面现象上有所变化，而且这种变化是必要的，"中国禅"便是后一种的代表。

罗什法师虽然精通大乘法义，但他志在广演阐明妙理，法师的为人，梁慧皎在《高僧传》中称赞他为："神情朗彻，傲岸出群，应机领会，鲜有伦匹者。笃性仁厚，泛爱为心，虚己善诱，终日无倦。"

罗什法师一生只为姚兴著有《诸法实相论》二卷，文辞婉约清丽，不待删改而文采斐然。他的实相，即是慧眼之境；实相之相，即如来相；实相是法身，清净、无为。小乘佛教说，释迦牟尼佛肉身灭而法身不灭。而罗什法师认为佛有三身：法身、报身、应身。真理的显现是法身，智慧、悲愿和功德的所成是报身，应物现身是应身。他的"实相法身"是说法身无主宰者，实相法身便是"中国禅"的禅心，是无主宰之平常生活中的自性，无为而无不为，无形而无不形。可以说，罗什法师的实相禅心便是三百年后惠能禅师的"无念、无相、无住"而生的无心之禅心。

僧肇法师直接继承了罗什实相禅心的精髓，他的《肇论》四篇中直呈"实相禅心"的要旨。后世"中国禅"的大禅师们，几乎人人必要研习《肇论》，更有多位禅师因此悟道。

我们下一章的主人公石头希迁禅师，有一天，他看《肇论》，至"会万物为己者，其唯圣人乎"时，拍案而起，叹曰："圣人无己，靡所不已。法身无象，谁云自他？圆鉴灵照于其间，万象体玄而自现。境智真一，孰云去来？至哉斯语也。"于是掩卷而坐，不觉进入梦中，梦见自己与六祖同乘一龟，游于深池之内。醒来之后，仔细推详："灵龟者，智也。池者，性海也。吾与祖师同乘灵智，游性海矣。"遂挥笔著《参同契》，云：

  竺土大仙心，东西密相付。人根有利钝，道无南北祖。
  灵源明皎洁，枝派暗流注。执事元是迷，契理亦非悟。
  门门一切境，回互不回互。回而更相涉，不尔依位住。
  色本殊质象，声元异乐苦。暗合上中言，明明清浊句。
  四大性自复，如子得其母。火热风动摇，水湿地坚固。
  眼色耳音声，鼻香舌咸醋。然依一一法，依根叶分布。
  本末须归宗，尊卑用其语。当明中有暗，勿以暗相遇。
  当暗中有明，勿以明相睹。明暗各相对，比如前后步。
  万物自有功，当言用及处。事存函盖合，理应箭锋拄。
  承言须会宗，勿自立规矩。触目不会道，远足焉知路？
  进步非近远，迷隔山河固。谨白参玄人，光阴莫虚度。

  石头禅师的法语文字虽简约，义理却极为丰富，其影响不亚于三祖僧璨禅师的《信心铭》。历代参禅悟道者对这篇诗文都非常重视。由此可见，"中国禅"各位禅师和罗什、僧肇师徒的法脉继承属于隔空传递，从而超越时空限制以心印心。

清音彻九天

罗什法师的重要性，在于更新了他入长安前，中国玄学、佛教界、文人们用老、庄、儒家思想对佛法的格义和局限性认知，他提倡的不二中道与老、庄之道在方法上有如下几个方面的不同点：

一、大体上老、庄之学在于自然而然的清静修为，主张离俗而得道、避世而逍遥，而罗什法师则主张不离世间而得清净净土；

二、从个人与社会的关系上来看，老、庄是采取消极的避开方法，罗什法师则主张采取积极入世的方便利他行为；

三、老、庄之道认为社会红尘会妨害个人修道，而罗什法师认为社会红尘是建立理想佛国的基础，心净则国土净。

罗什法师的思想虽与老、庄之道不尽相同，但庄子中的"天地与我并生"、"万物与我为一"等思想，强调社会与我并存、人们与我同根，这些与"不离俗又不执俗"的不二思想，是同心同理的。

正是法师这些"不离世间觉"的入世精神对后世"中国禅"出生并发展产生了巨大影响，惠能禅师明确提出"佛法在世间，不离世间觉，离世觅菩提，恰如求兔角"。世间和出世间是一不是二，好比水和波浪。平静的时候是水，风吹成了波浪，可是波浪的本质还是水，只不过看到的形状改变了而已，并不是本质变了。

罗什法师来之前，学佛的人和道家隐士一样求离世而修行，寻找世外桃源一样的净土，执著在出家、出世间，以为有一个方法可以断绝烦恼，修行人需要离开世间而成就涅槃。罗什法师的中观不二思想在他翻译的《金刚经》中反复强调：一切法皆是佛法，应观诸法空相。世间一切是在心内，在佛性内，一切世间的法自然也都是佛法。但不要误解，这里所说的一切法是依自性、本性而存在的法，依自性而生的法。开悟者，从一切事相上，都能契合自性，故名一切法皆是佛法。

什么是"自性""本性"笔者在前文已经叙及，不再多讲，自性清净，是生一切法的根本。真悟之人，于悟后皆能见性与五蕴和合运作，是故悟后生起意、法、净、信，"若说若作，快乐自追，如影随形"。笔锋至此，相应者便可会心一笑。

惠能禅师在《坛经》"无相颂"中讲"唯传见性法，出世破邪宗。法即无顿渐，迷悟有迟疾。只此见性门，愚人不可悉。"见性法就是"一切法"，若不见性，一切法皆成戏论。

我们在读、写、解、契罗什法师翻译的经论时，万不可随便翻翻，把这些经典当成世间语言文字对待。不起恭敬心来契合法义的随便翻阅不如不翻，心中起了恭敬心去契合法义时，又要明白你此时翻的佛经亦非法师所传之佛法，因此，不能断章取义看经书，或者把事相上的"一切法"误当成佛法来修行。我看现代很多人把佛经变成了心灵鸡汤一样，这就很危险。没有智慧引领时，我们会以为外道、邪道是佛法，以为看佛经叫"学佛"，拜了佛像叫"拜佛"，学习打坐叫"禅修"，建佛堂叫"功德"。

蚕蛹只有破茧，才能成蝶。如果不破茧，如何成蝶呢？禅法是破茧法，破世间茧才能觉，才能看到另一个层面的世界，所谓慧剑破红尘。如果在茧内幻想自己已经成为了一只美丽的蝴蝶，或者幻想茧外还有一只自在的蝴蝶存在，都是不对的。自己不破茧，幻想有个世外

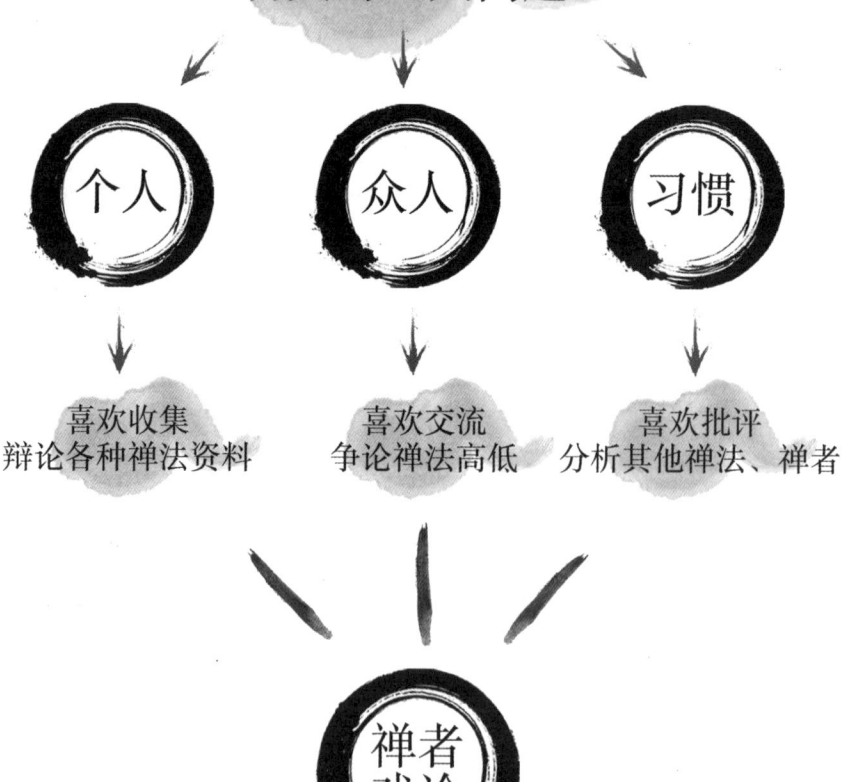

桃源可以去,恰如兔子头上求角,兔子是没有角的,求也是幻想。没有世间,哪有什么出世间?哪有什么可以离世的菩萨?

我们已经介绍了"中国禅"法脉与罗什法师不二中道思想的继承关系,或许读者还是疑问,那么,为什么"中国禅"认可的初祖不是罗什法师而是达摩祖师呢?

罗什法师曾与庐山慧远法师有不少往来书信,他回答了慧远法师的问大乘义十八科三卷,后人据此辑为《大乘大义章》。《大乘大义章》中说:"有二种论,一者大乘论,说二种空,众生空、法空;二者小乘论,说众生空。"罗什给大、小乘佛法作出的这一分别,对中国佛教界产生了广泛影响。

除了"中国禅"的修行,其他佛法修行皆以人的情绪无常、事物无常作为初期修者需要断除的烦恼源,这是"人空",但这些修者不少会执著在自己的"法"上,产生"法执"。而"中国禅"的入手点和其他修行宗派不同,直接从"法空"入手,领悟法空却承认当下的实有,接受现实生活的人情,将之演化为平常心的生活禅。

"中国禅"的修行是在行住坐卧中的"一行三昧",禅中没有烦恼可断除,烦恼是生活的一部分,禅就是生活本身,不可能没有烦恼,"中国禅"的禅心中烦恼就是菩提,这是"中国禅"对罗什法师空、有不二思想的升华和继承。这些思想的来源依据便是弘忍大和尚传给惠能禅师的《金刚经》以及《坛经》中多次引用的《维摩诘经》。

"经"是"法"的载体,达摩祖师传二祖慧可的《楞伽经》以佛心为宗,惠能禅师虽然没有脱离《楞伽》无门为法门的原则,但《金刚经》和《维摩诘经》才是惠能禅师创始的"中国禅"的核心,而这两本经正是罗什法师的思想旨要，因此惠能禅师是隔空和罗什法师心心相印，罗什法师的法脉三百年后以心传心到了曹溪。

那么为什么"中国禅"史上并没有记载这些呢？有个很重要的原因就是"中国禅"比任何宗派更重视人情、人脉的传承。刚才说了"中国禅"和其他宗派不同，禅修中不离烦恼，不离红尘，不断人情，禅师们最是真性情的大丈夫，对弟子，对众生大多表现出望之俨然、临之切切的老婆心。

达摩祖师亲自传法给慧可，二祖慧可亲传三祖僧璨，三祖传四祖道信，道信传弘忍，弘忍传惠能，代代相承，亲亲为上。禅者不是断了人情的神灵，禅里有最真切人情的菩萨，因此，"中国禅"较之法脉的传承关系，更重视活生生的人脉传承。

"空即是色，色即是空"，是不二中道的原则，此在罗什法师翻译的《般若经》中反复讲说。它这种公式，适用于分析一切现象（包括物质及精神现象），讲到"识"时，便是"空即是识，识即是空"，讲人脉、法脉的传承时，便是"传即是空，空即是传"。谁传给了谁，谁继承了谁，谁是初祖，谁的作用更大，这些对于罗什法师、达摩祖师，或者惠能禅师来说，他们会在意吗？笔者写这些的目的在于正本清源"中国禅"的思想源头，故此，读者不要误以为笔者要证明或改变什么。

公元413年8月29日，六十九岁的罗什法师知道大限将至，圆寂前，他向僧众弟子们告别说："我们因佛法相逢，可惜我大愿未尽而身先死，无可奈何！我本愚昧，忝为佛经传译，共译出经三百余卷，只有《十诵律》一部尚未审定，如果能保存本旨，一定没有错误，今我在众人前，发誓愿：如果我所传译的经典没有错误，我的身体火化后，舌头不会焦烂。"言毕于长安逍遥园（今陕西户县草堂寺）圆寂。《晋书》记载"薪灭形碎，唯舌不坏"，他的舌头在火中红如莲花，成为一颗巨大的舍利子，至今仍在位于今甘肃省武威市中心北大街的草堂寺内供养。三寸不烂之舌，证显鸠摩罗什之誓。

我们这两章已经详细讲述了达摩祖师、罗什法师和"中国禅"的人、法传承关系，自惠能祖师在偏远的广东曹溪创立"中国禅"后，真正使"中国禅"一统天下、万法归禅的，是他的两位法孙：马祖和石头。

在唐代，凡诸学僧不是到江西马大师处参学，就是到湖南石头禅师处求证。从江西到湖南，从湖南到江西，行走于此，往来不息的僧侣、智者都是为了能有缘拜见两位大师，亲近善知识，破诸见之毒。

这两位大师不但自己了不起，更是都教育出来不少了不起的弟子，石头一系有天皇道悟等七位。而"中国禅"最伟大的教育家马祖道一入室弟子有百余人，各为一方宗主，转化无穷。

这两位禅师门下，人才济济，我们恐怕再有几本书也讲不尽。《景德传灯录》卷六记载："禅法之盛始于二师。学僧往来憧憧不见二大士，为无知矣。"传灯录中为何如此高度评价石头与马祖二位大士？他们二位究竟有什么独特之处呢？请看下一章"行走江湖"。

第七章

行走江湖

最上乘禅

"禅"本是印度古代宗教常用的一个修行方法,古印度有各种修行方法,不同的宗派、学派修行的具体方法也都不一样。佛法中显教和密教的修行方法不同,就连坐禅方法也是有差异的。

在佛法初传中国时期,"禅"主要是指"禅定",这种修行方法在印度多叫做"瑜伽",后来也曾翻译为"思维修"或"静虑",指的是用来统摄身心的修行方法。

密宗,实修的方法中,也有"瑜伽";而唯识宗,也用"瑜伽",如《瑜伽师地论》中关于"瑜伽师"的各种修为境地,但它的意思是"相应",即通过各种修行方法把散乱的心念收摄,集中一境,专念一物,使心与正理等相应。

古印度的宗教中,还有一个不同于佛法的"瑜伽派",其修行内容及所用的观法,均有别于佛法。公元前300年的帕坦伽利创作了《瑜伽经》,赋予了此派瑜伽完整的理论体系和实践系统。

但在帕坦伽利之前,瑜伽已经有了很长的实践期,只是没有任何人给瑜伽一个系统的解释,帕坦伽利开创了一个整体的瑜伽体系。瑜伽在印度也是一个身心修练的通泛名词。佛陀悟道前,也曾修习"瑜伽",瑜伽是人们透过静坐、修禅观的方法,得到三昧,与外道之神(梵)相应合一的修行体验及过程,即为"禅定"。尽管静坐、呼吸、入定的途径和方法每个门派各个不同,但"禅定"始终是修行中的"共法"。

佛陀悟道后,教化众生近五十年,目的是在帮助人阐发本自具足的自性或佛性。佛陀在《杂阿含经》中对于禅观方法的修行指导有详细的说明,四部《阿含经》是南传佛教的主要经典。

自佛法初传中国,佛弟子们一直忙于对三藏十二部佛经圣典的传译、学习和发挥。早期来中国传法的高僧为了令中国人更容易接受佛法,因此相对偏重于佛法中的实修,如"禅数"、"禅观"、"禅定"、"止观"、"念佛"等方法,用不同修法接引不同根器的众生,然修法最终目的都是相同的。

自罗什入长安,达摩东来,至惠能禅师创立"中国禅",后世五家七宗相继成立,禅门始称为"宗"。

此时的"禅"已经不是初期高僧们带来的一个任何一种修行方法了。"中国禅"在惠能禅师时期已经摆脱了"禅"的外在形式和特定修法,着重于把握佛法的内在精神,这种禅被称之为"最上乘禅"。

我们通常知道佛法有大、小乘,这所谓最上乘禅和大、小乘有什么关系呢?"中国禅"具体有几种呢?我们来看看各位祖师们怎么理解。

首先我们必须了解惠能禅师的观点,《坛经》云:

时有一僧名智常,来曹溪山,礼拜和尚,问四乘法义。智常问和尚曰:"佛说三乘,又言最上乘,弟子未解,愿为教授。"师曰:"汝观自本心,莫著外法相,法无四乘,人心自有等差。见闻转诵是小乘,悟法解义是中乘,依法修行是大乘,万法尽通,万行俱备,一切不染,离诸法相,一无所得,名最上乘。"

在这里,惠能禅师把禅分为四个不同的层次。

一、小乘禅是"见闻读诵",只知道口中念经,生吞活剥,不能灵活运用经文的意义。

二、中乘禅是"悟法解义",看上去可以领悟佛法,把握佛法的意义了,但也只是口头上的理解,是对佛法文字和现象的一种浅层了解。

三、大乘禅是"依法修行",能按照正法如法修行,很多大乘禅师都是这样做的。但修行还是像大部分经典提到的那样,需要很长时间及无数次的生死轮回才能成佛。

四、最上乘禅则是"万法尽通,万行俱备,一切不染,离诸法相,一无所得",这实质上是一种人在世间的当下,但心可以出入于出世间逍遥自在的不二禅境。

一般修行求解脱的人,大多会设想有另一个极乐净土、彼岸、菩提、涅槃,因此就想求得菩提、涅槃,到净土和彼岸去。但是《般若经》和《维摩诘经》等大乘佛法中认为,一切法的实相是无相,是空,色即是空,空即是色,即空即色,非色非空,强调不离烦恼而得菩提,不离生死而得涅槃,要在烦恼里求得菩提,在生死中证得涅槃。

"一无所得"是指不求灭尽烦恼得菩提,除却生死得涅槃。我们从这里可以明显看出,"中国禅"的最上乘禅和前三种禅相比,已有根本的改变。大乘禅要观,最上乘禅连观也不要。大乘禅要观察分析某个东西,需要依赖各种条件,条件一旦不存在,它就不存在。而最上乘禅则直接去把握:一切本来自性空寂。禅的空寂就是清净的意思,"中国禅"所说的空、寂、清净是指契合自己本来面目。

后来圭峰宗密禅师对禅也做了五种分类:

一、"外道禅"。不属于佛法,这种禅观或者禅定等修法是佛法和其他的宗派共同的修行方法。

二、"凡夫禅"。这类禅虽然能正信因果,但以求幸福,生天长寿为目的。什么是凡夫呢？凡夫是生死轮回于六道中间的众生，包括地狱有情乃至天界众生，所以虽然能够修禅到甚深的禅定境界，也可以长寿、生天，甚至有神通，但这种禅定或福报有生灭，他还在轮回，"四禅八定"都属于凡夫禅，没有超出三界。

三、"小乘禅"。只渡自己到彼岸去的修法是小乘。佛陀入灭后，佛弟子们对佛法的理解形成了许多不同的意见和分歧，于是分裂成了二十个部派。分裂前的佛教我们称之为"原始佛教"，分裂之后的我们称之为"部派佛教"。"部派佛教"中的一部分后来藉由龙树菩萨形成了后来的大乘佛教，还有一部分上座部佛教目前存在于南亚及东南亚地区，包括我国云南的傣族地区，也称"南传佛教"。

"小乘禅"与"凡夫禅"的不同在于："小乘禅定"认为这个世间、这个自我是不净的、虚妄的，而"凡夫禅"看这个世间、这个自我是真实的。所以"小乘禅"可以得解脱，证得涅槃、无余涅槃，当我们观察到了这个自我和外在的一切是不净的、虚幻的，那我们就已经超越了自我，我们的生命已经没有了烦恼的束缚，没有了业力的束缚。

四、"大乘禅"。"大乘禅"是"菩萨禅"，它属于人、法皆空，去除了我执和法执，它与"小乘禅"的不同也就在这里。《大智度论》里讲菩萨何以称为菩萨，说一个人做梦，看见自己在一条大河上划船，把梦中的人们从此岸运送到彼岸，此岸是苦，彼岸是乐，这个梦好像没什么特别，特别的只是做梦的人清清楚楚地知道自己是在梦中做这些事，这就是菩萨的精神。

他知道这一切是梦，这代表他已经觉悟了，但他仍然在梦中行梦中之事，而小乘人不这样，当他知道自己在做梦，那他就想清醒过来，要

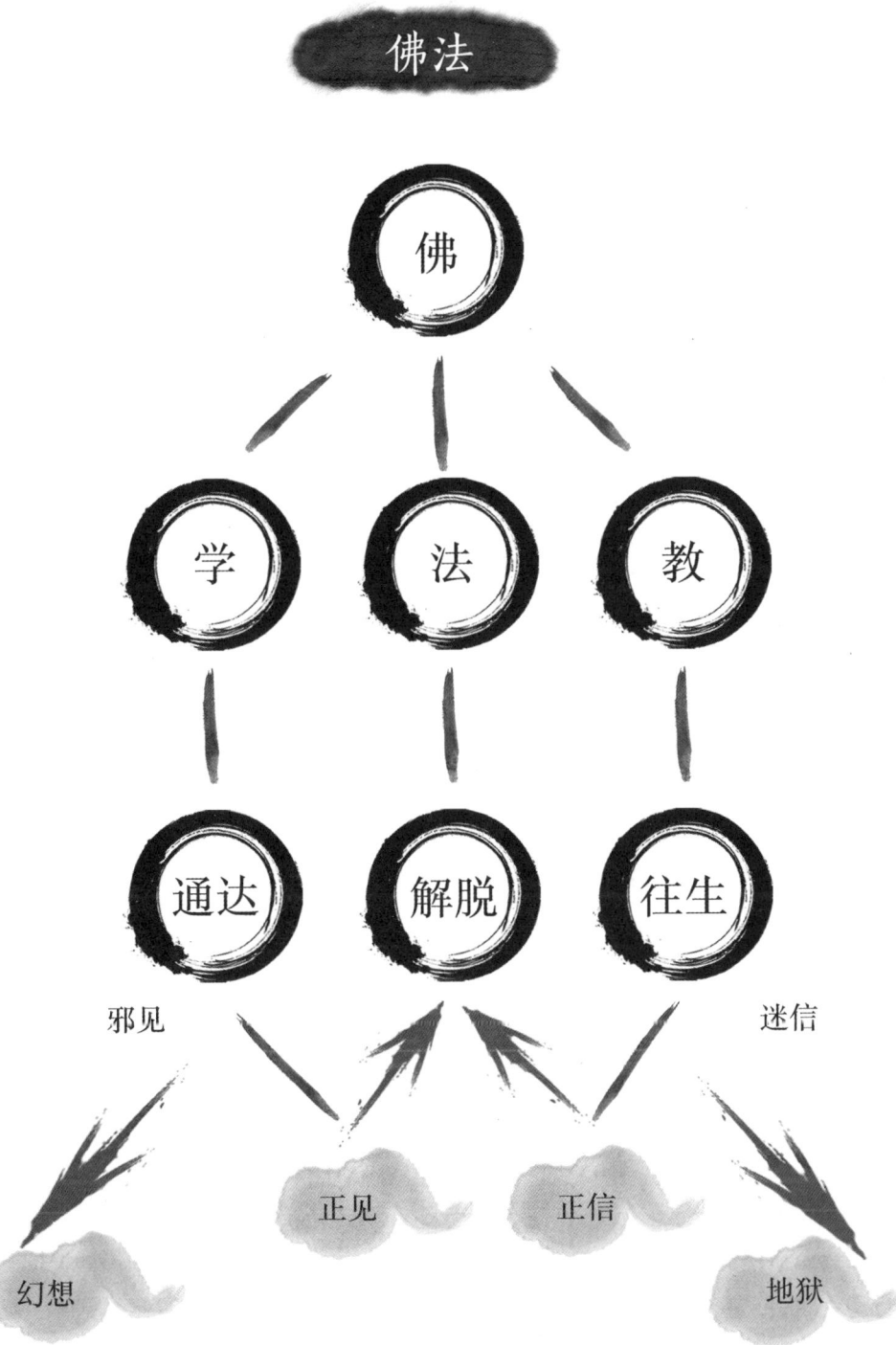

解脱这个所谓的世间的束缚,他不想继续和梦中人打交道,不想继续停留在梦中。

在这个比喻里边,我们可以体会到大乘菩萨对于自我的解脱和所有生命的解脱是统一的,把外在的生命和自我连成一个共同的生命体,这就是无缘大慈、同体大悲的精神,不只是自我解脱就可以了,所谓利他,最后最受益的还是自己,一定要所有的生命都得解脱,您才能够达到彻底解脱。

五、"最上乘禅"。"中国禅"认为仅仅达到大乘禅还是不够的,因为大乘禅中对佛法还有不同的理解。自心本来清净,原来就没有任何烦恼,自心本是无漏之心。无漏与有漏相对,有漏常常指有烦恼,而无漏之心就是没有漏洞,很圆满。"中国禅"认为无漏之心本来自足,众生和佛在究竟意义上没有两样,只是在缘起后的事项、境界上有了差别。只有能悟到这些,才是"最上乘禅"。最上乘禅下手处就是真心,因此就与大乘禅、小乘禅、凡夫禅有差别。

凡夫禅、小乘禅所运转的心性属于大脑意识的层面,大乘禅是以阿赖耶识为修行的基础,而最上乘禅一下手就是真心,所谓真心便是"自性","本性"。

什么是"意识"呢?"意识"是我们每个人与生俱有的,它不只是单纯的脑筋去想而已,实际上生命中的每个细节里都由意识在运作。在我们生命的精神层次里意识是主导,所以修行是要掌握大脑意识,转化大脑意识中的昏沉和散乱,这是"凡夫禅"的境界,然后我执去掉,认识到无我,从而达到"小乘禅"的境界。

"阿赖耶识"是什么呢?它是唯识学的第八意识,是种子,可以说我们生命中的一切都是"阿赖耶识"所显现的，在这个层次是把山河大地、宇宙万事万物都看作梦幻一般，《金刚经》上讲："一切有为法，如梦幻泡影，如露亦如电，应作如是观。""大乘禅"是建立在"阿赖耶识"的层面上修行的。

那么什么是"真心"呢？它跟"阿赖耶识"又有什么不同？"阿赖耶识"是有染的，真心是清净的，明心见性，见性成佛是最上乘禅的顿悟修法。

惠能禅师在《坛经》中突出的最上乘禅法是定慧不二禅观。他在本性清净思想的基础上，提出了"定慧不二"说，这一说法有别于大、小乘佛法的观点，是比较独特的修证体系。

佛陀看到人生的苦恼，都是贪、嗔、痴、无明带来的，而人的自性本来清净，客尘所染。从部派佛教开始，佛法就认为自性本来清净，由于受外界污染故有烦恼。所以大、小乘修者对付烦恼的一般办法是扫除烦恼，断除心魔来恢复清净。神秀禅师就主张"时时勤拂拭，莫使惹尘埃"。

而惠能"中国禅"和这些观点的不同就是——清净和污染不是两个东西，"禅"不是抛弃污染，去追求另一个清净。惠能禅师认为污染和清净是一物之两面，无离开污染的清净，也没有离开清净的污染，二者是相对、相生的。基于这种"染净不二"的思想基础，惠能禅师认为神秀禅师的"看心看净"修法不够圆满。

在《坛经》里，他说：

一行三昧者，于一切处，行、住、坐、卧，常行一直心是也。《净名经》云：直心是道场，直心是净土。莫心行谄曲，口但说直。口说一行三昧，不行直心；但行直心，于一切法，勿有执著。迷人著法相，执一行三昧，直言常坐不动，妄不起心，即是一行三昧。作此解者，即同无情，却是障道因缘。道须通流，何以却滞？心不住法，道即通流；心若住法，名为自缚。若言常坐不动是，只如舍利弗宴坐林中。却被维摩诘诃。善知识！又有人教坐，看心观静，不动不起，从此置功，迷人不会，便执成颠，如此者众，如是相教，故知大错。

这段话，讲得入木三分，惠能禅师首先提出"常行直心"的"中国禅"一行三昧修法。"一行三昧"的传统意义是指专于一行，修习正定。但是，惠能禅师的解释与传统含义不同。他认为，在寻常生活中，行、住、坐、卧，而精神能时刻专注于一境，这才是不受条件限制的"一行三昧"。

惠能禅师用"维摩诘诃舍利弗宴坐林中"的根据来解释"坐不动"的坐禅弊端，不认同神秀禅师的"看心看净，不动不起"观点。他认为小乘的定，坐下来身不动、意不动叫做"定"；而最上乘的"定"，是行、住、坐、卧皆在定中，虽在定中，不妨碍做一切事情。

惠能禅师灭后，他的两个杰出弟子南岳怀让和青原行思两脉，又分别教化出了马祖、石头两位禅门巨匠，两位大师虽师承宗风有别，但两位大师道义弥笃，亲切无间，无丝毫门户畛域之见。

六祖惠能是"中国禅"的创始祖师，由于惠能禅师没有把达摩祖师传的衣钵再继续传下去，于是"中国禅"诞生了。

不仅外在法脉如此，内在思想、境界亦复如此。宗祖体系被破除了，正系、旁系与异端的分别也就不再存在；任何人只要心中有大愿，按照正法修行悟道，经由禅师的熏陶，并且得到师父的印可，就可以用最适合他个性的方式自由发展"中国禅"的精髓，成为一名禅师。注意，这个熏陶不仅仅是面授机宜，师徒之间口耳相传，在"中国禅"历史上，隔代、隔空相传，师徒心心相应也是常见的。

也有些修者本来修行的是其他宗派,但最后归于"禅",寻到禅师的印可,继承师父的禅法由此成为一位禅师。例如永嘉玄觉禅师本来修行天台宗,精通天台止观,他读《维摩诘经》悟道后,在玄策禅师引导下从温州不远千里奔赴曹溪,希望得到惠能禅师印可。

他终于来到宝林寺时,天已近晚,上了禅堂,玄觉见惠能禅师时却并不礼拜,只是绕着禅师的禅座走了三圈,然后将手里的锡杖振振,振毕双手合掌而立。

这是很无礼的行为,惠能禅师说:"凡佛教僧侣,应具三千威仪,八万细行。你从何方而来,怎么如此傲慢?"

玄觉答道:"无常迅速,生死只是刹那,哪有什么时间顾及这些礼仪小节?"

惠能禅师说:"为什么不去体会无生?悟生命本来就没有什么迅速不迅速呢?这样,哪里还有时间的快慢存在?"

玄觉说:"体认自性,则自性本就无生无死,既无生死,则无迟速可言。"

惠能禅师听后,对玄觉的悟性大为赞赏。玄觉此时方才脱笠整衣,正式顶礼禅师,拜后随即就要向禅师辞行。惠能见在座众弟子并未能于刚才往来的对话中领会深意。为使弟子们深明禅旨,也为了使天下人更能起信于玄觉的悟证境界,所以又借机勘问道:"你从温州远远地赶来,又立刻要回去,为什么这样匆促呢?"

玄觉禅师时时不离真心,随即应声答道:"本性湛湛寂寂,本无来去动转,哪里速与不速,来去匆匆之说?"

惠能禅师见玄觉从体上回答,便继续问:"那么什么人知道动或者没有动呢?"

玄觉道："仁者自生分别！"这话说得多爽快！这些都是你自心所生的分别而已！

惠能禅师于是闻言故意赞道："嗯，你的回答已经证明了你已得意于无生的旨要了。"

"无生岂有意？"玄觉不落惠能禅师设的圈套，故反问道。惠能禅师这句话是什么意思？无生是真空湛寂之性，言语道断，心行处灭，本性难道还有旨要可得？

惠能禅师是谁？经此反问，于是抓住禅机，立即问道："无意谁当分别？"既然你说本性中没有旨要，那么是谁在分别有和没有呢？

这句话直指人心，玄觉回答从体而用，妙机顿露："分别亦非意！"无生之体，离凡夫分别之意念，其性湛湛，但不是木头石头，它是感而遂通的灵妙禅心，虽随机起用，分别一切，又不随境转，是超情离见的。因此，无生无不生，无知无不知。

惠能禅师见玄觉悟证甚深，于是由衷地赞叹道："善哉！善哉！"并让玄觉在寺院"留一宿"。

短短一刹那，两位大师之间的对话如电光石火般闪烁着智慧之光，一般人根本无法理解他们在说什么。唐代的禅风是朴实的直指法，在言谈中一念回机，因此不用那么多机锋转语。

玄觉禅师在动与不动、分别与无分别、意与无意、生与无生、速与缓等"中国禅"的关键点上，一一流露出悟者的内心般若智光，不仅惠能禅师为之赞叹，千百年来的禅者，也无不为之深深叹服。这次对话成就了"中国禅"史上的一段佳话，史称"一宿觉"。

在惠能禅师的启迪下，玄觉终成为一位不累于生死的大禅师，他所著的《永嘉证道歌》被人千古传诵,正如他在《证道歌》中所言:"游江海,涉山川,寻师访道为参禅,自从认得曹溪路,了知生死不相关。"此后,他融汇了天台和"中国禅"的精要,教化众生,法席兴盛,学者齐集禅阶问道。

我们现在讲讲这一章的主人公马祖和石头两位大禅师。马祖道一师承南岳怀让,居于江西南康弘法。石头希迁师承青原行思则住湖南衡山,两位禅师并称两大士。当时云游四方参禅悟道的学僧不是投在江西马大师处,就是投在湖南石头处,人们习惯地称之为"行走江湖"。行走江湖参拜两位大士,得两大士面授机宜是当时学僧和文人们引以为荣的事,许多人都想看看当世两位大士对同一件事物的不同观点。学僧们见面互相之间的话题,都离不开江西、湖南的访学。

一天,有位学僧向石头希迁禅师参请。石头禅师问:从哪里来?

学僧:从江西来。

希迁:见到马大师了吗?

学僧:见到了。

希迁随手一指旁边的木柴,问:马大师像这堆木头吗?

学僧哑口无言,不知如何应对,只得回到江西,再去参请马大师,向他叙述了如上问话。

没想到马大师突然问:石头那里的那堆木头到底有多重?

学僧愣了,结结巴巴地说:小僧我,未曾称过重量。

马大师长叹一声道:你的力气实在太大了!

学僧大惑不解:请问,为什么呢?

马大师说:你把湖南的一堆木头背来江西,这难道不是很有力气吗?

还有一次,马大师有位弟子,叫邓隐峰。隐峰禅师一天向师父辞行,马大师问他:"到什么地方去?"

"去石头那里。"隐峰答。

"石头路滑,不是好去的。"马大师说。

"竿木随身,逢场作戏。"隐峰禅师信心十足。"竿木"是用来探虚实的,隐峰是想去石头禅师那里探探石头禅法的虚实。

马大师当然知道隐峰会被石头"滑倒",但也不反对弟子们去碰碰硬石头。隐峰禅师到石头禅师处,和玄觉见惠能一样,他也绕着石头禅师的禅床走,还把手里的锡杖敲得山响。问:"是何宗旨?"

哪里知道石头禅师根本不搭理他,自己仰头大喊:"苍天!苍天!"

隐峰禅师傻了,不知何意,半晌无语。只好回到师父处把情形说了,马大师哈哈一笑,说"你再去一次,等他一有反应,便嘘他两声"。

隐峰得旨便颠颠地又回湖南碰硬石头禅师去了。可没曾想,刚进禅堂,还没等他开口,石头禅师就嘘了两声。这下隐峰就晕了,本来师父让他嘘的,结果被石头禅师抢了先,完了!这下又没了法子,被硬石头砸得头晕晕,不知该如何处置,便又灰溜溜地回到师父处。

马大师见他这般受伤,笑道:"我早就告诉过你,石头路滑。"

这些行走江湖的禅师们基本上都是一流的高手,不要以为被石头滑倒两次的隐峰禅师是个普通人,他是马大师的天不怕、地不怕的高足。一次在山上,他推着车子上山,突然发现师父马大师悠哉悠哉坐在他前方的路中间晒太阳,还故意把脚横在路上,挡住车子的去路。

隐峰禅师无法前进,便说:"请师收足。"

马大师道:"已展不收。"

隐峰禅师一步不让地道："已进不退。"说完，看师父还是故意不动，便推车子从马大师的脚上碾过去。

马大师瘸着个伤腿回到法堂之后，瞪着眼提着一把劈柴的大斧子，喝道："刚才碾损老僧腿的那个人给我出来！"隐峰禅师便走到马大师的跟前，伸出脖子让师父随便砍，马大师哈哈一笑，丢了手中的大斧子。

有这种胆量的人能是平常人吗？马大师有一次对上座百丈不满意，振威一喝，百丈禅师后来对自己的弟子形容说他耳聋、眼暗了三日。读者们想想，这个敢从马大师腿上压车过去的隐峰禅师，他的胆子到底是什么做的？

唐元和年间，隐峰禅师拟登五台，刚进淮西地界，途中正好遇上官军同叛军吴元济交锋，未决胜负。隐峰禅师见双方互相残杀，血流不止，心中顿生怜悯，说道："吾当去解其患。"说完，将手中锡杖掷向空中，然后飞身骑在杖上在天空中飞来飞去。两军将士仰头观看，惊讶得无心战斗，于是各自回营。看到这里时，读者们有没有想起电影《哈利·波特》的镜头？电影不过是一个故事，而隐峰禅师的这个经历是不是故事请各位自己去查史书吧。

不幸的是威风八面的隐峰禅师因在公开的场合显了神通，违背了师父马大师"平常心是道"的禅风，担心被人误解有惑众之嫌，于师门不利。于是他回到五台山之后，即决定在金刚窟前示灭。本来灭寂就好好灭寂呗，他不！还要出花样，问弟子："你们知道有坐着、卧着圆寂的，有没有站着圆寂的？"

弟子道："有。"当然有啊！明知故问，三祖僧璨可不就是站着圆寂的？

隐峰禅师继续问："那倒立而化的有吗？"弟子道："没听说过。"

隐峰禅师于众人面前倒立而化。奇怪的是，他的衣服居然整整齐齐地顺着身体，没有倒挂下来。灭寂后，众弟子商量把他的尸体抬到火化窑里荼毗，却发现无论多少人怎么用力，禅师的身体屹然不动地倒立在那里。远近前来看热闹的人，都惊叹不已。

隐峰禅师有个妹妹，是个悟道的比丘尼。她听说哥哥入寂，马上赶了过来，看到这个样子，于是上前拍着他的尸体，斥道："你是什么人？怎么还用这个？快下来！"说完用手轻轻一推，尸体仆然倒地。

读者们看看，行走江湖的这群大禅师都是些什么人物？我们来看看隐峰禅师在石头处如何滑倒的？第一次，石头喊"苍天"，苍天是无语的，但他故意在喊，就是有语。孔子说"天何言哉，四时行焉"，"行"是无语中的有语，是天的用。而石头喊"苍天"是有语中的无语，苍天虚空，容摄一切，以此显出隐峰问话不当，是答而不答，不答而答。

隐峰禅师本来是功夫高深但不善机锋的人，所以一句"苍天"就败下阵来，不知如何回答。回来马大师教他下次嘘两声，"嘘"与"虚"同，是让隐峰用虚空对应石头的苍天，但石头是什么人？等到隐峰回转，知道他身后藏的是马大师，所以还没等他"嘘"，他就已经先"虚"上了。石头路本来就滑，隐峰功夫再高，遇到高手还是脚底没跟，连摔两跤。

禅的本质是一种实践，"最上乘禅"实践的中心就是体悟生命，认同生命的意义和价值。如果您修禅后没有体悟到生命，那修的只是死禅，师父传一句，你就会这一句，一遇到外界变化，就死于句下。或者是口头禅，文字禅，这样的禅对人没有帮助，遇到事情该烦恼烦恼，该迷惑迷惑。

惠能禅师悟道偈云:"菩提本无树,明镜亦非台。本来无一物,何处惹尘埃?"但《坛经》最初记载的是:"佛性常清净,何处有尘埃?"这是什么原因呢?因为"无一物"容易让人产生误解,而"常清净"是说本性是清净的,所谓"清净"就是指"空"。既然是空,为什么还要讲清净呢?《大般若经》里讲明了:一般人听到空就认为是什么也没有,就害怕,所以假名"清净"。

罗什法师讲"空、有不二","性空幻有","真空生妙有","空"是从事物的本质上讲,而"有"是从事物的现象上讲,所以"有"称为"幻"。空不离有,有不离空;离有无空,离空无有。

如果能认识到事物本质是空,那么任何的分别和执著都是没有意义的。我们哪一个生命体不是空的、赤条条地来到这个世界?又有哪一个生命体不是空的、赤条条地离开这个世界?"生不带来,死不带去"。

隐峰禅师经过两次在石头那里的挫败,决定不再四处乱跑,一心待在师父门下用心参究。终于有一天,在马大师的点拨之下,豁然小悟。然而这个不死心的人,刚有了点小进步便又一次前往湖南,第三次去用鸡蛋碰石头。

一见面,隐峰禅师便问石头禅师:"如何合道?"

石头禅师头也没抬,说:"我亦不合道。"

隐峰禅师第三次无言以对,你看,这个隐峰禅师虽然已有所省悟,但还不彻,果然又被石头滑了一下。

我们这两位大士,马大师接人,拳打脚踢,禅风峻烈;而石头回互幽远,孤峻绵密,如日、月二轮,阴阳互补,相辅相成,形成不同宗风的显著对照,那么这二位大士的禅风和禅法具体是怎么样的呢?

最生活禅

要讲述马大师和他发扬的"中国禅"特色,笔者试图从三个方面来讨论。一、坐禅、禅定和禅的关系;二、"平常心是道"的伟大之处;三、令世人大惑不解的、由马大师一手创立发明、并由临济等禅师继承的"中国禅"独一无二的"武功"教育法。

首先我们来谈谈坐禅、禅定和禅的关系。马祖道一大师尚未悟道时,整天在茅棚里打坐用功,师父南岳怀让禅师知他是法器,于是捡起一块砖头,到他茅棚前用力在地上磨;磨了几天不知是声音太响扰人清修,还是好奇心使然,总之此种怪异行为终于引发了当年还只能称呼为"马小师"的疑心,开口问:"和尚磨砖作什么?"

好!怀让禅师花了几天功夫耐心地磨砖头,不是为了用砖头打人,等的就是他这一问,于是大声说:"磨来作镜子啊!"

马小师诧异道:"砖头怎么可能磨成镜子?"

哈哈!掉坑里了不是?正中下怀!怀让禅师当即反问:"磨砖不能作镜,打坐岂能成佛?"马小师一时无对。

怀让禅师于是接着说:"如牛驾车,车若不行,应该打车呢?还是打牛?"马小师再一次无言以对,牛驾车,车不走,是打牛还是打车?若疑惑于该打牛还是该打车的问题,早已失却怀让禅师之意了。

于是,马小师匍匐在地,顶礼师父,虚心请教。

怀让禅师这才说:"你是在学'坐禅'?还是在学'坐佛'?若学'坐禅',禅非坐卧之相。若学'坐佛',佛无定相。于无住法,不应取舍。

你若坐佛,即是杀佛。若执坐相,非达其理。"

马小师如饮醍醐,再次礼拜问:"请问如何用心,即合无相三昧?"

怀让禅师曰:"你修学心地法门,如下种子。我说法要,譬彼天泽。你如果相应契合,当见其道。"

马小师接着又问:"道非色相,为什么可以见?"

怀让禅师曰:"心地法眼能见道,无相三昧亦复然。"

马小师锲而不舍地问:"道有成坏吗?"

怀让禅师曰:"若以成坏聚散而见道者,非见道也。"

"道"哪有什么"成住坏空"？有生灭的是"相",而不是"道",不是"性"。人世间的万事万物有成住坏空、刹那生灭；唯有"道"、"性"是不生不灭、不垢不净、不增不减的,须臾不曾离得。能被人"取舍"的不是"道",不是"性",而是"相"。

怀让禅师最后言:"汝听吾偈:'心地含诸种,遇泽悉皆萌。三昧华无相,何坏复何成！'"

马小师于此言下彻见本性,当下磕头顶礼师父,后精心侍奉师父十年,尽得怀让禅法精要,自此,他从禅定功夫了得的马小师蜕变成了彻悟本性、了却生死的马大师。

现在还有不少人在走马小师当年的老路,成天坐着坐着就梦想悟道,禅者要搞清楚,坐禅不是"禅",只是"坐禅"；禅定也不是"禅",只是"禅定",禅可以藉由坐禅和禅定的修法来悟道,但不代表坐禅、禅定就一定能够悟道！这是马小师的悟道血泪史。

那么怀让禅师制止他打坐成佛的思想源头在哪里呢？这需要请

教怀让的师父惠能禅师了,他老人家在《坛经》中说:

此门坐禅,元不著心,亦不著净,亦不是不动。若言著心,心元是妄,知心如幻,故无所著也。若言著净,人性本净,由妄念故,盖覆真如,但无妄想,性自清净。起心著净,却生净妄,妄无处所,著者是妄。净无形相,却立净相,言是工夫,作此见者,障自本性,却被净缚。若修不动者,但见一切人时,不见人之是非善恶过患,即是自性不动。迷人身虽不动,开口便说他人是非长短好恶,与道违背;若著心著净,即障道也。

讲得多清楚?静坐不是禅,枯坐也不会开悟。但静坐虽不是禅,不代表坐禅不重要,佛陀最终开悟时,是在菩提树下结跏趺坐悟道的,达摩祖师更是在嵩山面壁九年,即使惠能禅师本人,活着的时候因为怕大家执著在坐禅上,所以屡说不重视坐禅,是为了要破这种执著。但他圆寂后就示现坐相,一坐就坐了一千三百多年。

中国人一直就喜欢坐禅,一方面因为儒、道两家都有静坐的传统,另一方面初期来中国传法的高僧们,仍沿用印度的传统方式,偏重禅定、禅观和坐禅。这种情形一直沿袭到惠能禅师,到了禅师这里,他将关于坐禅和禅定的关系在《坛经》里是这么解释的:

何名坐禅?此法门中,无障无碍,外于一切善恶境界,心念不起,名为坐;内见自性不动,名为禅。何名禅定?外离相为禅;内不乱为定。外若著相,内心即乱;外若离相,心即不乱。本性自净自定,只为见境思境即乱。若见诸境心不乱者,是真定也。外离相即禅,内不乱即定;外禅内定,是为禅定。

为什么说惠能禅师是"中国禅"的创始人呢?笔者此书不断在讲述惠能"中国禅"的特色、思想、境界、理论、修法、戒律、创举等等,惠能禅师这里对"坐禅"和"禅定"的看法也是"中国禅"的创见。

笔者试解一下祖师心意,他在此说明了什么是"坐"、"禅"。对外境无念是名为"坐",在本性不乱是名为"禅",这是指"外坐内禅"。

那什么是"禅"、"定"？对外,对事物现象不起分别相名为"禅"。在内,心不乱是名为"定",这是指"外禅内定"。

从事实来看,"禅"有"内"、"外",但"坐"只有"外","定"只有"内"。因此,在"坐、禅、定"中的核心是"禅"。

"禅"统一了"外坐"和"内定",把"外身"和"内心"完全统一起来。进一步理解惠能禅师关于"中国禅"的坐禅和禅定的思想,我们又得出：坐、禅、定是不二的,同义而异名。因为"外于一切境界上念不起"与"外离相"是一个意思,"见本性不乱"和"内不乱"是相同含义。

"坐"即是"禅","禅"即是"定"。做功夫不一定在静中,能保持在动中不动,才是真功夫。也可以说,"外于一切境界上念不起"的"坐"与"内不乱"的"定"不异,即坐(外)、定(内)不二。

我们再接着看,指挥"观照"的意念(用)和"被观照"的本性(体)其实是一个东西,不能用"念"来看"本性"。由此来看,神秀禅师提倡的"时时勤拂拭,莫使惹尘埃"的看心看净思想是不够圆满的,也是惠能禅师批评北禅在这方面的见地不够的原因。如此一来,惠能禅师的"中国禅"就凸显了他的特色了：以此彰显了否定了宗教仪式的根据,否定了打坐为修禅根本的根据,同时否定了渐修悟道的根据；"顿悟成佛"是"中国禅"的核心！

笔者发现许多人对"顿悟"的概念有极大的误解,"顿悟"的革命性、创造性不亚于当年佛陀提出"人人皆佛"的那一束照亮世界的强光。那些只认识到佛教苦修层面或悲观层面的人,会误以为修行就是要苦修,从打坐练腿开始修炼忍辱,从离家出走开始修炼放下;还有那些只能够因循次第进阶的修者,会误以为人生的一切都是按部就班,一级级上台阶才能到达山峰,一步步走才能到达目的地,那科学是什么?

好比发明了飞机一样,飞机为什么可以脱离地面这么快飞行?您想走到美国需要花多长时间?您为什么可以接受飞机这样新兴事物呢?天地间是先有了可以飞行的原理,还是先发明了飞机这样的东西呢?再想是先有了电,还是先发明了电的使用呢?毫无疑问,原理是宇宙间本来存在的,发明只是时间问题。而禅的"顿悟"不是被祖师们发明的,而是被祖师们发现的真理!真理迟早会被发现,不以人的意志为改变。

"中国禅"是佛法中最积极和最有活力的派别之一,"禅"不是禁欲主义、悲观主义、神秘主义,也不是按资排辈等一切形式主义可定义的。"中国禅"的了不起之处,是可以令到普罗大众、芸芸众生中诸如三祖僧璨这样的麻风病人、惠能禅师这样的一字不识的村野农夫,可以有机会瞬间找回自己的本性,一念成佛!这才是"顿悟成佛"的伟大之处。

古往今来,多少上根器、上上根器者,被湮没了?一步步进阶时由于某个关没破,或者由于某位长辈资格更老,更或者由于师父的教育方法不对,大海之鱼被投放在涓涓小溪中无以发挥,无法呼吸,郁郁不得志。

不仅在修行的各个法门里,各行各业都有论资排辈的气氛,有多少上根器、上上根器的人没有机会发现自己,不了解自己的潜质和潜力,没有机会重新认识自己,谁知道下下人就没有上上智?惠能禅师是下下人,如果当年黄梅山没有得师父传法,他可能一辈子是个打杂的。他初见师父弘忍时说,人有南北之分,身份有高低之分,但佛性有南北吗？那么同样道理，智慧分南北吗？有前后吗？有速和缓吗？一念之间，悟了便悟了，和您读过多少书，拿了什么文凭，拜见过多少明师，参加了多少法事，家里收藏了多少佛像有什么关系？您只是有没有机缘有一天被发现和发掘！而禅的师父，是在灰石中发现宝藏的人，是点燃您心灯的人，是瞬间驱散您心头迷雾的狂风。

"禅"的说法是鉴机说法，采用种种方便之法，务使修者尽可能得悟正法。《维摩诘经》说：智慧以为父，方便以为母。如果没有智慧方便，众生一味苦修，极难得遇法益。如佛在世时，目犍连和阿难尊者，各教导一名弟子。目犍连的弟子俗家是洗衣匠，尊者教他用数息观训练专注，而阿难的弟子俗家是打金匠，尊者教他不净观来脱离执著，其实这与他们的生活习气是很难相应的，果然修了很久，这两个弟子都没有悟道。于是二尊者去问佛陀，佛陀知其根机秉性，即把二弟子的修学法门对换一下，洗衣匠每天洗不干净的衣服，改修不净观很容易相应。而打金匠每天拉风箱，让他修数息观更快，果然不久这两位就都证得了阿罗汉果。这就是说法者要具足智慧和善巧方便。从某种意义上讲，"顿悟"也是方便法。

那什么是"最上乘禅"？能令到上根器、上上根器者有自信找回自己本性，令到中、下根器者有能力转化成上上根器的法！不用经历百万千劫、不用一生又一生地忏悔、苦修灭除原罪，也不用依靠瀚如烟海的知识和名相，不用计算打坐和修行时间来苦熬资历，"中国禅"不是靠累积成就的！禅就在生命里，某一念契合时，犹如阳光照亮了大地，山川河流清晰呈现。阳光照射大地，没有分别什么好环境或不好环境，有学问或没学问，高等生物或者低等贱民的；阳光下没有好人、坏人,正义之地,邪恶之所,阳光就这么无分别地照亮每一寸土地,孕育着土地上生活的芸芸众生。

这一念之光,吹散了眼前的阴云雾霾,对眼前事物不起分别心,无心任运,烦恼转菩提;心若分别,即成见尘,求菩提的心便是烦恼,心就被菩提转了。这就是顿悟禅!这就是最上乘禅。

现在我们再回到"磨砖不能作镜"这段马祖悟道因缘上。马祖知道执著于形式上的修行没有用,因而开悟。那么,许多人会误解这是否意味着不用打坐,或不修行的人,也一样可以开悟?当然是不可能的!我们下一节讲到提倡打坐的石头禅师时会进一步解释这中间的缘由。

坐禅和禅定的问题就先谈到这里,我们下面讲讲"平常心是道"。

"中国禅"的许多祖师,自马大师开始,以平常日用即禅。不论出家在家,若能将禅的观念和方法,用之于日常生活,纵然处身于万丈红尘,也会体验到安定洒脱又活泼自然的人生境界。我们反复强调"中国禅"不是宗教信仰,不是哲学理论,不是逻辑思辨,不是闭关苦修,更不是神奇古怪的法术,而是生活的智慧、身心的修养,是开发精神领域的指导原则,是净化心灵的清凉心药。

它不以神迹显灵作号召,不以身心的异象为着眼,不以急功近利作目标,乃以平实的人生为基础,以转烦恼为菩提为宗旨,实现人世间生活的轻松自在、游刃有余。对于过去,无怨无悔;对于未来,随缘自在;对于当下,积极面对:这些便是以"平常心是道"为准则的正统"中国禅"。

许多发心学佛的人,常误以为,只有在佛前上香、礼拜、诵经,或是到深山去闭关苦修才是修行,殊不知日常生活哪里不是修行?马大师的伟大之处便是将修行细节化地落实在日常生活中,和生活融于一体,禅者对于日常一举一动,时时刻刻的每一个念头,都清清楚楚,明明白白,不管是行、住、坐、卧、吃饭、穿衣、睡觉,甚至恋爱、工作无处不是修行。

还有人误以为修行那么遥远,和我有什么关系?成佛又怎么样?开悟也没什么了不起!对我的生活而言,都是浪费时间,修不修没有什么不同!偶尔有时间出去旅游一下,或者看看书,听听课,会会友是放松,而赚钱、吃饭、买别墅、养家糊口则是首要问题,修禅是瞎耽误工夫。这些人一旦困境现前,生离死别,事业家庭遇到意外,大起大伏时,就惊惶不安,不知所从了,那时候急着临时抱佛脚,观音、耶稣一起拜,能管什么用?就像汽车和猎豹赛跑,汽车确实跑得快,可一旦没有了汽油,汽车连乌龟也跑不过,就是一堆废铁,依靠自力和他力是禅的关键,依赖外界的他力终不是究竟之道。

每个人的能量如同手机和电脑一样,不论你怎样升级,它的许多功能均未被开发使用。人最不了解的就是自己!普通人的生活不是在自欺就是在欺人,有些人会自以为自己有了一定境界,心里可以不具任何主观意识,不带分别执著了,其实这还是自欺欺人。因为凡是没有大彻悟的人,都还有我执未消融,自然会有人、我之别,乃至难免情绪的冲动、物欲的贪恋。

"中国禅"的生活化,不要误以为是世俗化和庸俗化!平常心的生活是指人间化的生活,是人与人之间,彼此互相真诚关怀,常保一颗直心。禅者虽不离俗、不执俗,但不顺俗,这种心不是厌世的,而是出世的;不是恋世的,而是入世的。

因此禅者不会情绪化地涉入任何恩怨是非中。生活禅中没有鬼神,这不是想探讨世上有没有鬼神真实存在,禅者是不依赖鬼神。鬼神有鬼神的世界,禅者有禅者的世界,禅者不以升天为归属,心活在现实当下。其对生命的认识不会停留在虚无缥缈的神界、鬼域里,生命的意义,体现在您面前的这个人、这件事、这个当下。活在当下,修在当下,悟在当下,离开了当下什么都在变化中,所以不必执著,也无法执著。

玄觉禅师的《证道歌》里有句话:"行亦禅,坐亦禅,语默动静体安然。"佛法修行初期被误以为静坐一途才是正道修行,"中国禅"破除了这种外在形式,把禅体现在一切地点、一切时间、一切事件上面。这样,"中国禅"从佛教统一使用的修行方法中脱离,成为一个独立的宗派。但那时候的禅门宗派只是在一起建立一个修行组织,以集体参禅悟道为原则,而并非什么宗教团体。

所以禅者是自由的,往来行脚,四处挂单,禅堂里坐禅之处便是卧身之所。有的修者常想:人间真烦恼啊,去深山里找一个清净的地方逃开这些烦恼。这种想法在禅者看来,无非是从这个牢笼里跳出来,钻到另一个牢笼里面去。

所有的东西都是相对的。比如身上脏了要洗澡,那么是不是洗洗身上就干净了呢?其实,洗干净了之后,脏好像不存在了,干净失去了参照物,那么干净也同样不存在了。

禅是要我们把握一切皆空的根本精髓,破除对一切现象的执著,这些染、净不二的思想好像违背人们常识性的认识,因为我们要认识事物,必须是处在分别、比较的情况下。说一个东西甜,那一定是和不甜或者和酸的东西来比较而言的。而"禅"是没有参照物的,无法比较谁的"禅"比谁的"禅"更高级、更干净,只有什么修法和个人更相应。

修法是"色",色是物理的、现象的、实有的、生灭的,也是变化多端的。法的本质是"空",是不生不灭的。禅法是"色空法"、"空有不二法",色即是空,空即是色。

生活禅的修法是从做人的基础开始,履行个人应尽的义务,合乎人间的道德标准;如果禅者的一切贡献和付出超越于人的层次,便可得应得的功德;禅者虽然付出对于社会的关怀,但是并不执著、留恋这功德。他的一切行为是基于慈悲的愿心,发愿生生世世在人间帮助、关怀一切众生,因此并不以小乘的涅槃为依归,而是直至慈悲与智慧修行圆满,也就是菩萨道的完成。因此,要发愿成佛,首先要尽人的义务,把做人的本分做好,从人的层次提升;否则,人间的责任尚未完成却终日指望成佛,那是幻想。

马大师的思想核心在于"即心即佛"、"非心非佛"与"平常心是道",这是其三大理论主体。

"即心即佛"思想继承了祖师们的理论,并在他这里得到了发展与创新。有僧问马大师:"和尚为什么说即心即佛?"

大师云:"为止小儿啼。"(什么意思?哄小孩玩的,但哄的方法老用就不灵了。)

僧再问:"啼止时如何?"(这学僧估计被马大师哄得今晚睡不着了。)

师云:"非心非佛。"

"非心非佛"与"平常心是道"为马大师的创见,"非心非佛"针对"即心即佛"而言,为破除禅者的执著,破除对即心即佛的执著。《金刚经》云:"凡所有相,皆是虚妄,若见诸相非相,即见如来。"不要执著于相,不能执著于法。只有破除妄念,才能够真正解脱和解脱知见。

法常禅师初见马大师,问大师:"如何是佛?"

答曰:"即心即佛。"法常禅师当即大悟,后居大梅山,号大梅法常。

一日,马大师突然想起好久不见这个弟子,闻说他住山大梅,乃令另一位弟子过去找他,考问一下他的见地是否退转。

弟子到后,见了法常,问:"和尚在大师处得了什么?"

法常如实答道:"大师向我道'即心即佛'。"

云:"大师近日改了说法。"

法常疑道:"怎么改了?"

云:"大师近日又道'非心非佛'。"

法常云:"这老汉又来惑乱人了,什么时候是个头?我不管他的'非心非佛',我只管'即心即佛'!"

僧回去后禀告师父如此这般的对话,大师笑道:"梅子熟了。"

这是"中国禅"的特殊之处:"心心相印"。

禅心与禅心相应时,绝不会受到外界的干扰,能受到外界谣言、变化干扰的还是禅心吗?大道至简,真理是简单的,弯来绕去的深奥,不过是文字相罢了。诸相皆由心生,一念成佛,一念成魔。佛也好,魔也好,其实也是心念妄想而生。心没了,佛也没了。

"平常心是道"则作为一种思想建树,对中国乃至对世界的学理、修行、宗教等领域都产生了深刻的影响。这句话,始见于马祖语录:"平常心是道,无造作,无是非,无取舍,无断常,无凡无圣。只今行住坐卧,应机接物,尽是道。"

平常心是要眠即眠,要坐就坐,热时喜凉,寒时向火,没有分别矫饰,超越染净对待的自然生活,是本来清净自性心的全然显现。如果着意追逐客尘,有心造作攀求,反而会丧失平常心的和谐性平衡性,而成为反常心、异常心。语虽浅显,意蕴颇丰,佛法遍一切处,无处不是道。但知易行难,契悟与否,自心了然,如人饮水,冷暖自知。

有一天,药山惟俨禅师问弟子:"门前有两棵树,荣一棵,枯一棵,你们说是枯的好、还是荣的好?"道悟禅师说:"当然荣的好,有生命力。"云岩禅师说:"我认为枯的好,开春后厚积薄发。"此时正好有高姓禅者路过,听后说:"枯也由它,荣也由它,都好。"无论你选择前两者中的哪一种心态,都会产生得失之心。"平常心是道"是在生活中不着苦、乐两边而行持中道,通过对世间万物的正确认识,以一颗平常心去看待这一切。枯也由它,荣也由它,得失随缘。得在失中,失也在得中,所谓得失,全在一念。

最后,我们来讲马大师开创的独步天下的"武功"教育法,禅史上,他门下号称八十八位大善知识,传法弟子百多人,可谓"中国禅"门第一禅导师。

"禅"的发展关键在禅师,人是载体。纵观历史,没有禅师的"禅",变成了死禅、枯木禅、口头禅、文字禅、狂禅、野狐禅……我们看,马大师培养了这么多了不起的大弟子,一个个屠夫手段,菩萨心肠,顶天立地,功夫智慧冠绝天下,如百丈怀海、西堂智藏、大珠慧海、南泉普愿等等。

禅法是人法不二之法,但通常情况下,其他门派在人与法之间,修者会更偏重法,因为法包含了修法、经典、学理等等,而相对忽视人的因素,因为人是最无常的,其他宗派修者都习惯先放下人情。

马大师的"洪州禅"绝对是最有个性、活力的禅门,而他个人的能量、创造、声望也是举世无双的,自他起,"中国禅"在禅学、教法、禅修、禅居等修行的关键各方面,出现了大变革,终使禅法大兴。

马大师的禅在禅法教化方式有个极大改变,从开堂说法到机缘问答,从原来的师徒之间口头指导到逐渐演变成伴随着"武打"动作指导,他开启了棍棒、喝吼的应变教学法,纵观世界也是独一无二的。

马大师还将禅学的经典从佛经理论的阐释变成宗师的言行记录,禅变得与人的日常生活紧密结合。同期的石头禅师,他的禅法、禅义、见地与马大师并无不同,但两者的家风却是明显有异,而此种差异又到底是什么呢?

从第一节石头禅师和隐峰禅师的对话已经可以看出,面对问题时,尤其是大问题时,石头禅师经常以"不会"来回应,含含糊糊地貌似否定与马大师大机大用的貌似肯定之法,是两者禅风的区别。《景德传灯录》卷十一,仰山慧寂禅师章中,马大师对二人之间的禅风,曾这么说:

石头是真金铺,我这里是杂货铺。觅鼠粪,我亦拈与他。来觅真金,我亦拈与他。

这里可以鲜明地看出两者家风的不同。两位大师同期接引学人,如日、月并举,马大师重"动中静",发挥了"一行三昧"生活中处处可悟道的直指人心。石头的接机方式则重"静中动",细密平稳、简易朴实,这和马大师机锋峻峭,棒喝凌厉,当下直入,禅风截然不同。但两位祖师提示学人反观心源的法门却是同源曹溪的。两位祖师相互依存,始终保持着恰到好处的均衡,将惠能"顿悟禅"的一体两面于世间充分活泼泼展示。

《碧岩录》有个马大师看野鸭子的记载,关于马大师和他宝贝弟子百丈怀海之间的经历。有一天,马大师与百丈散步,见天空有野鸭子飞过。

大师问:"是什么?"(注意这句话没头没尾,没主语,考试题来了。)

百丈禅师傻乎乎地答道:"野鸭子。"(这个人脑子还没有转过来,鸭子马大师还不认识吗？还用问？）

大师看这傻孩子没反应过来，于是再问："什么处去也？"（注意还是没主语，到底去哪里？谁去？一定是鸭子去吗？）

可惜百丈禅师还处在不省人事的状态中答："飞过去也。"（他就知道鸭子，鸭子，估计昨晚没睡好！）

大师遂扭百丈鼻子，马大师是何等力气？把这傻孩子扭得逃又不敢，只能挺着身子作忍痛声。

大师实在忍不住了，这是最宝贝的弟子啊！所以不免老婆心切，再教育他道："何曾飞去？"（什么飞去了？百丈的心在鸭子身上，大师的问题要他回到自己身上，师徒之间的答问是牛头不对马嘴。什么何曾飞去？鼻子痛不痛？鼻子飞哪里去？痛飞哪里去？）

我们从上一节惠能和玄觉两位禅师的对话已经可见"中国禅"问答的绝妙，跟当时中文的性质、语境大有关系。比如，中文和日文都不一定需要主语，平时大家打招呼"吃了吗？"就是无主语的，而马大师所发的两个问句恰恰都没有主语。和禅师对话时要极其小心，凡人讲话是为了讲话聊天，禅师讲话多是为了说法，不在聊天，不在问候。

明明是二人都看到野鸭子飞过去，马大师有那么无聊吗？还要问百丈是什么？这问话就是陷阱，百丈迷在眼睛上，被眼碍。被眼碍就是住相，着相了，"中国禅"的核心是因无所住而生其心，这则问答的背后蕴藏着马祖禅"作用是性"的思想。

这段是马大师教育法的精妙之处，大多数人看到这一段会去关心百丈的鼻子，这鼻子有什么好关心的？痛不痛是生灭法，痛一下就过去了，我们应该来好好关心的是他为什么被师父扭！"中国禅"中糅合

一体两面

禅者

- 忍辱精进时 —（静态）→ 感觉痛苦 → 增长智慧功夫
- 自以为是，心向外求时 —（动态）→ 感觉舒服 → 耗费生命元气

禅者具有动中静、不离静中动的功夫时才能稳定地增长智慧，解脱自在

了中国传统儒、道的一些思想,其中"无住"的思想和《庄子》中"天道运而无所积,故万物成;帝道运而无所积,故天下归;圣道运而无所积,故海内服"中的"无所积"有相似之处。

宇宙从诞生以来,运行了百亿年,宇宙有没有积累?有没有停住?它是生生不息的。如果它一旦有所积,那就表明了停止。

时间、空间、能量、物质不会静止在一个时空点上,或一个切片上;它也不可能让运动着的物体、运动着的事物静止在一个断面上。天道的运行是无前无后,循环不已的,我们说春天好,百花美不胜收,那么让春天停下来,永远都是春天行吗?所以四季交替始终都是无所积、无所住的,永远都在更新,不以人的好恶而有所保留。恰恰因为无住,无所积,万物才有交替运行的资格,世间万象才不分美丑地拥有各自容身的时间和空间。

那么出世间的智慧、功夫和世间的财富、地位也必须建立在无所积上,老子说"生而不有,为而不恃",这是玄德,是道的"自然而然",也是禅的不立一法,不舍一法。

"法尚应舍,何况非法"?这些都是无住的,一旦有所积,积了便成"障",情绪积累是"烦恼障",偏见积累是"所知障"。如果我们老是把眼里的、记忆里的、意识里的揣着端着,那就会有所住,那可都是障道之物啊!老子说"上善若水",水流则不腐,学问上不固化,情绪上、性格上不固化,这是禅的空灵状态,也是孔子所强调的"毋意,毋必,毋固,毋我"的功夫修为。

法眼禅师曾带着弟子们挖井,井打到一定深度还是不通,禅师转身问弟子:"井眼不通被沙碍,法眼不通被什么碍?"弟子们都回答不出来,禅师回答:"被眼碍!"

那我们百丈禅师此时眼不通,心不通,您说他被什么碍?他被一些莫名其妙的东西障到了。心无碍处,明察秋毫,无所不到,万物化成,天下归,海内服。马大师就这么直接,单刀直入,令百丈禅师亲身体会了一个被鸭子迷住的心、眼和一个被扭出来的痛、鼻子,在这两个"事实"中,师父要他体会的是"本心"。

《马祖语录》有这样一段话:一切众生,从无量劫来,不出法性三昧,长在法性三昧中,着衣吃饭,言谈祇对。六根运用,一切施为,尽是法性。若欲直会其道,平常心是道。……只如今行住坐卧,应机接物,尽是道。

这些都是指身心活的作用,马大师谓前者即后者,后者即前者,无所谓前后。正如此,自己的"本性"和"现实态"才可以打成一片,这是"马祖禅"的基本思想。马祖禅者,起心动念,弹指动目,所作所为,皆是佛性全体之所用,更无别用。

赵州禅师的师父南泉普愿是马大师的得意弟子,赵州禅师在其座下时,问师父:"如何是道?"答:"平常心是道。"师再云:"道不属知不知,知是妄觉,不知是无记。若真达不疑之道,犹如太虚,廓然荡豁,岂可强是非也?"赵州禅师于此言下顿悟。

若干年后,有僧问赵州禅师:"如何是定?"答曰:"不定。"再问:"为什么不定?"赵州云:"活物,活物。""活"是"中国禅"的根本所在。

马大师的教育法不是粗暴教育法,他首重巧妙,现代人往往不理解什么是巧妙,西方文字里没有"巧"、"妙"两字,这两字是超越真理的,又是现实的。例如,中国的礼乐文化是巧妙的:礼是实,是经,是静,是尚别;乐是虚,是权,是动,是尚同,礼乐的奇正变化是阴阳的交替发生。

巧妙之处在于发现和发挥每一个人的长处和短处,此二者是同一枚钱币的两面,就看你把哪一面翻了出来。换一种说法,就每一个人的潜质而言,本无所谓短长,短长是运用的结果,用得好就是长处,用得不好就成了短处。

马大师的能量就在于他能够因人而异,因事而异,因时而异,因地而异地帮学人发现自己,在一切修法中,人的有情是原动力,而法理则是制动器,情感提供原材料,理智则做出取舍,世上绝不存在单凭理性就能够成就的事业。情的极致是慈悲,理的极致是智慧,而马大师由人情入手,由修者的短板入手接引学人。其实,无论哪一领域的天才,都必是具有某种强烈情感的人。区别只在于,由于理智加工程度和方式的不同,对那作为原材料的情感,我们从其产品上或者容易认出,或者不容易认出罢了。

绝大多数人的生命潜能有太多未被发现和运用。由于环境的逼迫、利益的驱使或自身的懒惰,人们往往过早地定型了,格式化了,把社会留出来给生命谋生的某一条窄缝当成了自己全部的生命之路,潜能无法释放,只有遭到了弃置。想想看,人们是怎样轻慢地亏待自己唯一次生命的啊!马大师用他独特的马氏教育法,常常是看似不经意的一句疯话,一通拳打脚踢,好比是狂风直接吹散学人心头的迷雾,使其顿觉本性。

马大师进一步体现出了平民化、生活化、人间化、简易化的特征,因此引导着"中国禅"禅者实现大乘入世精神的菩萨心、行、道。经由马大师发挥的活泼洒脱、险峻刚强的禅法教学特色,也为后世禅者开启了更广阔的天地之门。

最幽远禅

我们现在来讲讲这个"石头路滑"的石头希迁禅师,"路滑"二字很足以道出石头禅师的特征。

如果说马大师的禅风凌冽,直接,刺骨,透心,那么石头禅师的禅风,是近于静态、温和、幽冥、深邃,如同他在《参同契》中讲"门门一切境,回互不回互",体现了他禅法的圆满具足、圆融无碍、圆通圆用。

马祖是当机的,石头是转机的。石头禅法的根本是圆融,一切世间法都是出世间法。不二皆同,无不包容,圆融顿渐、宗门教下、世出世法,在石头处皆可融汇。经是佛语,禅是佛心,一切皆可包容,禅为法本,相说唯识,性明中观,教在华严,宗在天台,行在三密,念在净土,这就是圆融的法住法位。

有僧问石头:"如何是解脱?"

石头曰:"谁缚汝?"

再问:"如何是净土?"

石头曰:"谁垢汝?"

再问:"如何是涅槃?"

石头曰:"谁将生死与汝?"

这种典型的石头禅师接机开示,简单明了,一语道破生死关。石头遗有《参同契》与《草庵歌》两篇著作,《参同契》上一章已经写了,这一节把他的《草庵歌》摘录给读者。

吾结草庵无宝贝,饭了从容图睡快。
成时初见茅草新,破后还将茅草盖。
住庵人,真常在,不属中间与内外。
世人住处我不住,世人爱处我不爱。
庵虽小,含法界。方丈老人相体解。
上乘菩萨信无疑,中下闻之必生怪。
问此庵,坏不坏,坏与不坏主元在。
不居南北与东西,基址坚牢以为最。
青松下,明窗内,玉殿朱楼未为对。
老衲钵头万事休,此时山僧都不会。
住此庵,休作解,谁夸铺席图人买。
回光返照便归来,廓达灵根非向背。
遇祖师,亲训诲,结草为庵莫生退。
百年抛却任纵横,摆手便行且无罪。
千种言,万般解,只要教君长不昧。
欲识庵中不死人,岂离而今这皮袋。

石头的《参同契》与《草庵歌》在禅门流传甚广。马大师接人,常问:"是什么?"石头和尚却教看"是谁?"面对这一对无孔铁笛,禅者们要经受得住这一对大师的考问,参得透这"是什么""是谁"才有办法行走江湖无碍。从根本看,马大师的直指人心,石头和尚的当下解脱为顿悟法的两个特点,都是直面现实的人生而又超然世表。

石头的禅法较之马大师更受南方玄学的影响,他称参禅为"参玄",有一定道化的特色。"如何是道?""如何是禅?"这些都是石头门下

生死关

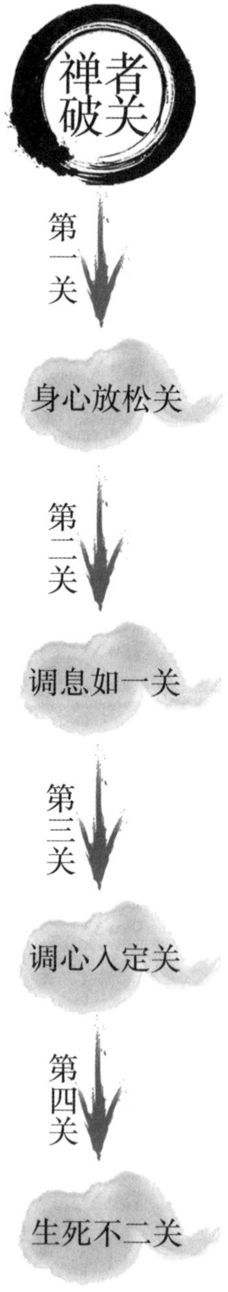

禅者破关

↓ 第一关

身心放松关

↓ 第二关

调息如一关

↓ 第三关

调心入定关

↓ 第四关

生死不二关

常提的问题。石头以心为源,又以心不可执著,要人无心任自然,这种思想明显受到罗什、僧肇师徒的般若三论影响。

石头的思想中亦有华严的踪迹,《参同契》的"不回互"是他从物理说事事各住本位,"回互"则又从性理说事事相融相摄,而又以自心(灵源)为回互之本,以证悟此心者为解脱之人,这种融合三论、华严的石头禅法对后世乃至宋明理学、阳明心学都有很大影响。石头的七世法孙清凉文益禅师创立的法眼宗,就是将自己的禅学理论完全建立在理事圆融的基础之上,这点我们在下一章会叙述。

石头曾这样来概括自己的禅法:

吾之法门,先佛传授。不论禅定精进,唯达佛之知见。即心即佛,心佛众生,菩提烦恼,名异体一。汝等当知,自己心灵,体离断常,性非垢净。湛然圆满,凡圣齐同。应用无方,离心意识。三界六道,唯自心现。水月镜像,岂有生灭?汝能知之,无所不备。

这种万法唯心、凡圣不二的思想,和马大师的洪州禅同心同理,也是六祖门下的共同准则。

禅者以本分事接人,本分事是不会强加于人的。个个想解脱,有缚即不得;个个喜净土,有垢即不得。明白了缚汝者、垢汝者、造生死业于汝者是谁,当即不就还汝解脱、净土、涅槃了吗?就像清楚了生从哪里来,不就自然明白了死往哪里去了吗?若是上根灵利之法器,便知石头禅"一种平怀,泯然自尽"的含义。写到这里时,缚解、垢净、生死、烦恼、涅槃到底是什么?!请各位读者自己来参一参吧。

禅者参学,需有金刚法眼,能见一切事物,识好歹,别圣凡。还需有好耳朵,什么话听了都不生气,一听便知别人想说什么。更需有好肚皮,能容天下难容之事,遇缘应机,择其善者而从之,其不善者而改之。当然还得修出一个好身体,寒暑不怕,生死无畏,如此这般,才能从容做本分事。再高深的志向,不从本分事做起,也是无法达到的。

我们上一节讲到惠能禅师、马大师对坐禅、禅定的观点,有的人看了甚喜,这样好,以为禅不用坐,当下就是,这又是误解了。凡是讲这些话的古代大禅师,在顿悟之前都是会修禅定的。那些反对坐禅等的话,是针对光知道傻坐就幻想成佛的人讲的,不是对想偷懒的人讲的。

比如马大师在见怀让前,已经修定多年,才有一刹那的言下顿悟,而顿悟以后还是跟随师父身边多年随伺修行。惠能禅师见五祖弘忍后是大顿悟了,可为什么五祖不让他马上出来弘法?怕人追杀确实是原因之一,更重要的是惠能禅师那时还不够圆满,还需要进一步磨砺,所以藏身猎户十五年,命如悬丝的生活使他更加深刻实际理解了心出家和形出家、戒律、定慧等等禅法精髓,他在这些流浪的时间中把禅印进了深心,绝对不是现在有些人想的那样,修者一旦顿悟后就不用修了,可以万事大吉了,要知首先万事绝对不会皆"大吉","大吉"实为凶兆。

惠能禅师的了不起就是将"中国禅"由出世间带进世间,使禅者精神超拔于现实之俗世间,升华于光明之域。无论是出世做宗师,还是入世当禅者,关键都在于把握时节。时节未至,鸣不当时,是无智;时节若至,不应时度众,是无悲。而禅者入世较之出世,尤难甚多!禅者持菩萨道者,须具大慈、大悲、大愿、大行,难行能行,难忍能忍,如近代虚云老和尚。

马大师弟子南泉普愿禅师曾曰:"所以那边会了,却来这边行履,始得自由分。今时学人,多分出家,好处即认,恶处即不认,争得!所以菩萨行于非道,是为通达佛道。"可见入世之难。

天皇道悟问师父石头:"如何是佛法大意?"

石头答:"不得,不知。"

再问:"向上是否还有转处?"

石头说:"长空不碍白云飞。"

天皇在问的佛法大意是问师父禅法的禅义和心法,亦指诸祖所共同体验到的悟境。石头怎么回弟子问题的?不知道!他的意思是这能用语言描述吗?天皇禅师还是执著,听后颇感为难,怎么办?因此再问:是否修着修着有向上悟道或成佛的转机和窍门呢?石头就一句话:"长空不碍白云飞。"

万里长空中白云自由飞舞,这长空中有日月,有飞鸟,有白云,说是虚空处,哪里不是一片生机盎然?悟后的境,悟后的人,心中并非渺渺茫茫的一片顽空,世界在心中映现;所出现的现象固然有形、有相,可是并不会困扰这片长空。也仿如白云在长空里,爱怎么变化就怎么变化,它不会妨碍长空的灵虚,长空也不会因白云而改变空寂,相安无事,相得益彰,互为作用,相生相胜。悟道的人身在世间,世间的人、事、物这些现象在他心中如白云一样自然生灭,"知法如电影,究竟菩萨道"。

药山惟俨

药山是石头禅师的上首弟子,石头晚年付法给他,他的禅法比较绵密亲切,常通过与弟子的交接问答而使弟子开悟。药山禅师谓修禅是:"高高山顶立,深深海底行。"这岂不就是"极高明而道中庸"?

有一次惟俨禅师在打坐,有僧问他:"兀兀地思想个什么?"

他回说:"思量个不思量底。"

僧又问:"不思量底又如何思量?"

他说:"非思量。"可见惟俨的禅风,相当孤峻。

关于药山禅师,笔者在多本书上提到过他,其主要渊源是李翱参访了他,后来作《复性书》三篇,对后世宋明理学、阳明心学都有很大影响。

这里我们谈谈石头一脉的绵谨禅风,石头一脉比较重视坐禅,后来更发展出了"默照禅",将坐禅法进一步发挥。石头一脉的坐禅法不是要禅者断绝意识,造成一种自我催眠状态。它的目的在使心灵得到恰当的平衡,并把注意力依照自己所愿意的方向集中。其实,现代大部分人,特别易于兴奋、冲动,以致生命的蓄水池中常常是负数,元气、元精、元神过早地耗尽了,最终丧失身心平衡。坐禅法可以帮助挽救这种无益的消耗以及储蓄心力。

从西方生理学上来说,禅定是精力的蓄水池,当打开水闸时,奔腾而出的洪水会为生命发电,因此坐禅看上去是沉闷无趣的,好像半醒

半睡似的，但它却会在某一时刻给生命带来奇迹。一般人，遇到外界强烈打击，稍做挣扎就会瘫痪，因而立即投降，因为他没有生命力的储藏。这是东方与西方在修养方面的不同之一。东方强调储存精气神，生命的泉源随时保持充实滋润。而西方喜欢激烈的刺激、运动、消耗，不遗余力地生活，他们似乎不会储存任何东西以待闲暇之用，他们确实有坦诚而开放的特点，但显然缺乏东方的深度和内涵，自古至今，东方人的性格是不热切、不浮躁与可抑制的，但现代社会东方人主动遗弃了自己的传统，向着西方努力学习。

西方许多人不懂坐禅的心灵滋养，以为是一种心理催眠或自我催眠，以为冥想就是"禅"。这是极大的误解，催眠法自古就有，不是西方心理学的发明。东方的修炼方法中自古就有意识催眠、发气催眠、药物催眠、声音催眠等多种催眠法。而现代科技更多的是公众催眠法，用商业、广告、宣传来扰乱人的意识，带动消费，这是意识的一种病理性扰乱状态，是一种人为的自我幻觉，是主观的。

而坐禅和禅定的修法却是意识的完美清晰状态，是一切心智能量保持平衡的意识状态，在这种状态下，没有任何思想或功能会去压制其他思想或功能。如同在一片镜面上，如实观照景象，没有波涛起伏，没有泡沫翻动，没有浪花激起。在这意识之镜上，亿万反影来去而不打扰它一丝澄澈。而在催眠状态下，某些心智与生理器官会获得某种假宁静、假愉悦，或者某些部分完全停顿，这是短暂丧失了有机体的平衡，这与"禅定"是完全相反的作用。

"冥想法"源自早期印度瑜伽的修炼，认为某些境界与心灵的自我暗示状态是可以通过修行达到的。所以他们的修炼方法是通过冥想完成从人界到神界、天界,完成梵我合一、神我合一的过程,到达这种合一状态后,他们并没有丧失他们的意识,这乃是瑜伽的"三昧"。但是,这种冥想是和禅法不同的,禅门认为这种合一的舒服状态,是妨碍禅者的不二智慧和正心修行的。

石头的弟子丹霞天然禅师,早年曾与庞蕴(后称庞居士)结伴进京赶考,途经汉南投宿一旅店,与一过路僧一起喝茶。僧问二位到何处去,答说:"求选官去。"僧说可惜,"何不选佛去"。天然问:"如何去选佛?"僧告诉他说:"江西马大师今现住世说法,悟道者不可胜计,彼是真选佛之处。"

天然听说,立即转向到江西参谒马大师。马大师一见,知他和石头禅法相应,劝他投湖南石头处。天然到达南岳南台寺参拜石头禅师后,石头叫他到后院去做杂务,冷落了一二年后,才给他剃头正式出家。

元和初(公元806年)天然禅师先到洛阳龙门香山行脚,后在慧林寺住时遇上天寒,他就把大殿上木刻的佛搬下来劈了,用来烤火。当家院主出来看到了,吓得说:烧佛还了得?你要干什么?天然禅师说:烧舍利子。

院主说:你疯了?木佛哪有舍利?

天然说:那就不是佛,烧也无妨。

院主吓得不断念佛:你这个罪太大!有因果啊!

奇怪的是,这个院主说完,自己的胡子、眉毛当时都掉下来,脱了一层皮。佛是天然禅师烧的,因果反而到了当家院主身上去,这不是奇怪的事情吗?《五灯会元》记录了这段传奇,这叫"丹霞烧佛,院主落眉"。

细心的读者会发现,这些禅师们都是大自在人。在世间能做个自在人，这很难，因为各种束缚太多太多了，尤其是现代社会的人们，好似黄檗希运禅师讲的：终日吃饭，未曾咬著一粒米；终日行路，未曾踏著一片地。如果能够不著一切相，终日不离一切事，而不为一切事所惑，这才能叫自在人。

善用心者，心田不长无明草，处处常开智慧花。人在世界上行走，在时间中行走，无可奈何地迷失在行走之中。我们无法把家乡的河水带到异乡，把童年的彩霞带到今天，把妈妈的摇篮曲带到现在。不过，那不能带走的东西未必就永远丢失了。也许所有往事都藏在某个地方，在一个意想不到的时刻，其中一件或另一件会突然显现，就像祖师们的千年前的烛光会突然在某个夜空中闪亮。那么在另一个时空里，禅花会不会重新开放？这花从未败落，这光从未熄灭，花和光在时空里又一次回到了那永恒的不灭中，请关注下一章"一花五叶"。

第八章

一花五叶

结果自然成

写到这一章，我们"中国禅"这朵禅花终于盛开了，然，一切的生死兴衰是同时发生的，盛极而衰也是必然的。

综前所述，笔者将"中国禅"划分为两个阶段：前惠能阶段（萌芽时期、胎动时期）、后惠能阶段（盛放时期、渐衰时期）。

萌芽时期是小乘禅法的流传时期。后汉时经由安息太子安世高的《安般守意经》，中国开始流传小乘禅观，之后《修行道地经》、《达摩多罗禅经》、《坐禅三昧经》等小乘禅观法门陆续传入中国。

胎动时期的标志是由公元401年罗什法师入长安开始，再到公元526年达摩祖师入金陵面见梁武帝，至公元676年惠能禅师法性寺开始弘法，这275年是"中国禅"的孕育和胎动时期。

这一时期，虽然罗什法师译出了一些小乘方面的经典，但是他译出的大部分是关于般若类的大乘经论。此后，大乘佛法开始盛行，此时期对后来"中国禅"形成影响最大的是僧肇的"不二禅观"思想和道生的"顿悟成佛"说。大乘佛法中虽与小乘佛法有见解不同之处，但实际上并不否定小乘佛法，例如戒律、禅法等就是如此。如《维摩诘经》中云"三十七道品是菩萨净土，菩萨成佛时，念处正勤神足根力觉道众生来生其国"，这把小乘三十七道品的修法与大乘菩萨的理念接上，这是菩萨的佛国净土。

大乘佛法关注理念精神与实修禅法并举，而从大乘经典的构造和思路来看，更重视理念精神。所以罗什、僧肇、道生等人集中发挥提倡经中的道理,这也是想要纠正当时从小乘禅法中产生的一些对禅观、禅定的误解。所以,到了惠能禅师,把"无相戒"的平等精神与定、慧禅观同样重视,这是和罗什师徒的精神一脉相承的。

此时期孕育"中国禅"出生的最重要人物还有齐、梁之间的达摩、志公和傅大士三位大师。他们禅法与实修禅观并重,主张禅法与禅修不二,他们都强烈宣扬禅的理与修不二。但从他们个人的实际活动情况来看,似乎更偏重于实修方面,这是因为自罗什后,士人、法师们变得多重视佛典中的义理,相比而言忽略了修禅体证。为了破除这种偏重义理的毛病,因而三位大士更强调实修。

这一时期的后期是隋唐宗派佛教兴盛时期。当时的佛教情况主要是从隋朝开始形成的与印度不同的宗派佛教,他们提倡与其他宗派不同的特色,各自标举自己所依的佛经是最上乘法,并由此产生了各种形式的佛教仪规,当时宗派佛教的僧人以及社会上的佛教信众,有不少人认为这些仪式、仪轨、经教、佛像就是真实的佛法大意,执迷在这些外相中不明正法,在惠能禅师来看,这些形式主义违背了佛陀的根本精神,所以为了纠正他们观念中的弊病,他在《坛经》中强烈批评和反对了佛教团体过分注重仪式、外在行为,甚至连坐禅也批评。这是因为当时僧团风气形式化和僵化,以及各派佛教团体太偏重外在的形式,没有把握佛法的根本所在。

其实,从大乘佛法的根本精神来看,惠能禅师的做法与傅大士一样,他们都是菩萨大悲精神的体现。正如维摩大士所说的"以一切众生病,是故我病,若一切众生病灭,则我病灭"。惠能禅师前,达摩祖师至五祖弘忍的禅观主要是《楞伽经》中所提示的禅观法门。达摩自称

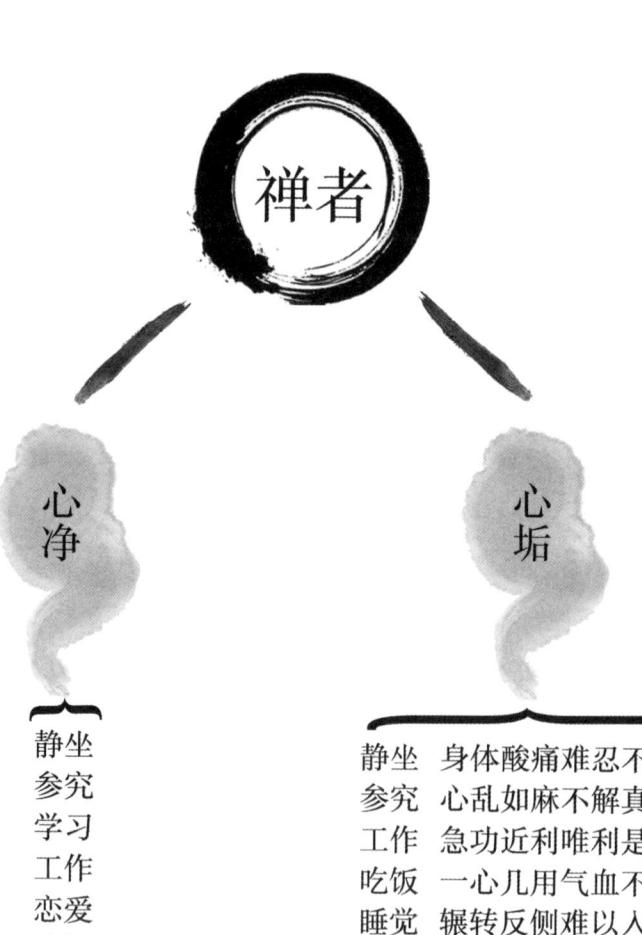

"南天竺一乘宗"，以四卷《楞伽经》传授二祖慧可，主张"理入"和"行入"并重，即把对宗教理论的悟解和大乘禅学的实践加以结合。从达摩祖师的《二入四行论》、三祖僧璨的《信心铭》、五祖弘忍的《最上乘法门》等著作来看，这些祖师们都融会了大乘佛法的禅观精神，但也不离一些小乘的禅观法门，他们是以不二精神来会通佛法。

五祖之后，因东山法门内部思想分歧，"达摩禅"系统出现分裂。在武则天、唐中宗的支持下，弘忍弟子神秀、玄赜等禅师继续奉行和宣传以循序渐进修行为特色的禅法，史称"北禅"，与惠能禅师的以顿悟为根本的"南禅"遥相呼应。

达摩祖师将如来所传的衣、钵及《楞伽经》四卷传与二祖慧可时，留法偈云：

吾本来兹土，传法救迷情。

一花开五叶，结果自然成。

好，让我们随着达摩祖师的法偈进入这一章，进入禅的盛放及渐衰时期"一花五叶"吧！

有观点认为一花五叶是指从菩提达摩以后，禅在中国又传承了五位祖师，这叫做："一花五叶"。但更为广泛的说法是"中国禅"自惠能禅师后，形成了五家，以后的"中国禅"的发展，大抵不出这五家的范围。临济、沩仰、曹洞、云门、法眼五家，合称"禅宗"。

一、"临济宗"，属南岳系马祖一脉。创始人为唐代黄檗希运禅师（公元？—850年）和弟子临济义玄禅师（公元787年—867年）。希运禅师住持宜丰黄檗山的黄檗寺时暂露端倪，后经临济义玄之后，经兴化存奖、南院慧颙、风穴延沼、首山省念、汾阳善昭，传至石霜楚圆。

楚圆禅师门下杰出的有杨岐方会（公元992年—1049年）与黄龙慧南（公元1002年—1069年）两位，又分别创立杨岐、黄龙两派。其中，黄龙派人才辈出，促成北宋禅宗语录的盛行，《马祖四家录》及《黄龙四家录》都是其代表，但此派衰退较早。杨岐派因北宋士大夫的护持，至明末清初犹盛。由临济宗分出的黄龙派和杨岐派，是"一花五叶"的分支，后人合称为"五家七宗"。

二、"曹洞宗"，属青原系石头一脉。创始人为唐代良价禅师（公元807年—869年）和弟子本寂禅师（公元840年—901年）。因良价住江西宜丰的洞山，本寂住曹山，故称"曹洞宗"。由于此宗特色、传承有些不同说法，我们后文详细介绍。

三、"云门宗"，属青原系石头一脉。创始人为晚唐五代的文偃禅师（公元864年—949年），因其住广东韶关云门山，故称作"云门宗"。该宗主要以"云门三句"（函盖乾坤、截断众流、随波逐浪）接引学人，孤危耸峻，简洁明快，只言片语，无尽锋芒，随机拈示。云门宗在五代、北宋十分兴盛，至南宋逐渐衰微。

四、"沩仰宗"，属南岳系马祖一脉。也是最早成立的一家禅门宗派。创始人为沩山灵佑禅师（公元771年—853年）和仰山慧寂禅师（公元814年—890年）师徒，因灵佑住湖南沩山，慧寂居江西仰山，故称为"沩仰宗"。禅风为方圆默契，接机多用明似争夺而实则默契之交谈，看似平衍，实则深邃奥秘，事理并行。

五、"法眼宗"，属青原系石头一脉。创始人为五代文益禅师（公元885年—958年）。文益逝世后，被南唐中主赐谥号"大法眼禅师"，故称为"法眼宗"。此宗家风详明似云门宗，隐秘似曹洞宗，讲求理事圆融，闻声悟道,见色明心,句里藏锋,言中有物,并引华严法门融入禅宗,后来又以"禅"融摄密、净,传至三祖永明延寿禅师(公元904年—975年),他著有《宗镜录》一百卷等书,阐扬文益禅师的"尽由心造"之旨。

高丽国王仰慕他的学德,遣僧三十六人来受法眼道法,后回到高丽,各化一方,于是法眼一宗盛行于海外。曹溪禅风由最初的"纯禅"自唐末转为"教禅",经法眼延寿禅师后再转入诸宗融合,这是"中国禅"的一个重要转折点,关于禅门的此种融合,后世宗教、学术、禅门均是褒贬不一,后文还有论述。

"南禅五家"都是惠能顿悟法门的传人,皆为"祖师禅"之正宗。虽成立时间有先后,接引学人的禅风有不同,但本质禅法并无高低,这些后惠能时期的"中国禅",又可称之为"越祖分灯禅",因为"超佛"不已的新追求,必然导致"越祖"。"丈夫自有冲天志,不向如来行中行",禅者个性得到无限的释放。马祖道一之后,"道得道不得"都棒打的德山,佛祖皆不礼的临济,便随着时代一齐涌现了。

之所以他们会分为五宗,是因为他们各自的祖师对禅做了不同的把握与体验,禅风各有侧重。有人认为:"临济痛快,沩山谨严,曹洞细密,云门高古,法眼详明";也有人比喻:临济如"五逆闻雷",显其惊绝;云门如"红旗闪烁",显其微露;沩仰如"断碑横古路",显其深奥;曹洞如"驰书不到家",显其回互;法眼如"巡人犯夜",显其隐微。

还有人评论五家家风之说为:"曹洞叮咛,临济势胜,云门突急,法眼巧便,沩仰回互。"但这些特色都是指各位祖师接引后学的权宜之法,差别在禅法和禅风的个人发挥上,不在禅的本质上,本质上来说,无二区别,笔者在此尝试将各宗禅法诠释与演绎为读者们试解一下。

临济

  禅宗五家中,以临济宗影响最大,法脉延续最久,而开创临济这一系的,乃黄檗希运禅师及其弟子临济义玄禅师。

  黄檗希运禅师的师父,是上文被马大师扭鼻子的百丈怀海禅师,黄檗禅师从小相貌异于常人,额间隆起一颗大肉球,嗓音异常洪亮,行为潇洒,人莫能测。

  未觐见师父百丈时,有一次,他游天台山,途中碰到一位僧人,二人一见如故,黄檗发现对方眼中精光内敛,知功夫了得,心下甚是欢喜,于是一路同行。适逢下暴雨,山涧水势暴涨,黄檗禅师面水而立。正犹豫间,那僧上前,伸手要携黄檗禅师一同渡过溪涧。

  黄檗道:"兄要渡自渡。"

  那僧听了,当即撩起衣服,脚踏水波而过,如履平地(哇哇,这不就是传说中水上漂的功夫吗?)到了对岸,他回头招呼黄檗道:"渡来!渡来!"

  黄檗禅师看着他如此过河,呵斥道:"咄!你这自了汉。我要是早知道你这么过河,一杖就打翻你腿了!"(读者注意,看到这等功夫修为的高僧,不管是武功高强还是神通显现,能如黄檗这般不为功夫神通所惑,不失本心的真人能有几个?)

  那僧见此,低下头心中惭愧,复又赞叹道:"汝乃真大乘法器,我不及也。"说完就不见了。

黄檗禅师原想前往南昌参拜马大师,不巧的是,黄檗禅师刚赶到南昌,马祖已经入寂了。他便前往石门山凭吊马大师。当时,百丈禅师在那儿为师父守塔,在塔旁边自建的小茅庵里住。

黄檗禅师便向百丈禅师表明了求法的来意。

百丈禅师问:"巍巍堂堂,从何方来?"

黄檗禅师道:"巍巍堂堂,从岭南来。"

百丈禅师问:"巍巍堂堂,当为何事?"

黄檗禅师道:"巍巍堂堂,不为别事。"

说完便磕头礼拜。读者看看,两位禅师对话说的、问的和答的,怎么跟《诗经》一样?过了一会,黄檗禅师看百丈禅师不再说话,便问:"请问禅的最上乘法义是什么?"

百丈禅师良久无语。

黄檗禅师当时便说:"您不能老这样问着不答话啊,这样法门会断子绝孙的啊。"

百丈禅师道:"将谓汝是个人。"这话读者们可能看不懂,什么意思?这话骂得够狠的!说啊,原来我还以为你是个人物,没有想到只有这般见识!太让我失望!说完不再和他废话,站起身走了。

碰了个灰头土脸的黄檗于是便在马祖道场住下来,当时沩山禅师亦在那里跟着师父百丈参学。古人为什么会为父母、师父守灵?你看孔子去世后,他的弟子纷纷在他的坟前修茅庐,为他守灵三年,子贡还守灵六年,用现代人的眼光看,这些人无事可做了吗?其实,这恰恰是古人智慧之处,守灵的时间正是反省、反思、为生命做减法的时间,这段时间读圣人书,反观自己的行为,以退为进,这是冷静的退步期、思想的转化期。禅者每年有两次安居期,每次百日,一年中有大半年是在克期取证、参禅悟道中度过,这个时间对于修身养性是特别重要的,现代人生活完全以动为主,太缺少了个人修养中最重要的独自静居悟道的时间,因此生命失去了动静平衡。此所谓:"手把青秧插满田,低头便见水中天,心地清净方为道,退步原来是向前。"

黄檗禅师在百丈禅师那儿参学多年后,随即奉师命外出参学。期间百丈禅师赞叹他:"见与师齐,减师半德;见过于师,方堪传授。子甚有超师之见。"此后,黄檗禅师定住洪州高安县黄檗山(此山原名灵鹫山,今宜丰县境内)传禅,法席兴隆,座下常住僧人达四五百人,为当时江南最著名的禅宗道场之一。

公元840年,大唐宫廷争斗激烈,唐武宗即位。武宗担心光王李忱(唐宣宗)和他争夺皇位,一直想杀死他以绝后患。年幼的光王被宦官救出,流落各地,后来他在百丈寺香严禅师会下做沙弥,与裴休为同门师兄弟。

香严智闲禅师是深受沩山灵佑禅师器重的弟子,他还在沩山禅师身边时,有一次,禅师问他:父母未生你时,你是怎样的?

这一句让一肚子学问的香严茫然不知所答。回到禅房,他将经书一本本翻出,想要找一句答案——哪怕有丝毫相关联的话语也行啊!翻了个遍,什么也找不到。他一拳猛地砸在那些经书上,说:"画饼不能充饥!"

于是他多次缠着沩山禅师给他说破,但禅师就是不说,告诉他:"我如果告诉你,你以后一定会骂我的。我说的只是我的,和你没关系。"

香严绝望透顶,最后烧了全部经书,发誓不再学这禅了,挥泪辞别师父,下了大沩山。一日,他在地里清除杂草,时间久了,累得腰酸背疼,坐在地头小憩一会儿,随手捡块瓦砾朝远处扔去,"当"的一下,那是什么声音?好清脆!那是瓦砾击竹声!一刹那的恍恍惚惚,一刹那的如梦如幻,一刹那的超越前生——那父母未生时啊,毫无世俗间的观念形象,断绝一切语言和常识推理,那是绝对的自己,绝对的自性,绝对的真理……

香严于是提锄狂奔而回,沐浴焚香,遥对大沩山的方向频频礼拜:"师父的大慈大悲,胜过亲生父母。如果当时您为我说了,哪有今天的透亮明彻呢?"

沩山禅师听说了弟子香严悟道,悟道者是禅门"人物"。自古禅门出了"人物",那是天大的事情,便对大弟子仰山慧寂说:"你师弟香严应该成人了,你去看看。"于是,仰山来到香严处,问:"听说师弟大彻大悟,你不妨说给我听听。"

香严于是口念一颂:"一击忘所知,而不假修知。动容扬古路,不堕悄然机。处处无踪迹,声色忘威仪。诸方达道者,咸言上上机。"仰山是早已悟了道的,一听便知师弟真是成了人了,于是大笑回山见师复命。

唐武宗时掀起的全国性灭佛运动,史称"会昌法难"。在中国历史上曾发生过"三武一宗"的灭佛事件,"三武"指北魏太武帝拓跋焘,北周武帝宇文邕、唐武宗李炎,一宗指周世宗柴荣。武宗崇尚道教,他的灭佛运动是佛教与国家经济上的矛盾冲突、佛教与道教争夺宗教上地位斗争的结果。

会昌三年,武宗下"杀沙门令",仅因为谣传有藩镇的奸细假扮僧人藏在京师,京兆府在长安城中杀死的裹头僧就有300余人。会昌四年,敕令尽拆大型寺院、佛堂,勒令僧尼还俗,此次灭佛的成果是,全国拆毁寺院、招提、兰若共4.46万余所,还俗僧尼26.1万人,奴婢15万人,没收大量寺院土地。由于毁佛成功,从而扩大了唐朝政府的税源,巩固了中央集权。会昌五年,武帝逝,在位六年,终年33岁。

公元847年,光王即位(唐宣宗),禅门的小沙弥终于当上了皇帝,几年后,宣宗礼聘同门师兄裴休为相。唐宣宗勤俭治国,体贴百姓,减少赋税,选拔人才,从而使百姓过上了富足的生活,这就是历史上唐中晚期著名的"中兴之治"。

裴休还在任洪州刺史的时候,得遇黄檗希运禅师。当时,希运禅师在黄檗山大安精舍隐修,一日,裴休入寺参观一处壁画时,见图精妙,便问:"是何图相?"

主事僧回答:"一位高僧的肖像。"

裴休问:"肖像看到了,高僧今何在?"

主事僧无言以对。裴休又问:"此间有禅者否?"

道:"近有一僧颇似禅者。"

裴休道:"速请他来请教,好吗?"

于是,主事僧急忙把黄檗禅师请来,裴休见了黄檗禅师,问道:"我适有一问,各位大德吝辞,今请上人代酬一语。"

黄檗禅师道:"请公垂问。"

裴休于是把刚才的问话重复了一遍:"肖像看到了,高僧今何在?"

黄檗禅师大声喊道:"裴休!"

裴休应诺。

黄檗禅师半晌无言,停了停道:"在哪儿?"

裴休心中如获至宝,当下悟道,欣喜不已,黄檗说:"我与汝安名竟。"读者肯定奇怪,这二人讲的是江湖黑话吗?裴休究竟乐个什么?笔者试解说一下,裴休问的话是:肖像看到了,高僧今何在?那么高僧一定是肖像画出来的那位高僧吗?

于此言下,黄檗禅师一声大喝:裴休!意一:裴休难道不可能是高僧吗?高僧就固定是谁吗?意二:裴休是谁?谁是裴休?你可以叫裴休,我也可以叫裴休。父母生你之前,你叫裴休吗?父母生你之后,裴休就是你吗?叫裴休的人就一定是你吗?此裴休和彼裴休区别在哪?意三:一息不来时裴休是谁?一息来后裴休又是谁?意四:死了以后还有裴休吗?意五:裴休代表什么?名字?符号?行为?官职?关系?这些是裴休的全部吗?失去了这些裴休是谁?意六:裴休如果和高僧心心相印,那画上的高僧不就是裴休你吗?传灯之法一定需要见面吗?……

黄檗禅师和裴休都是大善知识,他们当时想传的和被传的肯定远远不止我在这里体悟的这么简单,总而言之,裴休于此言下悟道,作礼拜谢师父传法,此后随伺黄檗禅师左右多年参禅。

某次他将参禅的心得记下,编印成册,敬呈禅师,希望禅师指正。黄檗接过书,置于一旁,始终不曾翻阅,经过许久,才问裴休是否明了其意,裴休表示不明了,黄檗于是开示"禅"乃教外别传,不立文字,而裴休将佛法形诸笔端,无异扼杀佛法真义,亦深违曹溪本旨。裴休闻言,对禅更加契入,也更为敬重黄檗禅师,乃赠诗曰:

自从大士传心印,额有圆珠七尺身。挂锡十年栖蜀水,浮杯今日渡章滨。

一千龙象随高步,万里香华结胜因。拟欲事师为弟子,不知将法付何人。

黄檗禅师读后,只道:

心如大海无边际,口吐红莲养病身,自有一双无事手,不曾只揖等闲人。

裴休原籍河东,在亲近黄檗希运禅师得其心要后,被后人尊为"河东大士"。

唐大中四年(公元850年)七月,宣宗敕令宰相裴休重建马祖道一塔及寺,同年黄檗禅师圆寂。七年后,裴休为黄檗禅师编集《传心法要》,亲书序引冠于编首,留镇宣城山门。《传心法要》是禅门重要的语录之一,此序文中裴休对禅者的描述,可堪称经典:

有大禅师,法讳希运,住洪州高安县黄檗山鹫峰下,乃曹溪六祖之嫡孙,西堂百丈之法侄。独佩最上乘离文字之印。唯传一心,更无别法;心体亦空,万缘俱寂。如大日轮升虚空中,光明照耀净无纤埃。证之者无新旧、无浅深;说之者不立义解,不立宗主,不开户牖;直下便是,运念即乖,然后为本佛。故其言简,其理直,其道峻,其行孤。

关于裴休和禅门的缘分,我们在"沩仰宗"一节还会叙述,现在说说黄檗禅师的弟子临济宗的开山祖师临济义玄禅师。

临济禅师自幼特别聪明,出家后投黄檗禅师会下参学,修行精进,不惮辛苦,志行纯一,深为同门师兄弟们所敬重。

一日,有僧问临济:上座在此多少时间了?

道:三年。

僧又问:曾参问否?

道:不曾参问,不知问个甚么?

什么参问?就是指去找师父黄檗禅师请问禅法,这呆子临济来了三年,傻傻地就知道干活,居然不知道去找师父问什么?

这时候,那僧就给他出主意了:何不问和尚,如何是佛法大意?

这呆子于是便前去问黄檗禅师:如何是佛法大意?

话还没有说完,黄檗禅师早已一柱杖打过来,揍得临济鼻青脸肿,莫名其妙地逃了出来。

那僧见临济小呆子垂头丧气的样子,便问他:问了吗? 和尚怎么回答?

临济没好气地回答:俺问声未绝,和尚便打,还好逃得快。

那僧道:莫怕! 再问。

于是,第二天,临济又鼓着胆子去问:如何是佛法大意? 黄檗禅师举杖又打。

如此这般,这般如此,临济三度发问,三度遭打,实在是绝望极了! 于是他告那僧道:承蒙您的教诲! 蒙师父赐棒,我恨自己障缘深重,恐不领深旨,今且辞去!

那僧也觉得抱歉,见他要走感觉他其实挺有潜质的,便认真地说道:你若去,须当面辞和尚了去。

临济想想也对,于是准备第二天拜辞黄檗禅师。

那僧当晚早就汇报黄檗禅师啦,说道:明天跟您告辞的后生,甚奇特。若他来辞,大和尚您方便接引,他以后必为一株大树,覆荫天下人。

其实哪里用那僧交代? 黄檗禅师当然清楚临济的根器如何。第二天,临济禅师来礼辞黄檗禅师。

黄檗禅师说:你不用去别的地方,只往江西大愚禅师那里去就可以了,必见分晓。

根器

根器 —— 善根的能量

善根 —— 明心见性的慧根

"中国禅"认为：

- 人人皆有最上根器的善根能量
- 人人皆有最下根器的钝根能量
- 人人皆有讨价还价的计谋能力

明心见性 —— 需要最上根器的善根显现

中国禅 —— 修法帮助人们显现最上根器的善根能量

于是临济禅师来到大愚禅师处。大愚禅师问：甚处来？

临济禅师道：黄檗来。

大愚禅师又问：黄檗有何言句？

临济禅师道：我三度问他佛法大意，三度被痛打。不知我有过无过？

大愚禅师道：黄檗怎么这么老婆心切？他为你已经诚恳慈悲到了极致，你怎还跑来我这问什么自己有过无过？"

临济禅师一听，言下大醒，惊喜道：哈哈，原来黄檗禅法没那么神秘啊！

大愚禅师一把揪住他，问道：这尿床小鬼子，刚才还问什么有过无过，现在却道黄檗禅法没什么神秘了不起。你见个甚么道？速道！速道！！

临济禅师便向大愚禅师的肋下打了三拳。

大愚禅师挨了打，笑着推开临济，说道：你师父是黄檗，干我何事？速回速回！

临济于是乐呵呵辞别大愚禅师，重新回到黄檗山。黄檗禅师一见他颠颠地回来了，便说：这小傻子来来去去，有没有个了期？

临济道：只为老婆心切。

黄檗禅师道：大愚跟你说什么？

临济便把自己参大愚禅师之经过告诉了黄檗禅师。黄檗禅师道：大愚老汉饶舌，待我见他，痛打一顿。

临济道：说什么待我见他，痛打一顿？当下便是！

说着，挥拳便打黄檗禅师肋下。

黄檗禅师道：哈！你这颠汉敢来这里捋虎须！

临济于是又振威大喝。

黄檗禅师便唤左右侍者：引这疯癫汉去禅堂！

临济悟道后，继续留在师父黄檗禅师身边侍奉，在黄檗的不断钳锤下，临济禅师的证悟一步步达到炉火纯青的境界，最终成为临济宗的宗祖，开法于镇州。他接众，素以"喝"著称，在他的接引之下，开悟者不可胜数，得法并行化一方的著名弟子有二十余人。

除了用"喝"外，他还有三玄、三要、四料简等方便法，接引不同根器。他示众法语深入浅出，直指人心，千百年来一直被视禅门瑰宝，凡修禅者，不论修何法门，欲树立正知正见，《临济录》是必看的禅门宝藏之一。

临济禅师的"喝"，用法不同，有时一喝，如金刚宝剑，把你心中的妄想杂草都"喝"得不知道跑去哪里喝茶了；有时一"喝"如踞地狮子；有时又似喝非喝，故意逗你着急上火，探探你的功夫定力如何；有时"喝"如探竿影草，恐草中有毒蛇，拿根棍子在草里兜几下；有时却一喝不作一喝用，你自己看着办；有时候这个"喝"是骂人的，羞到你无地自容，无处藏身。

临济开宗门时只有三十几岁，年纪轻，他自己担心压不住，不敢开。师父便及时为弟子撑腰，黄檗说：你去！自有人来帮忙。

果然呢，来了一个克符，一个普化，都是临济的老前辈，而且都属于早临济悟道的大禅师。好像当年佛陀的师父文殊菩萨，过来帮忙佛陀传法一样，不过临济禅师对这二位，可没佛陀对待文殊菩萨那么客气。

两位前辈跟着临济弟子们一起听法，有时故意问错话，临济棒子就打过去了，狮子吼哇哇地吼个不停，两人乖乖地挨打，乖乖地挨吼，跟着弟子们一起耳聋眼暗！这下大家一看，悟了道的人都听临济的，我们自然没有话说,这就把真有才能的临济给衬托出来了。

读者们看了莫笑,学问道德再高,没人懂得赏识也是没有办法,需要有人抬轿子。维摩大士为什么来世间弘法?为了抬佛陀的法,所以自愿从妙喜世界来到人间,帮助佛陀教化弟子和众生。

临济教育法中有著名的"四料简":什么是夺人不夺境?什么是夺境不夺人?如何又是人境两俱夺?最后又如何是人境俱不夺?

当时临济开示"四料简"时,谁都听不懂,于是克符在下面故意一句句仔细问,于是临济解释说什么叫夺人不夺境。比如人的外形尽管会衰老变化,但自性却没有动过,永远保持这个境界,这是夺人不夺境。

什么是夺境不夺人呢?山还是山,水还是水,但此时人心中已经没有烦恼,没有妄念,即百丈禅师说的:灵光独耀,迥脱根尘,自性清明自在,这时算入禅门了。

什么是人境两俱夺?如达摩祖师告诉二祖:外息诸缘,内心无喘,心如墙壁,可以入道。这是人境两俱夺。

最后什么是人境俱不夺?就是成佛悟道了,大彻大悟,一切众生本来是佛,一切现成。

临济的日常教育法,也不外这四句的范围。有时某人悟到了某种境界,或对禅学有了很深理解,可到他那儿,他却说:"不是",把你驳得一点面子都没有,这是夺境不夺人。有时功夫、智慧都不对,这是人境两俱夺。有时大喝一声,人境俱不夺。这些不同的教育方法,因人而异,灵活而不固定。

讲了克符,不能不讲讲普化。普化的师父是马大师的弟子盘山宝积禅师(见拙作《茶密禅心》——宝积 听哭哀哀篇),宝积示寂后,普化游化行脚,出言佯狂,行为简放,大家一见这种评价,肯定想起电视里的济公和尚,对了!普化和尚的形象就差不多那样子。

笔者闲时会品禅箫怡情,大家肯定想不到禅箫和普化和尚的联系,或许感到奇怪,这么个疯和尚怎么会如此雅事?且听我道来。

普化和尚不但能装疯,更兼具艺术才能,他的一首"明头来明头打,暗头来暗头打,四面八方来旋风打,虚空来连架打"一偈盛传于禅林,被称为"普化四打活"、"普化铃铎偈"。这疯和尚居无定处,常常夜伏冢间、昼行街市,时而歌舞,时而悲号,世人都把他叫"疯癫和尚"。

咸通三年(公元862年)二月的他宣说自己要圆寂了,临济禅师于是买了一口棺材送给他,他就自已扛着棺材绕街嚷嚷:"临济为我买了棺材,我现在要去城东门转世了。"

街上的人都尾随他看热闹,他等人多了,又说:"今天的日子不合适,明天去南门转世。"次日众人又追到南门相送,他又说:"我决定明日出西门方吉。"就这样连着三日,人烦意倦,送者渐少。

第四天看热闹的人都没有了,普化一人从北门出城,自已钻进棺材里,请路人帮他把棺材钉上。消息传开,大家又都跑来观看,结果发现棺材很轻,打开一看,里面什么都没有,唯有远处碧空白云之间隐隐传来普化禅师铃铎之声,这一年,普化时寿八十三。

我们的禅箫始于唐代,因长度为一尺八寸,故名"尺八"。从唐代的"尺八"到宋代的"尺八管"再到元代的"箫管",都是明清时期所谓"洞箫"的前身,"南音洞箫"作为前者的形制之一追溯到魏晋时期的竖笛,汉代的长笛。中日韩三国的"尺八"虽不同名,但在起源、演变、衍化、形制和功能等在文化上一脉相承,到了日本,日本人把禅箫演绎出"普化尺八"的专用名称。

就是这么一个疯颠和尚,与中国最古老的吹管乐器尺八结下了不解之缘。河南府的居士张伯仰慕普化和尚铎音的美妙。请求普化收为弟子,遭到拒绝,因张伯自幼善艺,于是削竹制箫,模仿普化铎音,曲名为"虚铎",这是张伯的传家宝,传授了十六代。

据日本的史书记载,日本心地觉心禅师入宋后,在护国寺遇到了高僧无门慧开和吹尺八的同门居士张参。张参即是张伯第十六代传人,觉心禅师从他那里学会了源自普化的尺八名曲"虚铎"。公元1254年6月初,觉心禅师带上张参的四个徒弟返日,自此,日本"普化尺八"为日本禅艺的重要一脉,普化的"虚铎"至今在日本仍为最重要的禅箫名曲。

普化和尚和克符禅者两人以实际行动有力地佐助、支持了临济义玄的开宗弘法,克符和普化一文一武,一静一动,一正一反,一明一暗,辅助临济禅师,通常是克符正面支持,普化反面刺激,如果没有普化,《临济录》的魅力就减掉一半。

普化和尚是自在人的典型,他行事一反常理,倒行而出,他反对执著于外物,凡有所执,都当消除,普化和尚疯疯癫癫的行为为当时社会上的一些人所不容,疯子是真疯子吗?聪明人是真聪明吗?到底谁是疯子,谁是蠢人?

禅者是视死如归的人,普化是自己的主人,什么时候辞世,全由自己决定。他在城门几改辞世地点时间,便是自主随意的体现。禅门典籍中关于普化之死记载不一。《祖堂集》中记录普化自砖井上堕门而死。《景德传灯录》记录他是自入棺而死。而《宋高僧传》则说他坐化而死。但都是普化自辞人间。笔者认为每个说法都正确,普化自别人世,是符合他性格的,死也自由,死也自信。他完成了辅佐临济布道的使命,无甚遗憾而辞世,普化所扮演的角色是与临济相对的角色,一个是常态的传法,一个是反常态的传法,方便不同,使命相同。

说了那么多,想起一位禅僧向赵州禅师请教:"怎样参禅才能开悟?"百岁高龄的老赵州像是有什么急事,匆匆忙忙站立起来,边向外走去边说:"对不起,我现在不能告诉你,因为我内急。"刚走到门口,赵州忽然又停止了脚步,扭头对禅僧说:"你看,老僧一把年纪了,又被人尊称为古佛,可是,撒尿这么一点小事,还必须亲自去,无法找到任何人代替。"

禅僧于是恍然大悟:禅是一种境界,如人饮水,冷暖自知。禅之境是别人无法替代的:想要知道甜的滋味,必须自己亲口尝一尝。

黄龙杨歧

禅宗临济宗传至石霜楚圆禅师后,楚圆门下黄龙慧南和杨歧方会等人,开创了临济宗下"黄龙"和"杨歧"两脉的传承。

黄龙慧南(公元1002年—1069年)在江西黄龙山接引参学者,门徒众多,逐渐形成一派宗风。慧南门下的著名弟子如晦堂祖心、真净克文、东林常总等都是当世的大禅师,其中祖心禅师门下有观文殿学士王韶,上文叙及的大文豪太史黄庭坚等;克文禅师门下有宰相王安石、张商英等;常总禅师门下则有内翰苏轼等,出入皆名士,往来无白丁。

黄龙慧南禅师的成就在于他在临济义玄禅师圆寂后,对禅门盛行的口头禅、文字禅提出严厉的指责,他认为,"二十八祖,递相传授。自后石头、马祖,马驹踏杀天下人;临济德山,棒喝疾如雷电。后来儿孙不肖,虽举其令而不能行,但呈华丽言句而已。"

自马大师、石头到临济义玄等数代禅师,以顿悟法传禅,禅风峻烈,但入宋以后,禅僧们打着祖师招牌,所行已经相去甚远。士大夫喜欢玩弄禅门文字语句,禅诗盛行一时,禅风渐渐浮夸,这就丢失了惠能禅的精髓。禅的兴盛始于反观内心,不离生活,而禅的衰亡必然是脱离内心反照,脱离生活。如同魏晋时期的清谈灭玄一样,热衷于夸夸其谈,外求是亡禅之举。慧南禅师主张恢复曹溪禅风,禅者任运自在,不为外物所拘:"高高山上云,自卷自舒,何亲何疏;深深涧底水,遇曲遇直,无彼无此。众生日用如云水。"

慧南禅师在接引学僧中,创立了一种"三转语",凡遇弟子求法时,就叫他们参三句话:"你的生缘在何处?""我脚何似驴脚?""我手何似佛手?"没有人能明白他这三句话的意思。如有门人就此三个问题表示看法,他也不置可否,不做回答,闭目端坐,让人无法窥测他的用意。他创立此三关语,形成独特的门风,后人称之"黄龙三关"。禅师谓设此三关的用意,是针对文字禅而建立的一种明快的禅风。

"三关"总喻为开悟的三个阶段,一是初关,二是重关,三是生死牢关,三者关系是一"破",二"透",三"出"。初始,要使学者破除邪见,立一切皆空的正见;重关,要求进一步体会万法乃一心所现,境智一体,融通自在;而出关,便是悟后的禅境。

慧南禅师的"黄龙三关"是后来大慧禅师"看话禅"的源头之一,虽以此破文字禅、复归临济禅凛冽禅风,但他所立"三关",实际上仍是教人于"机锋"、"禅语"上用功,禅风上还是难以脱离文字禅的窠臼。

杨歧方会禅师及其门下也十分重视对士大夫的接引，方会禅师的法嗣有白云守端等，守端禅师的法嗣出名的大士有五祖法演等。法演禅师门下有"三佛"：即佛鉴慧救、佛眼清远、佛果克勤（圆悟克勤），他们同时活跃于北宋末年。期时，禅者与士大夫以"禅"为媒介，展开长期的思想交往，于两宋之际涌现了不少德高望重的禅僧，"看话禅"的创始人大慧禅师是圆悟克勤禅师的弟子，也是其中的佼佼者。

圆悟克勤禅师的悟道因缘甚为奇特，因闻艳诗而开悟（见拙作《茶密禅心——圆悟 小玉檀郎篇》），他的弟子大慧宗杲禅师是"话头禅"的开创者。南宋时期，许多禅者在语言文字里做活计，玩弄心识文字，这种浮夸的禅风叫"口头禅"、"葛藤禅"、"文字禅"。

此前曹洞宗宏智禅师的"默照禅"修法适时推出，目的也是针对此种浮夸之风，提倡以坐禅修行。所谓默照是忘情默照、休去歇去，注重禅定，反对在文字中、思维里去推敲禅，但有些见地不到位的修者又误认为空就是开悟，这些没领悟"默照"含义的人，又变成了"枯木禅"。

大慧禅师批评"默照禅"修法，他说坐禅虽源自菩提达摩的"外息诸缘，内心无喘"，但"外息诸缘，内心无喘，可以入道，是方便门；借方便门以入道则可，守方便而不舍则为病。"大慧禅师推出"话头禅"的修法来扭转这些弊端，把禅者复杂的思维堵死。修者自己不察觉容易堕入"我见"，被这个习气驱使，很容易成邪见人。

禅师说："今时，士大夫学道，多是半进半退，于世事上不如意，则火急参禅，忽然世事遂意，则便罢参，无决定信故也。"这话到今天也适用，说白了就是心存侥幸，生死心不切，看不破，放不下。他认为用功夫要从念头上做活计，也就是常说的"牧牛"，要看住这个相续的念头，管它是善的还是恶的,管他是美的还是丑的,你只看住他,来了随他来,去了随他去,不要去压制。很多禅者说妄念来了我拿经文去压他,这压是压不干净的,当你去压妄念时,妄念早就跑了,而且徒然升起一个压制妄念的念头,这是徒劳。什么是"话头"?"话头"是寻找本来面目的工具,"参话头"是搞清楚生命的本来面目是什么的修法之一。

参话头用功需"生处自熟,熟处自生"。什么是生处?就是平时不熟悉的区域,生疏的境界、感悟、功夫,这是修禅需要去的生处。而熟处是什么呢?就是平时熟悉的朋友、环境、习惯、习气等。修禅要把生处变熟,熟处变生。

如何转换呢?用参话头的修法来转,慢慢生疏世间的享受、名利,这时你看到好看的、好吃的不会有那么动心和被诱惑,商业社会商人需要做的就是竭尽所能地诱惑消费者,而修者就是需要具备能够控制自己的能力,从心所欲不逾矩,"参话头"是修禅的方便法之一。"参话头"的关键在于必须一参到底,不可以随时换题目,不能说今天参"我是谁",参了一年,没效果,又改参"狗子有无佛性"?就像烧水一样,水不到沸点就不算是开水。参的话头,没有什么优劣之分,喜欢什么就参什么,就参这一个,死死咬住,一直参下去。我们身边多是小聪明的人,说起修禅,一讲便认为懂了,用自己的意识来分别,那都是在自欺欺人。

僧肇法师讲:"情依六尘,故有奔逸之动。法本无依,故无动摇。"人为什么会动心?因为它依六根、六尘、六识,因此有了奔逸之动,为境所牵,为情所迷。如果依法修行而不依六根、尘、识,它就不会动摇。迷则千万年,悟则刹那间!迷者就如一人独处暗室,不知电灯的开关在哪里,纵然摸索一万年,也是黑眼痴汉。另有一人知开关的方向,打开后瞬间光亮,禅法是告诉你开关在哪里,顿悟法门和修禅的时间长短无关,如惠能禅师入黄梅山干了不过八个月的杂工,便得了五祖衣钵,东山法门那些修了几十年的僧众多少人在吹胡子瞪眼要夺衣钵,杀惠能?"顿悟法"的殊胜之处唯在于修者是否悟道,能否可以在黑暗中找到开关。

"默照禅"从能观、见地、智慧等大处着眼,它的精华便在于"一切现成,休去歇去,空心静坐,无心合道"。几乎所有的禅门祖师,如马祖、石头、百丈、黄檗、临济、南泉、赵州、德山等等,极少从所观的对象和修中身心变化的次第等角度告诉我们,先观什么,后观什么,需要经过哪些层级,途中会出现哪些境界,如何透过它们,以及如何才算是开悟等等细节问题。对于打坐怎么打这些细节,修持中出现的各种现象,所要观照的对象,次第的修法等等细节问题,原本就是相,是修禅中需要打破和放下的东西。

虽然也有禅师颇具"老婆心",告诉你先修什么,先观什么,可能会出现什么现象,给修者一个拐杖,但怕就怕在修者偏偏喜欢执著这些,抱着拐杖不肯放下,因此反而捆绑了手脚,不知不觉中偏离了"无念、无相、无住",这就叫旧锁未脱,更负新枷。因此,真正的禅导师想培养真正的禅者,均以"本分事接人",没有一个人真的肯给你什么依靠。

谁给你讲如何调身?如何调息?如何对治昏沉?如何坐禅行禅?如何对治散乱?"禅"以本分事接人。师父教你"放下",放下就是放下,还用得着告诉怎么放下?先放手还是先放脚吗?叫你"打坐",打坐就是打坐,还需要告诉你左脚在上还是右脚在上吗?如果真这么关注细节,恐怕没几人能悟道。祖师们这种境界接近于老子的"恍兮惚兮",根器低的人不理解,批评禅门"空对空",没有次第,没有下手处,殊不知,这正是"中国禅"的殊胜所在!

大慧禅师的"看话禅",从逻辑思维的角度来说,没有理路可循,不可思议、不可捉摸,用一个话头激起内心强烈持久的大疑心,在疑心驱使下,禅者进入一种欲罢不能的状态,言语道断,非去来今,心行处灭,伎俩全无。用"参话头"的修法,也算是给了禅者一个下手处。但修"参话头"的修者,必须有一定的禅定基础才可以上路,没有禅定功夫,身体难免是僵硬的、紧张的,心里难免是喧闹的、分裂的,加上昏沉、散乱和烦恼情绪的干扰,所以坐禅的功夫没有达到一心不乱的时候,最好不要参"话头禅"。

"默照禅"看似省力,一动不动坐在那里即可,实际上禅者很容易住在空静之境上,乐在其中,死在里面,所谓"平地上死人无数"。本来活泼泼默照禅法的大机大用,又被那些自作聪明的人变成了"枯木禅"、"骷髅禅"、"黑山鬼窟禅"。

一切修禅法都是因缘法、方便法、药病法,而不是一成不变的"实法"。这是禅的根本原则!当默照时禅者身心放松,愉悦不已,住在这混沌的空静之境,贪执于空灵的愉悦时,此时正念若有若无,似清醒又不清醒时,执著在此必然生病,如在此时能找到某个激起自己疑情的"话头",猛利地参究,又有何不可?"默照禅"的修法属于阴法,"看话禅"属于阳法,一阴一阳谓之道。

现代人压力大,修"默照禅"是放松的,开悟之时的感觉犹如日出一般,缓缓升起,天地一片光明。默照时身心宁静快乐,可以超越时

禅者身心放松

一般修炼法
（通过调息，放松身心紧张）

"中国禅"修炼法
先：诚心敬心
次：发菩提心
后：内心清净，则与宇宙一切众生清净相应

空,实际内气生起,这悟就是在日出般缓缓升起的强大能量中获得。与修"默照禅"相反,"看话禅"是紧张的,专注一境,片刻也松不得,开悟之时,犹如晴空一声霹雳震开天空的乌云,这雷霆万钧的霹雳是怎样的力量?必须像猫抓老鼠一样集中全部精神,蓄势待发,然后全力一击。"话头禅"和"默照禅"互为补充,并无高下之分。

讲到宋代的禅缘,有几位和禅门亲近的大师都是大家耳熟能详的,苏东坡、张商英我们以前曾多次介绍过。今天我们再介绍一位,他的《爱莲说》家喻户晓,但他的《太极图说》及《通书》更非凡,这个人便是周敦颐(公元1017年—1073年),世称濂溪先生。他是理学二祖程明道,程伊川的师父。后人编有《周子全书》传世,奉周敦颐为道学之祖,宋明理学始自周敦颐,亦为今时学界之定说。

《太极图说》全文249字,对后儒家学说的更新与发展产生了极其重大的推动作用,"太极"是宇宙的本源,人和万物都是由于阴阳二气和水、火、木、金、土五行相互作用构成的。五行统一于阴阳,阴阳统一于太极。

关于周敦颐思想之渊源,明代黄绾所说颇值得玩味。他说:"宋儒之学,其入门皆由于禅。濂溪、明道、横渠、象山由于上乘;伊川、晦庵皆由于下乘。"周敦颐师从东林常总禅师习修禅定,亦尝自称为"穷禅客",他与赵抃、潘兴嗣、苏轼、黄庭坚等人私交甚密。而赵抃是佛慧法泉禅师的法嗣,潘兴嗣是黄龙慧南禅师的法嗣,苏轼是东林常总禅师的法嗣,黄庭坚是黄龙晦堂祖心禅师的法嗣,诸公与禅皆有契会。周敦颐和禅门的关系我们在"沩仰宗"一节还有论及。

周敦颐初见祖心禅师时,问教外别传之旨。祖心对他说:"只消向你自家屋里打点。孔子谓'朝闻道,夕死可矣'。毕竟以何为道,夕死可耶？颜子不改其乐,所乐何事？但于此究竟,久久自然有个契合处。"

祖心禅师接引黄庭坚的是《论语》,此时又以孔子语为话头,逗引儒学大师周敦颐入道,一则显出其随机接引之高明手段,此所谓禅门的"胡来胡现,汉来汉现"的大圆镜智慧;由此亦可见宋代禅、儒会通的情景。

杨歧方会禅师(公元992年—1049年),也在恢复临济禅直指人心的禅风方面做了许多努力。他主张临济禅师"立处即真"的自悟,他接引学人时,循循诱导,步步启发,不拘成规,随时可以化导解悟。到北宋末年,杨歧派兴盛,其势力和影响远远超过黄龙派。

由此可见,宋朝时,"中国禅"的禅风中已经是文字禅、口头禅盛行了,慧南和方会两位禅师,都在不同程度上试图抵制这些风气,但是由于人的秉性和世俗化,文字禅、口头禅终究成为宋代禅的趋势。"中国禅"自惠能禅师开始,说法用语、记录为文,即向大众口语化发展,蔚然形成一大文风,这种文风也为排佛的道家采用。"中国禅"表现于语录、灯录、公案的文体,直朴而生动,粗鄙而隽永,雅俗可共赏,对于联系修行之人、知识分子同普通民众间的思想已起到了很大作用。

但由宋代开始,社会上虽修禅成为时尚,但是士大夫将禅变得文人化,文风由生活化的口语转化为精美的禅诗美文,机锋转语处处可见,但禅正一步步趋于魏晋的玄学清谈之风,禅变得越来越唯美、细腻、文雅,因此也越来越脱离生活和大众,逐渐丧失"惠能禅"朴实的禅风,这是慧南和方会也无法摆脱的。

这种学问禅、口头禅、文字禅、凡夫禅盛行的结果是禅学越来越深奥、禅理越来越精妙、禅院越盖越庄严,社会上以禅为趣、为美、为尚,为阶级划分时,"禅"就不见了。

韩国曹溪宗的大师镜虚禅师年少出家,二十三岁已在佛学院任教,通晓经、律、藏,是当时特别知名的讲经师。有一天,镜虚禅师出外拜访他的老师,途中经过一个小村庄,村里一片死寂,令他不由得心生恐怖。正打算快步离去时,看到一块警示牌写着:这里有霍乱!

简短几个字让他惊恐不安,由此他惊觉到:我已是通晓三藏的大法师,明白了色不异空的道理,但为什么事到临头还会和凡人一样感到害怕?真是太惭愧了!

于是他不再前行,转身回到寺院,把自己关在房间里不出来,并解散了所有学生,只留下一位侍者打理杂务。有一天,侍者出外化缘,遇到镜虚禅师的好朋友李道者。李道者问他:你师父近况如何?

侍者回答:师父非常用功,每天连饭都很少吃,天天在静坐参禅。

李道者叹息,说:如果只是这样,他死后会做牛。

侍者不服气地说:我师父是伟大的法师,他怎么会做牛?他一定往生净土。

李道者摇头说:你不该这么答我。

侍者问:那应该怎么答?

李道者:如果是我,我会说:"如果我师父死后做牛,他会做没有鼻孔的牛。"

侍者奇怪地问:什么意思?

李道者微微笑说:回去问你师父吧!

侍者回去向镜虚禅师报告这件事,禅师听了哈哈大笑,并且写下一首悟道偈:

忽闻人语无鼻孔,顿觉三千是我家;六月燕岩山下路,野人无事太平歌。

侍者只在名相上认为师父不会是牛,他不知道"没有鼻孔的牛"是不受人牵制的牛,多逍遥自在！做没有鼻孔的牛是李道者在赞美镜虚禅师解脱生死了,但侍者不知,还要维护师父。就如前文讲的丹霞天然禅师烧佛,烧佛的丹霞禅师没事,而保护佛像的院主却落眉,"言语道断,非去来今"啊！

"曹洞宗"一成立便以不认同临济宗的面目出现。洞山良价禅师认为,临济宗说心说性,把扬眉动目看作"禅",这只是死中得活,难以真正获得解脱。临济宗主张"平常心是道",人与道本没有间隔,自然相合。但在曹洞宗看来,"道无心合人,人无心合道",人与道之间有隔碍,需要通过坐禅的方式使人与道相合。刚才提到两宗后来各自形成的"看话禅"与"默照禅",就是临济宗和曹洞宗这两种不同禅风倾向的发展。那么曹洞宗风到底如何呢?

曹洞

曹洞宗的开创者洞山良价悟本禅师(公元807年—869年),幼年出家,性极聪颖。8岁时,一日从师念《般若心经》,至"无眼、耳、鼻、舌、身、意"句时,忽以手扪面,问师曰:"我有眼、耳、鼻、舌等,何故《经》言无?"其师骇然异之,谓良价曰:"我可当不了你师父。"即领良价转拜灵默禅师(公元747年—818年)为师。其后十几年,良价在灵默禅师的潜心指导下,精研禅法。

良价禅师二十岁后开始游方行脚。他首先礼谒了南泉普愿禅师。良价禅师到达的时候，正好赶上寺院为马祖的忌辰准备斋事。南泉禅师问大众道："明天设马祖斋，不知马祖会不会来受斋？"

弟子们说：马大师不是圆寂了吗？怎么会来赴斋呢？这时，良价从大众中走出来，回答道："有伴就回来。"这句答得多好！禅的心灯何曾熄灭？禅师何曾真正离开？如来如去，谁和他相应、有伴他就随时回来，没有时空限制。

南泉禅师一听，便精神了，赞叹道："此子虽后生，甚堪雕琢。"

良价道："大和尚莫压良为贱。"离开南泉后，良价禅师前往参礼沩山灵佑禅师。沩山禅师让他前往礼谒云岩昙晟禅师。在云岩座下参学了一段时间之后，他略有小成，一日，良价禅师辞别云岩禅师。

云岩禅师问："去哪？"

良价道："未决所止。"

云岩问："湖南去？"

良价道："不是。"

云岩又问："归乡去？"

良价又道："不是。"

云岩道："你早晚会回来。"

良价道："待和尚有住处即来。"

云岩道："自此一别，难得相见。"

良价道："难得不相见。"

临行前，良价又问云岩："如果忽有人问，描画您的真影画像可否？如何回答？"

云岩默然良久,道:"只这是……"

良价禅师一听,便有些沉吟。离开云岩后,他心中一直就是这一句"只这是……"一天过河时,良价无意朝水中一看,发现了自己的影子,遂大悟和云岩的对话。作偈曰:

切忌从他觅,迢迢与我疏。

我今独自往,处处得逢渠。

渠今正是我,我今不是渠。

应须恁么会,方得契如如。

许多人读到"渠"这个字时不太理解,"渠"不是"渠道",也不是"水渠",唐代时流行的语言是今天的广东话语系,广东话中"渠"不是普通话的发音qú,而是念kuí,是"你"的意思,喜欢听香港歌曲的读者应该熟悉这些发音。

一般人常在生活中自我困扰,也困扰他人,原因就在于区别什么是我的、什么是你的、什么是他的。而事实上,我也好、你也好、他也好,自己所体会到的,所感觉到的,不是那本来的东西,而是从经验、知识所学习而来的一种判断,并不是一出生就拥有和知道的。因此有人说,婴儿所见的世界是真实的,成年人所体会的世界是非真实的。但这只是比喻而已,婴儿的生理、心理都尚未成长、成熟,他们所见到的世界是一片混沌,心智上是一团迷糊,并不像断了烦恼的禅者那般明朗而不执著。若能达到洞山禅师今天的悟境,他会对所有的现象清清楚楚,了知我和非我而还能心无罣碍。"渠今正是我,我今不是渠",烦恼的身心并未离开我的本来面目,只是把我的本来面目遮起来了;我今天离开了执著的烦恼,本来面目终于现前。所以现在的我是本来面目,而不是那个烦恼的我。我还是在的,只是没有烦恼了,多么高兴啊!

水上站立着一个人,水面里映现了一个人;水面上的不是他,水上的才是他。当他尚未看到倒影之前,始终不得开悟,不知道自己的本来面目究竟是什么东西,认为在身外一定还有一个东西是本来面目或自性。直到他见到水面上自己的影子,才知道不要离开自己的身心另外去找什么,如果这样去求道求法,希望悟道得法,那就离开自己的本来面目越来越远。洞山看到水面上的影子,影子是我,而我并不是那个影子,这就是开悟。

很多人认为开悟一定是悟到不得了的事,其实,未悟的时候对面不相识,悟了之后发现根本不曾离开过,如此而已。其中最重要的一点是"影子是我,我不是影子",影子是从我产生的,离开了我不会有影子。我们平常所使用的身体和正在动念头的心是本来面目的影子,离开我们的身心之外,不可能还有个东西叫本来面目。可是尚未发现这个道理之前,绝不可以把我们平常有执著、有烦恼的身心当作本来面目。

庄子《齐物论》有一则寓言,"罔两问影"。我们在太阳下走路是不是有影子?影子外面还有个圈,称"罔两"。罔两问影子:你怎么不规矩?一下坐着,一下躺着,这么乱来?影子告诉罔两:你不知道,我还有一个老板,他坐着,我跟着坐;他躺下,我只好跟着睡。影子又说:我的老板也做不了主,他的背后还有一个大老板。这就是"渠今正是我,我今不是渠"。

住山后,一次,良价禅师供养云岩禅师的画像,告诉弟子他在云岩处以"只这是……"悟道。这就是"应须恁么会,方得契如如"。

洞山良价禅师的弟子中以曹山本寂和云居道膺最为著名。曹山本寂(公元840年—901年)深明良价玄旨,大播洞山禅风于天下,大倡"五位君臣"说,形成曹洞一家宗风,曹洞宗者家风细密言行相应,随机利物,就语接人。曹洞宗以五位君臣、偏正回互来说理事、体用关系,而其目的是要人无心执著,自然解脱。"才有是非,纷然失心",直道本来无一物,以明向上一路。

曹洞一脉的《五位君臣颂》为:

(一)正中偏　三更初夜月明前,莫怪相逢不相识,隐隐犹怀旧日嫌。

(二)偏中正　失晓老婆逢古镜,分明觌面别无真,休更迷头犹认影。

(三)正中来　无中有路隔尘埃,但能不触当今讳,也胜前朝断舌才。

(四)偏中至　两刃交锋不须避,好手犹如火里莲,宛然自有冲天志。

(五)兼中到　不落有无谁敢和,人人尽欲出常流,折合还归炭里坐。

曹洞宗虽继承了石头禅师的禅风,但对石头一脉如如平等之道有不同的理解,石头强调的是理事不二、不落阶级,而从"五位君臣颂"中可以明显看出曹洞是明确强调有主从、偏正、君臣、父子之别,高扬主体,强调自性的,这显然与石头一脉不落阶级、不堕两边的风格有异。

一般人提到洞山和曹洞宗的思想都会注意到"五位君臣"的原理,当然曹洞宗继承并发展了石头一脉比较注重从心与物、理与事的关系中去强调人的地位,这突出地表现在此"五位君臣"理论上。"五位君臣"是曹洞宗用来说明理事关系的一种理论,有时也用以作为接引学人的一种教学方法。用"正"来表理,用"偏"来表事,用"兼"来表示非正非偏的中道,理事偏正回互,互相配合,便成五种形式。再配以"君"、"臣"之位,便成"五位君臣",这"五位"是指精神开悟的五个阶段。但是这个原理,只是曹洞宗接引学生的一种权宜的方法而已,我们不要把权宜方法当作基本原理,而忽略了根本的精神。洞山禅法的法门之要和修道之本,是"宝镜三昧"和"绝渗漏"。我们这里介绍一下"绝渗漏"。

"渗漏"一词最早见诸《景德传灯录》所载药山禅师法语。药山禅师对李翱说:太守欲得保任此事,直须向高高山顶立,深深海底行,闺阁中物舍不得,便为"渗漏"。

禅师们的"绝渗漏"不是断绝情爱,而是断绝世间俗情,断绝对男欢女爱的贪恋,转成一种菩萨大爱,菩萨是最有情的大众情人,你看维摩大士有妻子,有财富,但他是"绝渗漏"的。

严格意义上来讲,曹洞法门的思想不仅是青原系石头一脉,他有云岩的传承,也有沩山的影子,沩山是云岩的师兄,同为百丈之徒,但沩山年长于彼,与之有半师之分。这说明临济、曹洞二宗的宗旨有相近之处,在禅法上都强调自在自如,不受物惑。

有些人以为南岳系马大师一脉主张平常心是道,强调任运自在,起心动念,无非菩提,扬眉瞬目,皆见佛性,是故无事不可为,易于流入自然与放任一途。其实这是只知其一,不知其二,只见其表,不明其里。马大师任运而行不是让人"终日吃饭,未曾咬著一粒米;终日行路,未曾踏著一片地",任心自在是一物不违,禅者的极端自由、逍遥自在是与极端的克己自律相辅相成的,缺一不可。

曹洞禅法有部分源自马大师一脉,又有部分源自石头一脉,洞山承其上代的药山禅师是石头的法嗣,就连他幼年跟随的灵默禅师也闻道于石头,是故洞山兼传青原系法脉是毫无疑问的。

洞山一脉反对临济宗的是此时临济门下已经开始变化的习气,一些不入流的禅客鹦鹉学舌的陋习。他批评说有人闻即心即佛,便认为自己是主人公，自以为是，逢人便说，以为自己已经成佛，不知是认贼作父，万劫不复，迷头认影，将有漏妄心以为自己，流入狂悖一途，以客为主，主客不分。真理至理，在迷者嘴里，即是谬论。真法禅法，在迷人手里，便是邪道，因为迷人只会拾人牙慧，人云亦云，如同鹦鹉学舌，并无实义。

所谓"渗漏"，是从佛教惯用的习语"有漏"相对而来，法身无漏，人身有漏，有漏即是不圆满、有缺陷之意，而"渗漏"更加形象生动。"绝渗漏"即不为私欲惑识之雨所侵，保持自心的圆满清净，不受染污。

据《五灯会元》卷十三，洞山在曹山辞别时言道：末法时代，人多乾慧。什么是"乾"？就是固化、僵死、执著、浑浊、迷惑的，为什么会"乾"？因为有三种渗漏。

一曰见渗漏，机不离位，堕在毒海。

所谓见渗漏，指智慧未开，见地不明，"机不离位"，即心生执著，为物所缚，故惑见愈甚，无明增长，永世轮回，常堕毒海。见地不透彻的人，总是在自己的范围内打转，跳不出来，在那个范围里中毒了，中了自己那一点学问、知识上的毒，以及自己那一点见地上的毒，觉得自己了不起，这就是所知障。

二曰情渗漏，滞在向背，见处偏枯。

这是主观的情感，自己得一点境界，对那一点境界有感情：嗯！我打坐很舒服嘛！对，这就是禅境了。执著在自己的记忆、幻想里，其实，早堕在情渗漏中了。这个情不是普通所说的情感，而是把自己陷住的执著。"滞在向背"什么意思？即心存爱恶，有向有背，滞于两边，不能自拔，故这种人偏见与傲慢极盛。比如有些修行人，感觉修行很

禅者自性 ＝ 神、佛、上帝……的自性

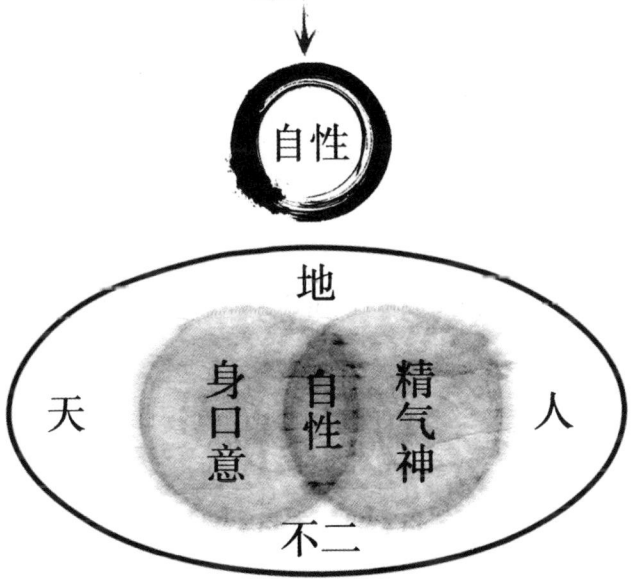

舒服，空山鸟语，闲云野鹤的，叫他入世，他不干，这也是情渗漏，有向背，有善、恶，见地上落了枯禅，偏枯了。

三曰语渗漏，究妙失宗，机昧终始，浊智流转。

"语"包括一切经、教、学问。依文解义，在学问思想里打转，真的佛法种子不懂，机用不懂，缘起怎么起？性空如何空？无明如何成因？如何证果？这个窍门，不在知识范围内。这些人以言究妙，言不及义，虽口若悬河，亦是"浊智流转"，有什么用处？

"渗漏"就是污染，"绝渗漏"，即不受污染，清净本心天真本具，但如果执著在外界的名、利、位、权、势，你就不会和本来清净的心契合。禅者的生活是自由的，这种自由的基础是禅心向上一路，心量无限扩大，而身体在克己修身中持戒、布施、忍辱、精进，高高山顶立，深深海底行，念念是道，时时留心，以绝除渗漏，免受污染。

每个人生来都应是自己的主人，执著见、情、语等上面时，生命的蓄水池就在漏水，实际上我们的生命中往往会经历许多意想不到的意外，一般人平时没有积蓄能量、精气、胆识、气魄、胸怀，因此会担心、焦虑、恐惧、不安，成为欲望、物质的奴隶。禅法为什么讲"向上一路"呢？因为要自拔，一般人是深陷其中，无以自拔。好像一个落水又不会游泳的人，如何有力量在水中如鲤鱼跳龙门一样，一跃而起？拔是需要极大的推动力，这推动力哪里来？需要平时的积累，禅门讲就是日常的修行。平时不积攒这些生命的源动力，就像平时不注意存款，天天漏光了积蓄，要花钱时去银行有用吗？

禅师们老婆心切，慈悲为怀，一切言行无非为了和学者本心相应，而非和世俗、面子、学问相应，有时师徒相接如临济一般的拳加脚踢，雷霆棒喝；有时如曹洞一般也不多言多说，而是应机接人，方便开示，以事显理，敲唱为用，以理事圆融来指导践行，劝学者行解相扶，自在解脱。

"禅"的修行从来都不应该只是嘴巴功夫，务必要将禅定功夫与智慧的悟道配合在一起，不可偏颇。至于这个功夫修为，曹洞注重坐禅，上文已经介绍了曹洞宗的"默照禅"，临济注重霹雳禅法，如大慧禅师推出的"话头禅"，二者各有所重。

新罗朝时，首度传入韩国的，为达摩禅之四祖道信之念佛禅。其后，新罗国道义国师于宣德王五年（公元784年）入唐，得法于马祖道一弟子西堂智藏，于宪德王十三年（公元821年）归国传禅。与道义国师同时代的洪陟国师，于宪德王三年（公元811年）入唐，亦受法于西堂智藏门下。

高丽王朝（公元918年—1392年）成立后，佛教进入全盛期，由高丽普照国师智讷（公元1158年—1210年）将"九山禅门"集大成，以禅、教兼修为其宗风，史称"曹溪宗"。

此后太古普愚大师（公元1301年—1382年），于公元1333年入宋，求法于石屋清珙禅师，将临济正脉带回，统一了"九山门禅"，大大振兴了高丽后期的佛教，他于公元1371年被封为高丽国师。韩国"曹溪宗"的发展是以道义国帅为宗祖，得益于高丽朝普照国师的重阐以及太占普愚国师的整合复兴，继承了惠能禅顿悟禅法精要。

日本禅临济宗的初祖是荣西禅师（公元1141年—1215年），十二世纪时，日僧赴中国学禅返国弘扬者为数甚多。荣西初学显密二教于比叡山，后参谒天台山万年寺虚庵怀敞禅师，承袭临济宗黄龙派的法脉，而后发展成日本禅宗的主流。

公元1214年道元和尚到日本禅宗本寺建仁寺谒荣西和尚,初闻临济宗风。荣西寂后,他于1223年入宋,得法于天童寺如净禅师(曹洞宗第十三代祖),受曹洞宗禅法、法衣以及《宝镜三昧》、《五位显法》等回国。

13世纪初,日本僧人俊仍又将杨歧宗传入日本。日本镰仓时代禅宗24派中,有20派出于杨歧法系,至此,日本临济、曹洞二宗于日本大盛。

云门

云门宗在北宋时相当活跃,与临济宗可谓并驾齐驱。文偃禅师(公元864年—949年)是云门宗的始祖。其传承为石头希迁传天皇道悟,天皇道悟传龙潭崇信,龙潭传德山宣鉴,德山宣鉴传雪峰义存。

雪峰义存门下,又分两支:一支传云门文偃,为"云门宗";另一支传玄沙师备,玄沙传罗汉桂琛,罗汉桂琛传法眼文益,是为"法眼宗"。

文偃禅师生来机敏聪颖,慧辩天纵,少时专攻《四分律》,并学习大、小乘经论。后因深感出家多年而法要未明,于是开始行脚。时,睦州和尚住龙兴寺,他是黄檗希运禅师的法嗣,每日以编织草鞋为生,丛林皆称之为"陈蒲鞋"。接引学人一向以机锋险峻著称,平日里闭门不出,不轻易接引来参者。

一日,文偃来到睦州参见和尚,可是睦州和尚一见他,故意装作没看见,马上关上门,文偃禅师于是上前敲门。

和尚问:"谁?"

文偃道:"我。"

和尚又问："作甚么？"

文偃道："己事未明，乞师指示。"

睦州和尚于是开门看了他一眼，一句话也没说，又重新关上门。

第二天，文偃禅师继续前往扣门造访，睦州和尚仍然闭门不应。到了第三天，睦州和尚才开门，他刚将门打开一线，文偃便使出吃奶的劲往门里面挤，睦州和尚一把擒住他说："说！说！"

文偃禅师正准备开口答话，睦州和尚却一把将他推出门外，说道："你这个无用之物！"说完又猛地关上门，还将文偃禅师的一只脚给挤伤了，文偃禅师却于此豁然有省。各位，他为什么豁然有省？被人骂了，挤了，擒了，推了，到底悟到了什么？请各位自己参究一下。

文偃禅师悟道后，继续留在睦州和尚身边请益。数年后，睦州和尚指点他前往福州，参礼雪峰义存禅师。

雪峰禅师是德山宣鉴禅师的法嗣，在福州象骨山雪峰庄广福院传法，座下徒众有千余人。

自从拜师雪峰后，经过几年的磨练，雪峰禅师欣然将宗门密印传授给文偃。

文偃禅师受法后，开始四方参礼。其锋辩险绝，一时丛林尽闻。后抵韶州曲江灵树，在此之前，如敏禅师住持灵树二十年，他一直没有立首座，大众都很奇怪，经常劝他迎立首座和尚。禅师道："我的首座出生了"。

过了几年，禅师道："我的首座在牧牛了。"又过了几年，禅师道："我的首座现在正在四处行脚。"又过了几年，忽一日，禅师令鸣钟集众，到山门外迎接首座和尚。

大众刚一出山门,文偃禅师正好来到,于是,惊讶过后,文偃禅师便常住灵树,为首座和尚,大众无不惊服。南汉高祖乾亨元年(公元917年),如敏禅师示寂。文偃禅师继任灵树之法席。

后文偃禅师又于乳源云门山别创光泰寺,其道大振,天下禅者,无不望风而至,史称"云门宗"。

"云门禅"宗风孤危耸峻,人难凑泊,非上上根者,难以窥其一斑,禅风有截流之机,无随波之意。

"云门禅"最著名的是"云门三句",《五灯会元》记载如下:"师云:我有三句语,示汝诸人:一句函盖乾坤,一句截断众流,一句随波逐浪,若辩得出,有参学分。若辩不出,长安路上辊辊地。"

"函盖乾坤",指绝对之真理无处不在,充满天地之间,函盖整个宇宙。

"截断众流"为断除学人之烦恼妄想,谓应超越语言文字,于内心顿悟。

"随波逐浪",对参学者应机说法,为活泼无碍之化导。

此三句若依《大乘起信论》释之,第一句为"一心门",第二句为"真如门",第三句为"生灭门"。

"云门三句"系以其内在根本之绝对为主体,表现出本体之三方面:一、就性的本质言,性无所不在,函盖宇宙全体;二、就超越性言,乃截断众流,超越宇宙,非我们所能穷尽的;三、就作用性言,乃顺机接引,随波逐浪。禅门各宗的共有特点即在于此种永无止境之精神追求。

就现代科学的相同性而言,云门三句首先表述了现象世界由物质构成;其次表述了每个物质是独一无二的;最后则表述的是构成世界的物质互相联系,相辅相成。

云门的禅境里,现象世界的乾坤万象都是本性的显现,由本体变现而来,因此,事事物物,无一不是禅的"妙体",犹如众星望北辰一样,禅无所不在,匝地普天,山河大地即是禅。云门的禅境也汲取了华严宗理、事互彻、事、事无碍的精髓。理在事中,事体现着理,而又各具个性,理事无碍,事事无碍,重重无碍。

"云门禅"修行的宗旨是学人契入后需一门深熏,契合了任何一个相应法门,都可立地成佛。可凡常人性喜多,贪杂,偏不脚踏实地,心神散逸,利舌巧口,沉醉于禅机问答,以致于修者见其门而不入。

世界广袤空阔,参禅者要沐浴自然的灵光,挹取天地的清芬,洗涤尘襟。如果只是在晨钟暮鼓里傻傻地披衣枯坐,妄想求佛求法,错过了眼前的大好景色,就与大道当面错过。道不但存在于完美或者有缺憾的万象中,也存在于禅者的日用之中。山河大地、吃粥吃饭皆是云门悟入的途径,参禅者的修行并没有什么特别注重的环节,正常的日常生活,乃至语默动静、造次颠沛之间,无不是修行的好时节。

因此"云门禅"特别重视平凡恬淡的平常心,主张将奇特返于自然,凡圣一如,净秽不二。玄妙莫测的禅境,就在一呼一吸、山山水水、行住坐卧之间,禅心在种种声色中显现出来,而世人由于眼耳等六根的粘着性,妨碍了悟道,如果想究尽本源,唯有自己开拓不可思量、不可言说的心境。

于是"云门禅"一方面即声即色,日用是道,一方面又超声越色,直契本体。以无心明月映照无心潭水,即可产生水月相忘的直觉感悟。"观诸世间大地山河,如镜鉴明,来无所粘,过无踪迹,虚受照应,了罔

世界

禅者世界 → 家庭幸福 社会稳定 世界平等 → 进入不生不灭禅境

"禅者"世界

排斥家庭亲人 ｛进入凄凉孤独魔境｝

不信社会同事 ｛进入焦虑不安魔境｝

厌离尘世众生 ｛进入无情木石魔境｝

陈习,唯一精真,生灭根元,从此披露。"禅者臻此境界,一颗活泼泼的禅心如同大圆镜中映现万物一样,物来则应,过去不留,应物现形,如水中月。

万千劫火,天崩地裂,禅者却可用岩浆从容煮茗;摧山破海,禅者却可于火海自在畅游。禅者观看四大毒蛇组成的生命体,宛如在观赏一出戏。生命在"云门禅"中回归于沧海浩渺的月浸碧波,回归于高旷寒远的纯净清白。

赵州禅师和文偃禅师之间有一则趣事,一次两位在谈论佛法的时候,正好有人送来一块糕饼。赵州禅师说:"只有一块饼,我们两个人要怎么吃呢?这样好了,我们来打赌,谁赢了,谁就吃。"

文偃问:"好,怎么赌呢?"

赵州说:"我们用东西来比喻自己,谁能将自己比喻得最脏、最贱,谁就赢得这块饼。"

文偃说:"好!"

赵州于是先说:"我是一头驴。"

文偃说:"我是驴子的屁股。"

赵州说:"我是驴屁股里出来的大便。"

文偃说:"我是大便里的蛆。"

赵州反问:"你在大便中做什么?"

文偃笑说:"我在大便中乘凉啊!"

什么是垢?什么是净?最污秽的地方禅师能逍遥自在,这无分别的禅心常住的地方就是清净国土啊!为什么红尘俗世不能变成清净国土?随其心净则国土净,哈哈,古今多少事,都付笑谈中。

沩仰

沩仰一脉属南岳系马大师一脉。以沩山灵佑（公元771年—853年）与仰山慧寂（公元803年—887年）二师为宗祖，取沩、仰二字而为宗名。

唐元和年间，灵佑禅师住潭州（今湖南长沙）之沩山，宣扬宗风，门人慧寂继之集大成。唐末五代时，本宗颇为繁兴，及宋，渐绝其迹，终至与临济宗合并，其间仅一百五十年。

沩山禅师还在师父百丈禅师座下时，不过是负责寺院伙食的典座。一次，苦行僧司马头陀从湖南来。头陀和百丈禅师是好友，他告诉禅师道："我在湖南找到一座山，名叫大沩，是一千五百修行办道人居住的好地方，可以在此开山。"

百丈禅师说："好啊，那我到那里去。"

头陀说："那不是您住的地方。"

禅师问："为什么？"

头陀说："大师是骨人，那是肉山。和您不相应，如果您到那里徒众不会超过一千人。"

百丈禅师说："那，我的弟子中有谁能住持那座山吗？"

头陀说："让我先看看您的弟子们。"

当时，华林觉为百丈门下首座。百丈禅师于是让侍者先把他请来。

禅师问司马头陀："他怎么样？"

司马头陀请华林觉先清咳一声，然后走几步，摇头说："不行。"

于是，百丈禅师又令侍者把灵佑禅师叫来。

司马头陀才一看见，便说："他是大沩山主人。"

当天晚上，百丈禅师把灵佑禅师叫进方丈室，对他嘱咐说："沩山胜境，汝当居之，嗣续吾宗门，广度后学。"

华林觉首座心中不服，找到师父，问："我是首座，我却不能住持那座山，为什么典座能胜任？"

百丈禅师说："我出一道题，如果你能当着大家的面回答出，就让你去住持大沩山。"

说完，就指着净瓶问："不能叫它净瓶，你叫它什么？"

华林觉说："不可以把它叫做木兜子。"

百丈禅师于是问灵佑禅师，灵佑禅师却一言不发，一脚将净瓶踢倒，径直走了出去。

百丈禅师哈哈大笑，说："首座输给典座了。"

读者们或许奇怪，为什么一脚将净瓶踢倒，径直走了出去，反而胜出了呢？禅不是语言、不是知识、不是思考、不是思辨、不是名相，这么个净瓶，也来叫这叫那的搅和人，不一脚踢倒，破了名相执著，还等着分析什么？

宪宗元和（公元820）末年，灵佑禅师奉师命，至沩山弘扬南禅顿悟法门。大沩山主峰毗卢峰由数十座丛山环抱，山顶为天然盆地，方圆四千多平方公里，地广人稀，怪石林立，毒蛇猛兽时有出没，山势险峻，人迹罕至。灵佑禅师自来此山，日与猿猱为伍，全靠采拾橡栗野果充饥，生活极为艰苦。这样过了六七年，竟没有一个人上山来学法。

灵佑禅师有些失望地想，我来住持这座山的本意是想利益众生，广开法筵，现在住在这里，与世隔绝，独善其身，有什么用呢？于是就想离开去其他的地方弘法。

当他下山走到山口的时候,只见路上蛇虎交错,豺狼成群,挡住了他下山的路。灵佑禅师说:"你们不要挡我的路。我如果和这座山有缘,你们就都走开吧。如果我和这座山没缘,你们都不用动。我从这里走过去,你们吃掉我好了。"

话刚说完,那些蛇虎都四散而去了。灵佑禅师无奈,只好又重新回到了茅庵中等待时机。

不久百丈禅师派了弟子懒安禅师来协助他,渐渐学者渐集,常住山学人千五百人,弟子慧寂禅师承沩山禅师法脉,后住袁州仰山,大振沩仰禅风。

讲到沩山禅师时,有个人物我们必须要讲讲,就是沩山禅师的弟子法海禅师。当今有关法海和尚的话题越来越火,就像玄奘法师变身软弱无能的唐僧一样,法海禅师被演绎成了破坏白蛇幸福的冷酷和尚,人们对于真实的法海禅师知之甚少。

禅门历史上有几位法海禅师,其中两位法海特别有名,一位是六祖惠能的弟子,他在韶州河西大梵寺初见惠能禅师,问"即心即佛"义,言下顿悟,拜师参习,后将惠能上堂法语及出世因缘全部记录下来,加以整理成为《六祖大师法宝坛经》。

今天被写进《白蛇传》身名远扬的法海和尚是另一位,他是沩山禅师的亲传弟子,大丞相裴休的儿子,原名裴文德,是个翰林。他出家后修持法性,超凡脱俗,正道中行,破除无明,本与红尘中的恩仇爱怨无牵无涉,真想不到"闭目佛前坐,骂从戏中来",由于禅门公案中有一则法海禅师驱赶白蟒入长江的记载。明代冯梦龙在《警世通言——白娘子永镇雷峰塔》的故事中,很有可能便据此演绎出法海和尚的故事来。

这段经历要回到大丞相裴休身上,裴休奉师父黄檗禅师之命,协助沩山禅师建设大沩山,裴丞相很尽心帮忙,出钱出力建舍百余间,此间,裴休向沩山禅师请教禅法,受益匪浅,因此他对沩山禅师甚为恭敬。

一日,建设工程近完工,裴休问禅师还有什么需要?禅师讲感恩您这么大的善心啊,我现在一切都具备了,只是,我缺少法嗣,你把儿子送给我吧!

裴休当时就有点晕,他就只这么一个儿子,心中不舍,只好说:他刚当上翰林,这事我得回去请示皇上。让裴丞相没想到的是,唐宣宗闻言甚喜,马上同意了,裴休无奈,只好咬牙把宝贝儿子裴文德送上大沩山。在文德到达大沩山的公元849年,裴休向朝廷申奏,宣宗御赐沩山禅师寺额"密印禅寺"。

送子出家,裴休心中不舍,写诗词曰:含悲送子入空门,朝夕应当种善根。身眼莫随财色染,道心须向岁寒存。看经念佛依师教,苦志明心报四恩。他日忽然成大器,人间天上独称尊。

裴公子还算孝顺,尽管初时心中有些不愿,但在君命、父命之下,还是来到贫穷、落后,百废待兴的大沩山。没想到灵佑禅师根本没有特别照顾这个高、富、帅,命令他立即去挑水干杂活,一干就是二年,这少爷终于有一天忍不住发了一句牢骚:"翰林挑水汗淋腰,和尚吃了怎能消?"

没想到这句牢骚话传到了灵佑禅师耳朵里,禅师在早课时,意味深长地对他说道:"老僧一打坐,能消万担粮。"这下没辙了,文德只得收摄身心,苦劳作役。过了三年的苦役杂工,灵佑禅师方给裴文德受戒剃度,名"法海"。剃度以后,灵佑禅师继续日日命其苦行,除了刚上山时干杂活三年,后又为常住五百余僧众运水劈柴三年。

法海的胞姐曾因挂念弟弟,远道来看望,当她千辛万苦爬上山,看到昔日锦衣玉食的贵公子,每日上山下山长途往来搬水,体形又黑又瘦,姐姐泪水如下,含泪向寺院布施脂粉钱,为常住僧团修建了一个工程浩大的饮水硐,当地民众美其名曰"美女硐",从此解决了沩山全山大众长途搬运生活用水的难题,直到今天,这条饮水硐的硐石还依稀存在。

不久,法海禅师六年的苦修圆满结束后,灵佑禅师安排他闭关三年。此时,他已经彻底转性,由贵公子转化成一名真正的修行人,他将各类劳作、外缘通身放下,一心在茅屋内欢喜地参禅。法海入关时,自己用木头将窗户、门于内部全部钉死,仅留一个小洞让护法僧送餐。三年期满时,师兄弟们唤他不出,于是灵佑禅师只好亲自到关门外直呼"法海"。

法海应声而答,师徒一起启开钉死的关房门窗,门窗毫无损坏,法海圆满得道出关。出关后,法海乃受师命,游历江西庐山等地,终至江苏镇江氏俘山的一片荒林中驻锡禅修。

时隔不久,由当地信众说明,乃知氏俘山中自己的驻地于东晋时曾建过名为"泽心寺"的道场。在密林的荒烟蔓草间,法海居然寻获到已被毁坏的残佛,于是,他跪在"泽心寺"的残佛前,用布包裹一节手指,燃指供佛誓愿重修道场,为众生树立伽蓝,此时法海已46岁。

他带众开山挖田,刻苦劳作,此时"泽心寺"周围杂草丛生,一片狼藉。法海在寺庙后门寻了一个山洞,每日栖身于此。

泽心寺右峰侧,半山崖上有一个大蟒蛇洞,洞中有一条白色大蟒时常出来伤人,乡民皆传说此白蟒是千年蟒蛇精,以致周围的百姓都不敢到泽心寺来烧香礼佛。法海得知此事后,寻到蟒蛇洞亲自将这条大白蛇赶入江中。宋代宰相张商英曾写诗赞道:"半间石室安禅地,盖代功名不易磨。白蟒化龙归海去,岩中留下老头陀。"

一日,法海禅师在挖土时意外挖到一大批黄金,他不为所动,把这批黄金上交镇江太守。太守上奏朝廷,皇上深为感动,敕令将黄金发回修复庙宇,并敕名"金山寺"。法海以其超人毅力,苦心经营,终于在镇江建成了规模宏伟、别具一格的金山寺,被奉为金山寺的"开山裴祖"。

沩仰宗的特色是以"圆相"为禅门突出标记,"空○"表人境俱无,中道不显。圆相也是"无相",空、圆是表达无相的最好方式,既继承了百丈怀海禅师"灵光独耀,迥脱根尘"的灵光,也显现出了观音法门中"十方圆明"的圆明。

圆相不仅是个图像,数学中的"○"无内无外,是个"点",是点之初,是无极,从"空○"生一,"点"的特性是只有位置而无面积,又从点生线,线的特性是只有长度而无有薄厚,从一生二,再从二生三,最后三生万物,这是老子智慧一路演绎万物生长的过程。

《隋书·律力志》有:"传曰,物生而后有象,象而后有滋,滋而后有数。""空○"是"象","滋"是滋养,"数"便是由一生二,再从二生三,最后三生万物。是故,"数"不是数学,是妙相,禅者以"圆相"通于天人之际。

"圆相"始于惠能禅师的弟子南阳慧忠,南阳禅师是国师。他授"圆相"给弟子耽源,耽源禅师传与仰山禅师。仰山于耽源处,受九十六种圆相,后仰山于师父沩山处,因"空○"相顿悟圆相万用。

后仰山禅师自云:"我于耽源处得体,沩山处得用",又云:"诸佛密印岂容言乎",遂成沩仰一派宗风。

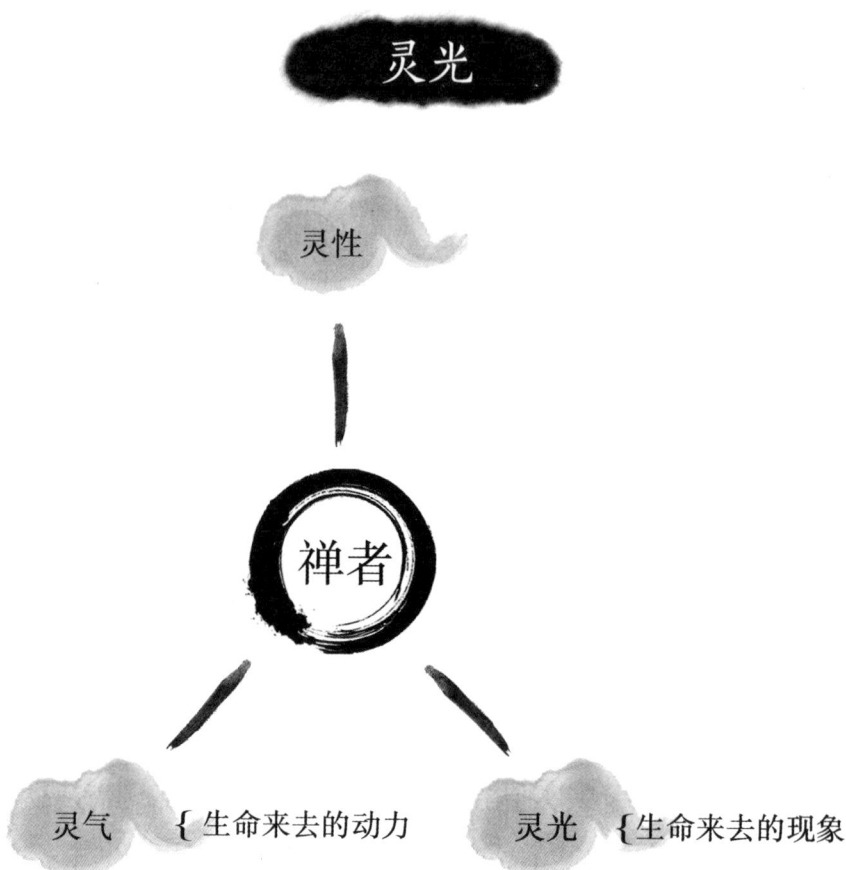
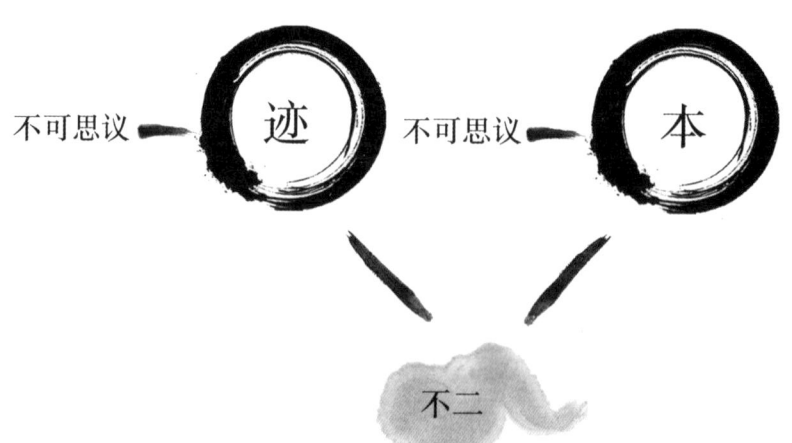

佛经中常有"刹那即永恒"、"芥子纳须弥"、"一一微尘中,能证一切法"等经文,有些读者们感觉不可思议,就像佛陀讲时间,是"一时"这两个字,这对于现代人是一个大问题,怎么可以没有时间呢? 这事情到底发生在什么时间? 其实对于现代人重要的时间问题,对于禅师们是最需要忽略的,请大家翻看前文中惠能禅师和永嘉玄觉禅师的对话,来去、前后、急缓、内外、高低、善恶、是非等等这些对立的观点是修习"中国禅"的禅者需要领悟的基本观点,为什么需要时间呢? 过去一天和过去一千年有什么不同? 都是已经过去了,大江东去,一去不返,禅者的心一切不留,无可记忆,这些不是知识范围,而是需要修者在实修中理解、体验和不断加深领悟的。

翻遍佛法的经、论没有一本佛经记载时间、年龄;佛经都是"一时"这两个字。"一时"就是"那个时候"。那个时候就是那个时候,那个时候也就是咱们这个时候,这个"一时"无前无后,甚为精妙。

我们再看看印度的文化及历史,印度人从古至今都不太注重时间。十七世纪以后,由于英国以及东西方一些学者的整理,才有了印度史。现代有些人想通过学梵文来研究佛法,需要清楚:现在的梵文,是十七世纪以后的梵文,唐宋以前的梵文,一本原经都找不到了。而且唐宋以后的梵文,有南印、北印、东印、西印、中印,五方梵文各自不同。我们当时翻译过来的梵文不同,咒语的发音也不同,这些旧的梵文,现在都找不到了。所以说,一般研究梵文的佛学家,用十七世纪以后欧洲人整理出来的梵文,根据南传佛教本子,想一探整个的佛法的究竟,这是比较困难的。

严格来说,真正的佛法,已经全部都在中国、高丽二国的《大藏经》

里。与其花那么多时间学梵文,研究佛学,不如从当下开始,直入本心。当然,梵文是一种古老的语言,有其优美性、文学性,唱诵出来也很好听,但这些文学、艺术、唱诵文化同真正的佛法修行已关系不大。

那么印度人淡漠时间、不重历史,他们的传承靠什么呢?当然禅的"以心传心"是天地、万物的最精妙传承,可是,心和心之间需要载体连接,这个载体,古人往往会选择我们刚才讲的图形,例如华夏文明的河图、洛书就是图形在传递信息,只不过我们比较愚钝,还没有理解清晰而已。佛法的传递中也不离图形,这些图形中有数字,数字中又有图形,笔者相信,终有一天人类会真正体悟到佛法的伟大和神奇的。

现代数学中的函数、极限及对应等是数学中的基本理论。用禅法来解释,修者任何一念一行,从原点发出的任意一条射线上的动能、温度、强度、力的大小、速率等等物理量,都可以建立起关于距离(或时间)的函数。

也就是说,这些物理量大小尽管趋向于无穷大或无穷小,都永远不会消失。即便受到其他因缘的干扰,可能转化成其他形式,也不会消失,并且向无穷远处无限延伸。

我们知道从空间任何一点发出的直线可以有无限多条,每一条均是如此。这就是说,任何一点所产生的物理量,向十方空间无限延伸,逐步以变化成无穷的形式遍及整个宇宙虚空。

宇宙没有中心,就像"圆相"没有前后、没有内外一样,从每个人的角度来讲,自己的心便是宇宙的中心,自己的心就是密"圆相",自己的眼珠就是显"圆相"。任何的科学仪器只能测出有限量,而测不出无限量,测不出并不等于不存在,这就是说,我们的任何一次起心动念和任何一个微小的行为都是可以遍及整个宇宙虚空的。现代科技的全息技术已经可以体现出来"一一微尘中,能证一切法"的道理,勿以恶小而为之,勿以善小而不为。我们任何的心理、生理、神经、脑波所产生的意识和行为,起心动念便可波及整个宇宙。

沩仰宗通常在"空○"内写字,画图,如"佛"、"人"、"牛"、"水"等,或象形符号,如"卍"(万)字符等。佛法中"卍"(万)字符的内涵无穷无尽,以后有机会再向读者们介绍,自古以来,修行的人一直在寻找和天地宇宙沟通的密码,而将天地之间的大秘密传递的最有效承载方式是:图相。

熟悉笔者的人都知道,我的恩师雪山静岩博士擅长禅画,以前他们常问:为什么雪山静岩老师的禅画总是画各种不同的圆?为什么圆中间有各种图相?如莲花、茶壶、坐禅等等,这些什么意思?我想看到这里时,诸君的问题已经接近迷宫出口了吧?

进一步说,禅画中的"圆相"包含了其他图形的原因是空、有不二的原理,"圆相"是无相,这种画最简单,也最难画,画不好就成了"画禅",或"画圆",那和画个鸡蛋有什么区别?唯有和禅心契合时一气呵成,方为"禅画"之"圆相"。

元、明以后的所谓"禅画"大部分是义人画,有画而无禅,禅画的关键是画的人是否具备了禅心。无相的圆是"空",而中间画出的图像,无论是牛、是人、是茶壶、花草,此皆为"有",此原理请再次参考"罗什一脉"中对空、有不二的论述。

"圆相"图最具代表性的是太极图,图中阴阳俱在。在空间上,静态结构首尾相接循环追逐,在时间上,形成了一阴一阳动态的发展次序。静属阴，动属阳，"太极图"将静态和动态同时表达，正合"道"的一阴一阳之特性，而图的圆形代表了圆满。

凡所有物，一至圆满，便无相、无形。禅、道是圆满的，所以禅、道，无处不在却不可见其形，无法见其相，以至于凡夫盲居于"禅"中而不知。

太极图中阴阳等持，彼此互生互根，互依互存。那阴阳是怎样互生和相互作用的？注意，图中一阴一阳二鱼的眼睛是重点，此眼就是一个通道，是一个生机，就像婴儿与母体相连的脐带一样，由此开始发生转化。那么禅画中的图形也是这个道理，图形是个通道，连接这空、有，不落二边。

仰山禅师继承了南阳禅师的圆相，而进一步演绎出来九十六种相图，使禅理变得一目了然，这便是"天机"。修禅、修道的修者修行就是为了发现和呈现宇宙万事万物内在的"天机"、宇宙运动的机制、发展变化规律等，然后再把这个大秘密用自己的方式揭示出来，这便是"悟道"了。我们需要悟的道是什么？是自然的始祖，是宇宙之源。"道"示于人的理，即是大道之理，大道是自然的规律，亦是宇宙的运行法则，理中寓法，法中寓理。

禅门常说"圆陀陀"，有圆教、圆满、圆融、圆成、圆觉、圆通等等，这是什么道理？"〇"标识"空藏"，除画圆相外，沩仰宗还借助点破或画破、或掷却或托起等作略，来显示生杀纵夺、机关眼目、隐显权实。

如《大藏经》中有载："仰山闭目坐次，有僧潜来身边立。山开目见，遂于地上画〇水相，顾示其僧，僧无对。"

我们现在再次回到《爱莲说》作者，宋朝大学者、大哲学家周敦颐这里，宋书上有说周敦颐师事寿涯禅师，尽得其传。禅师传"有物先天地,无形本寂寥,能为万象主,不逐四时凋"这首"先天地"偈于他。但寿涯禅师所传给周大学者的偈颂,非禅师本人所作,乃是南朝的中国维摩大居士傅大士(公元497年—569年)所写。

中国维摩禅始祖傅大士留下一些偈颂,如《心王铭》、《还源诗》等,处处浸润着禅的精神,他潇洒诙谐的活泼禅风,开了唐、宋禅门"机锋"、"转语"、妙趣横生的"中国禅"的先河。流风所及,他的作品在后世的禅门中广为传诵。这首偈的禅意颇似老、庄,傅大士以借道家语来阐明心中禅学意蕴。

周敦颐于寿涯禅师处得受此偈,对其后来作《太极图说》,大有启发。寿涯禅师精通太极图,将其授予周敦颐。读者可能越看越离奇,太极不是道家的图吗?怎么禅门的人也传授呢?此绝对不足为怪,禅门中以图象来标明宗义,用"易经"的方法讲用功修持由来已久。我们前文已经讲到,仰山禅师隔代传承了南阳慧忠国师(公元675—775年)的禅门圆相图,仰山每与人论佛法,常以圆相示之,亦以之开示学人。"九十六种圆相"提持纲宗(包括圆相、暗机、义海、字海、意语、默识等六重意义),便成沩仰宗风。

此后禅门中以"圆相"互相勘验者比比皆是,在此之后,图象之作代有发展。晚唐圭峰宗密(公元780年—841年)作"十相图"和"阿赖耶识图",曹洞宗祖曹山本寂(公元840年—901年)之作"君臣五位图"等,莫不受到"九十六种圆相图"的影响。

沩仰宗所建立"圆相"的旨趣,开启了宋代周敦颐"太极图"的先河。洞山、曹山师徒创立"曹洞宗"以重离卦而立五位君臣的宗旨,演变发展而逐渐启发了周濂溪的《太极图说》,与邵康节易理象数的哲学

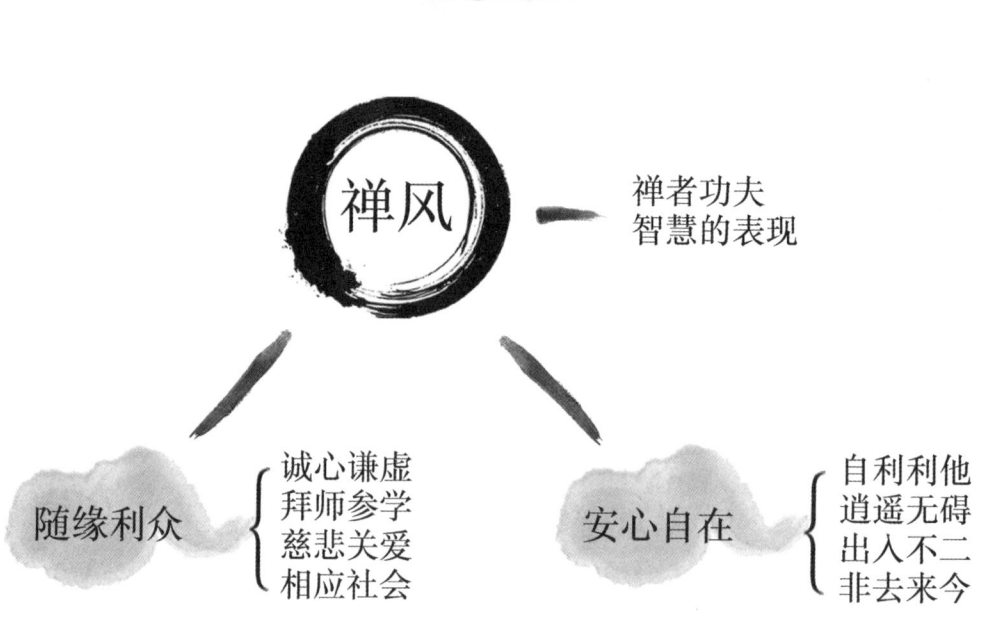

思想,也有极其密切的关系。

沩仰宗九十六种"圆相"别开生面。以其表达只可意会、不可言传的意境可作为接人勘验的重要补充,沩仰宗的"圆相"还有三种生。

(沩山)师谓仰山曰:吾以镜智为宗要,出三种生:所谓想生、相生、流注生。

《楞严经》云:"想相为尘。识情为垢。二俱远离。则汝法眼应时清明。云何不成无上知觉。""想生"即能思之心杂乱。"相生"即所思之境历然。微细"流注",俱为尘垢。若能净尽方得自在。

沩山禅师所说的三种生,亦类似《楞伽经》的两种相续。《楞伽》开篇,佛告大慧菩萨,诸识有两种生住灭:谓"流注生住灭"及"相生住灭"。用现代生活中的电脑作比喻:"流注生住灭"如同电源线内的电流;"相生住灭"如同宽带网络线中的信息传输。生相续与相流注之意,"圆相图"亦表法相唯识与禅的圆融不二。

法眼

法眼宗由五代时期文益禅师(公元885年—958年)所创,源出青原石头一脉。作为宗派,法眼宗的传承历史不长,但是法眼宗的三位祖师都是对禅门影响至深至远的高僧,三位祖师均是吴越人,法眼一脉对后世吴越的禅风、禅文化有较大的启迪作用。

文益禅师始举华严一脉初地中"六相义"入禅,并说"三界唯心、万法唯识"。历经文益、德韶(公元891年—972年)、延寿(公元904年—975

年)三祖,文益圆寂后,南唐中主李璟谥为"法眼禅师",后世因称此宗为"法眼宗"。法眼宗是南禅"五家七宗"中最后产生的一个宗派,活跃于唐末宋初的五代时期。

"法眼宗"创始时,禅门已经有严重的门派、门户之争,而这种狭隘的思想倾向与行为缺陷,不利于禅的健康发展,也违背佛法的根本精神。因此,文益禅师在其所著的《宗门十规论》中列举了当时禅门的弊病,如:自己心地未明、妄为人师等。他认为沩仰、临济、曹洞等各位祖师们在世时采用棒喝、酬对机锋等方法,是为了旁敲侧击、辨邪归正,而祖师们有的放矢、应机说法的应教施为是无法复制的,现在禅客们棒喝乱施,无以为继;再,有些人臆断古今,各位祖师的语录、公案有其特殊时代背景,同时,其中也有应景戏嬉之言辞,不加理解,妄加模仿,学之无益。参学之人必须择依明师踏实修行,方为根本。

看到文益禅师驳斥当时禅门的虚浮作风时,笔者深有感触,五代时便已如此,今天更不必说了,修者转习性最难啊!

法眼宗在禅宗五家七宗之中理论著作最为宏富,在理论上,博采众长,圆融自在。文益禅师在《华严六相义》中作颂有"诸佛意总别,何曾有同异"？这显然是符合曹溪禅本意的。法眼宗二祖德韶禅师也一再强调"归源性无二,方便有多门"。

"中国禅"思想的进化大致经历了依教修心禅(如安般禅、五门禅、实相禅)、悟心成佛禅(达摩禅、顿悟禅)、超佛祖师禅(如马祖、石头)、越祖分灯禅(如曹洞、云门、法眼宗)等时期。唐末到宋初之期,禅处于越祖分灯时期,沩仰、曹洞、临济、云门、法眼五宗相继产生。这种"百家争鸣"的局面,在惠能、马祖、石头的基础上将禅进一步中国化。但在禅风鼎盛之时,禅也出现了变异之相,一些禅客借顿悟之名,妄执宗师名相,要么守空玄谈,要么狂禅怪行,大做呵佛骂祖之事,毁弃信、解、行、证之本,失去了惠能顿悟禅的本来面目。

"法眼宗"的家风的特点,首先是"啐啄"之机。"啐啄"是什么意思呢?好比老母鸡孵化鸡蛋,蛋壳中的小鸡孵化成了,它想出蛋壳,老母鸡能同时感知,便及时在蛋壳外部啐,母鸡和小鸡同时破壳,禅门将此称作"啐啄同时"。

法眼宗师徒问答喜欢简单重复来引导见性开悟之事,这便是"啐啄同时"的禅法。

有一天,一个和尚问文益禅师:"如何是曹源一滴水?"

禅师回答:"是曹源一滴水。"和尚听不懂,茫茫然地走了。

"曹源一滴水"是什么意思呢?就是法眼禅风中的"啐啄",禅师用别人的问题作为答案去回答他,这又是什么用意呢?曹源就是曹溪,是惠能禅的发源处,所以曹源一滴水中包含了惠能祖师顿悟禅法的全部秘要。

禅门非常重视传承,传承是什么?就是以心印心之法。从佛陀传给大迦叶起,罗什、达摩祖师再将之带到中国,一直到惠能,再往下传,分为五家七宗。这五家七宗的"中国禅"都是从曹溪流传下来的。

用"曹源一滴水"来回答"曹源一滴水",是禅师以语言为用,以语言为游戏。未喝到曹源的水之前,怎么说明也是徒然,你只需要知道是"曹源一滴水"就够了。曹源的水是什么滋味,只有喝过的人才会知道,如果有人描述的是另一条溪流的水,一看一听就知道是门外汉。

在这里"曹源一滴水"是水,但如人饮水,需要自己喝。"曹源一滴水"又并不是水,而是修持的工夫和对禅悟境界的肯定。到现在为止,曹源一滴水依然很重要,但是不要以为真有什么东西叫作"一滴水",这是经验的印证而不是知识的传授。

法眼的第二个特点是"一切现成"。文益悟道机缘中,师父桂琛禅师告诉他:若论佛法,一切现成。"一切现成"是法眼宗宗风显明的特色,法眼禅法更注重对目前"一切"的感悟,注重当下,佛法现成,一切具足,岂不见"圆同太虚,无欠无余"?

法眼宗禅师们在教禅学禅、接引参禅者时,最常用的方法是把参禅者的注意力随时随地引向当下,指示他们时刻关注当下即在的东西。法眼宗继承了僧肇禅师的"触事而真"思想,指出一切皆是道,在日常生活之外,并不存在着另外的真理。

僧肇法师主张,不离现世的烦恼,而得菩提;不离浊世,而入佛国净土。发生这种转折的关键在于能否妙悟。而能否妙悟的关键,又在于能否"即真",在现实世界的平凡事物上,感受到永恒的真理。能够"即真",做个真人,禅心无分别,则天地与我同根,万物与我一体,摆脱情尘欲累,六合万有尽入禅心中。

杭州天龙禅师法嗣金华山俱胝禅师,凡有向他参禅的,他都只竖起一个指头,而不说别的。他在晚年总结说:自从悟透了天龙一指禅,一生都受用不尽。俱胝和尚的一指禅是在暗示参禅者,禅的境界是不能用语言文字来说明的,也不是心外求法能得到的。竖起一指,人人理解不同,何必说破?悟境必须通过亲身的体验去获得,而不是简单地接受或模仿他人的经验和体验。

禅师的侍者是个小沙弥,常见禅师竖起一指以指示禅法,便偷偷摹仿,当俱胝禅师不在时,他便代替师父举指做答。禅师发现后,有一次,于袖中藏了利刃,问侍者:什么是佛法?小家伙习惯性举起一指。俱胝抽出利刃将其手指斩断,小家伙痛叫不止。俱胝禅师又厉声喝问:什么是佛法?小家伙又习惯性地想举起手来,然而却不见了那根指头,突然开悟。

"万殊一本,一本万殊"。天下万物有万种差别,但却来自一个本源;一指,便可容纳万物,便是一切法。"一即一切,一切即一",小家伙不懂这道理,误以指为法,岂不相去甚远?当他那根手指被斩断后,心无所执,自己也就开悟了。禅不是模仿可得,模仿的只能是行为,而非禅的根本。

最后我们需要重点介绍一下法眼宗三祖延寿禅师。他既是法眼宗三祖也是净土宗六祖,首创了禅、密、净相结合。延寿将密教之密行及法相、三论、华严、天台等诸学说及净土理论折衷而综合为一,此等倡举,开历史之先河,遂成一时之风气,启迪了后来佛门诸宗并合修学的端倪。他以禅的灵明妙心为万法之本源,以密语真言为修行方法,以西方净土为最终归宿,身体力行,理事双修。

前文介绍,五祖弘忍传法惠能禅师后,达摩禅开始南北分裂。在南方形成顿悟为主的南宗禅,而北方中原则形成渐修为主的北宗禅。南禅向民间深入,根扎得很深,成为地上蔓草;北禅与皇族王公结缘,触角伸得很高,成为水上浮萍。

安史之乱后,南禅的发展更加受到民众的喜爱,惠能弟子神会开无遮大会胜出北禅,在洛阳荷泽寺创始南禅门下"荷泽宗",但他最后还是步了北禅的后尘,与皇族和军政大员攀缘,结果下传四世至圭峰宗密禅师,就归于华严,断了曹溪传承。

南禅后来在青原行思和南岳怀让的大力弘扬下,分别由弟子马祖道一和石头希迁两位在江西和湖南大开弘门。九世纪初，柳宗元在《赐谥大鉴禅师碑》里说："凡言禅皆本曹溪"，可见当下之世，禅风之盛。特别是唐武宗灭佛的"会昌法难"后，促使不依靠佛像、经典、寺院、仪式的惠能禅向民间更加深入，除了整个东南沿海各省，由南向北朝着北方发展，标志着惠能禅进入"越祖分灯"的新时代，五家形成，齐头并进。

法眼家风明显受到"荷泽宗"四祖圭峰宗密禅师"禅教合一"思想的影响，始祖文益禅师讲的曹溪禅法，建立在《华严经》理事圆融的基础之上，从而构成了法眼宗的宗眼。文益创立的法眼禅法由其门人德韶传播到浙江天台山，再传杭州永明寺三祖延寿禅师这里，便发扬起来。

延寿禅师也秉承了华严理事圆融的思想，他认为理事圆融，才能去掉自心上的"妄执之失"，明心见性。他这种禅学思想，成为后来程、朱理学和陆、王心学取之不竭的源头活水。

而对"中国禅"禅法、禅修、禅风、禅规改变最大、影响最广泛的是源于延寿禅师的禅、密、净合一。

佛法在两汉之际传入中国内地，魏晋时佛法有苦修禅定的高僧进入文人圈，与清谈玄学结合互为表里，开始嫁接在中国传统文化这棵古老的树枝上，吸收儒、道两家提供的文化营养，成为玄学化的格义佛法。

到了南北朝，罗什法师入长安，佛法又进入学术化的历程，僧众们喜欢进行深入研究经论，形成众多的学术派别，百家争鸣，蔚为壮观。

到隋唐时，由罗什法师之后盛行的学术化佛教，在中国演变成宗派佛教：三论宗、天台宗、法相宗、华严宗、净土宗、律宗、禅宗、密宗八大门派相继成立。这八大宗，又可分禅、教、密三大系统。教有：三论宗、天台宗、法相宗、华严宗、律宗、净土宗,禅是禅宗,密是密宗,不过这里的密指的是唐密,不是藏密。

经过唐武宗灭佛事件,教、密两个系统由于理论深奥,又依赖经书、佛像、仪式、法事等,当这些依赖的东西被灭后,一时难以恢复,难以继续深入研究各宗教理,从而名存实亡。

由于禅者与民间紧密联系,并提倡农禅并重,禅者的生活日用品不靠政府税收,寺院没有佛像,不依赖仪式、仪轨,因此,在佛教衰落时,"禅"一枝独秀,以至于万法归禅。

永明延寿禅师将密、净、教炼于禅一炉,铸出了禅、净、教、密为一体的修持方法,提出定慧双修、持咒念佛、唯心净土的三大修持原则。

他在吸收密宗持咒入定方法的同时,还接受了净土宗的修持法,提出了唯心念佛、唯心净土的修持原则,标志着禅、密、净合流的开始。显然,延寿禅师以持咒、念佛为入定静心的方便,与净土宗的念佛往生西方极乐世界和密宗持咒即身成佛宗旨又不相同。持咒也好,念佛也罢,只是佛教修证的方便,达到"方生唯心净土"的过程。

自延寿禅师开始,禅僧们每日昼夜中间总行108件佛事,综观延寿禅师《自行录》中所载他的忏悔、诵经、念佛、坐禅等日行108件佛事,足见延寿禅师个人精进不怠的修持。

法眼一家禅教并重,延寿禅师在其成名之作《宗镜录》里说:"举一心为宗","照万法如镜",禅教不二。延寿禅师所提倡的教是《华严》教。

《宗镜录》卷六云:"以《华严》之实教,总摄群经,标无尽之圆宗,能该万法,可谓周遍无碍,自在融通,方显我心,能成宗镜。"这思想已和达摩祖师藉《楞伽》之教、四祖道信禅师藉《文殊般若》之教、五祖弘忍和六祖惠能藉《金刚经》之教不同，从而反映出他的独特之处。

惠能禅师创始的"中国禅"于此已经在内、外都发生了极其重大的变化，有人说延寿禅师在当时浮夸不实的环境下，拯救了禅风，更有人说，禅被延寿禅师增加了许多颜色，那些被惠能禅师清除的仪式、仪轨、西方净土被加回了禅门，自此，"中国禅"失去了直指人心的曹溪之风，逐渐走向衰落。

关于延寿禅师对"中国禅"的影响，正方反方长期论战，众说纷纭，莫衷一是。笔者认为，延寿禅师的功过自有其历史渊源，禅师选择了和当时社会最相应的方法将"中国禅"变身，他的心还是一颗活泼泼的禅心，那么我们还是将他汇入曹源一滴水吧。

十方俱击鼓，十处一时闻

笔锋至此，"中国禅"的禅脉已经大致介绍完成，在中国历史上，"中国禅"占据了特殊重要的地位，唐宋时更成为中国思想、哲学、宗教、文化的主流。一颗好种子需要肥沃的土壤才能发芽，发芽后逐渐开出鲜艳的花，花开了，种子就死了，种子蜕变成了花，下一颗种子是在这朵花上形成的，下一季的花种必然有别于上一季，可能进化，可能退化，但无论是进还是退，原来的那颗种子就在这变化中生生不息地完成一次次生命的传递，花开了，种子的任务也就完成了。

我们是孤立的个人，还是社会关系网络、宇宙万物中的连接点？正解历史的渊源对于个人的成长一定有必要吗？唐太宗曾说"以铜为鉴，可正衣冠；以古为鉴，可知兴替；以人为鉴，可明得失。"清廷有一个祖制，皇帝每天早晨起来，一定要先读先朝的实录，了解祖先们处理政事的经历。可见历史的经验，有如此重要，不管记得多牢，总有遗漏，每天要读一下，以吸收经验，启发灵感。以史为鉴，历史总是出奇地相似，为什么？因为人心中的贪婪、愚痴、妄想、执著没有变化，因为每个关键环节，人性的光芒和阴暗没有变化。因此，历史不过是换了服装的舞台，演员一次次重复，观众一次次叹息。明察成败，早防而救之，塞其间，绝其源，转祸以为福，如此者，智也。人性本来是多方的，因此需要也是多方的。除了人为的各种道德、规范、知识、仪轨、宗教、标准之外，人还是有必要领受一些"无为之境"的，比如禅之境，禅之心，感受到生命存在其实还有另一种方式。

每一个"生命"体的能量是与"活动"同时存在的，活动愈自由生命也就愈有意义。现代人大多是快也快不起，慢也慢不下，动时想着静，静时想着动，这样的生命是被束缚的，因此生活是有所为而为，受时间、环境、空间的限制；而生命完全可以无所为而为，这是超越时间、环境、空间的。在有所为而为的生活中，人是时空、环境的奴隶；在无所为而为的生命活动中，人是心的主宰。人类史上几千年朝代更替，战火纷飞，这是一片漆黑的历史，我们之所以到今天在这漆黑的战乱中还能保存这片热土，赖以生存和延续，全赖圣人的思想所照耀出来的不灭的星光。曾记得有人问我，惠能禅师十五年躲进深山命若悬丝，他又一字不识，这样的人怎么可以创始唐宋之期、万法归禅的"中国禅"？对，就是这些圣人们拿生命照耀出的星光，直至今天这些微弱的星光还在不断地泽被苍生，您看，在漆黑的夜里，哪怕只有一点烛光，不已经足够照亮脚下的路了吗!

即便是一个普通人,正解我们自己的传统智慧和理解传统文化,也必然会对其有一种温情与敬意,不会对传统抱有偏激的虚无主义,视传统为落后和无用之物。中国传统文化,尤其强调生命的独立和完整,每个人活着要具备原创性,要有一种独立的精神,虽然生活中的方方面面时刻充满了变数,但独立自主的重要功能在颐养性情,在潜移默化之中以帮助人完成理想的人格,能寻回自己本来面目的人便拥有了圆满的人生。一个人能否带着一颗禅心,将禅心融入平凡的生活琐事中,将生活中的每一点烦恼转成清净,则是"生活禅"的艺术,懂生活艺术的人身心、家庭、事业会平衡和谐,社会上多些这样的人则将充满友爱,稳定有序。

在这些年为读者讲述"中国禅"各个方面的过程中,历代禅师们挡不住的智慧光芒跨越千年时时令笔者不断为之倾倒,有时彻夜难眠,有时拍案惊奇,能够时时保持这种心的人不会感到现在的人类是站在历史的最高点,不会因科学技术的进步而浅薄狂妄地对传统提出批评和误读。任何事物都有其两面性,传统当然也不例外,通常糟粕和精华是混合在一起的,关键在个人是否有智慧去驾驭,我们今天的浮躁、短视、功利、狭隘是无法诿卸于古人的。笔者在此不断强调的中国传统、民族主体,请大家不要误解为民族主义,民族主义通常是狭隘极端的,我们要恢复的是民族传统、民族精神,任何民族都应该保留和发扬优秀的传统。

当代人,尤其是年轻一代,主要接触的是西方思想、文化,对东方传统知之甚少,此种变异,无异是西方文明对东方的征服,而东方中庸明德的儒家智慧、抱朴守拙的道家智慧、直指人心的禅门智慧在激进的商业大潮中均已逐渐萎缩，逐渐变味。以至于偶尔被拿出来当作一种形式演绎，当作一种知识解读，当作一种手段炫耀，当作一些赚钱工作，这些现象令人不免唏嘘。

笔者还有许多许多话要讲，关于禅定、禅修、禅法、禅与生命科学、禅医、禅艺等等。

现代文明始于人类发明了电，电使人类社会从农业进入工业革命，工业革命促进了社会生产力的迅速发展，使商品经济最终取代了自然经济，大机器生产的工厂是生产力的巨大飞跃，工业革命产生了资产阶级，由此资本以最快速方式占领了世界各地。工业革命引发了社会阶级关系的深刻变化，西方国家为了促进商品交流，大规模发展交通运输，扩大海外市场。远洋运输网的开拓形成了全球性的交通网络，世界市场由此形成，因而加速了弱小国家无话语权的过程，西方文明将所有的国家都缓慢拉上了工业化的道路，从此改变了世界的历史命运，工业文明中伴随着商业、资本、金融，最后必然导向虚拟化潮流。当有一天电脑有了气味、温度、自动升级的思想、人形等等披上了人性化的外壳时，人类在此虚拟和现实之间，到底是应该沾沾自喜，还是如履薄冰呢？

工业革命后人类社会日益分裂、混乱，物欲横流，物质至上成为许多人的人生目标，人类误以为摆脱了大自然的桎梏，却又深陷人类社会本身缠结的罗网。仅仅是电的发明、光的使用，就导致人类社会发生了这么翻天覆地的变化，而现在人类所能支配的电、光等各种能源和宇宙中充斥的能源相比，连沧海一粟都算不上，但即使这样，电的发明已经使人类的社会形态发生了根本转变，人类从农业为主的家庭关系、情感关系、天地和谐关系变成了以个人大脑意识为主的社会生存形态。

那么宇宙能量如何采用？大道自然，自然而然，大道无形，以万物形为形。无形之物非阳非阴，非世间讨论的阴阳之物。我们现在可以讨论的和科学逐渐涉及的物质存在两种属性：一种为阴性物质，人类已经在向着宇宙中的阴性物质如暗物质、暗能量进军了；另一种为阳性物质。阳物实在，呈显性征状，用肉眼或借助仪器可以看到，占有空间；但是阴物是虚存在状态，呈隐性，借助仪器看不见，这些阴性能量充满着空间，但却不占有空间，我们现在知道的如光波、磁力波等，不知道的更有无穷无尽，这叫"无在无不在"。

用科学方式看阳物是粒子的组合态，可以用仪器分解至最后成为基本元素；而阴物的虚存在的方式是波或波群，波上记载着生命发展、变化的全部历史，如脑电波、思维波都看不见，但你无法否认它可以通过一定的方式反映出来。再从速度上看，阳性物质运行的速度上限是光速；而阴性物质一运行便音速、光速，或超音速、超光速。光速是两类物质的临界点，达到这个临界点，时间就停止了，能量、物质就开始转换，阴阳便也可以转化。

《黄帝内经》中，岐伯曰："上古之人，其知道者，法于阴阳，和于术数。"阳中有阴，阴中有阳，孤阴不生，独阳不长；阴阳之间处于动态的平衡中。但阴这类东西，由于它看不见、摸不着，它的功能状态远胜于看得见的"阳"，它以波、意的形式存在，运行速度通常是超光速，这些性质决定了阴性物质属于超高层次的物质，这就是阴性"能量"。那有没有超过阴性能量的非阴非阳、或阴或阳的能量呢？那又是什么呢？

人类历史上一切修行门派，都是从阴性能量入手，转阴为阳，运用自如，这是人破开自我局限的途径。

在特定条件下，物质的阴阳会发生转化，爱因斯坦也用相对论证实了能量和物质可以发生互转，我们可以这么理解，具备了一定条件时阳性为主体的生命可以变成以阴性为主体的生命，从意识上来说这属于"悟道"，属于"解脱"。此时我们可以从作茧自缚的束缚中解脱出来，认清这个念力场，游于其间，循督以为经。

在上世纪三十年代以前，经典物理学一直认为：物质是由分子构成的，分子是由原子构成的。原子是组成物质的最小元素。1932年，科学家经过研究证实：原子是由电子、中子和质子组成的。以后，科学家们把比原子核次一级的小粒子，如质子、中子等看作是物质微观结构的第三个层次，统称为基本粒子。迄今为止人们知道物质中包含了三百多种基本粒子，除少数寿命特别长的稳定粒子，如光子、中微子、电子和质子外，其它都是瞬息即逝的，也就是说，你还没有看到、证实到它的出生，它就已夭折。

通过弱相互作用衰变的粒子有二十余种，通过电磁相互作用衰变的粒子共两种。而寿命最短的，则要算通过强相互作用衰变的"共振态粒子"，它们的伙伴特别多，占基本粒子家族成员的一半以上，共二百多种。它们的短命达到了惊人的地步，以至于人们很难用确切的形容词来描述它们的衰变过程。至今物理学家用尽方法也无法直接测量它们，而只能用间接的方法推算出它们的寿命。它们的寿命只有一千万亿亿分之一秒左右。组成我们生命的细胞、基本元素变化如此之快，我们每时每刻都在死生、生死的循环中新陈代谢，生生不息，假如一切物体运

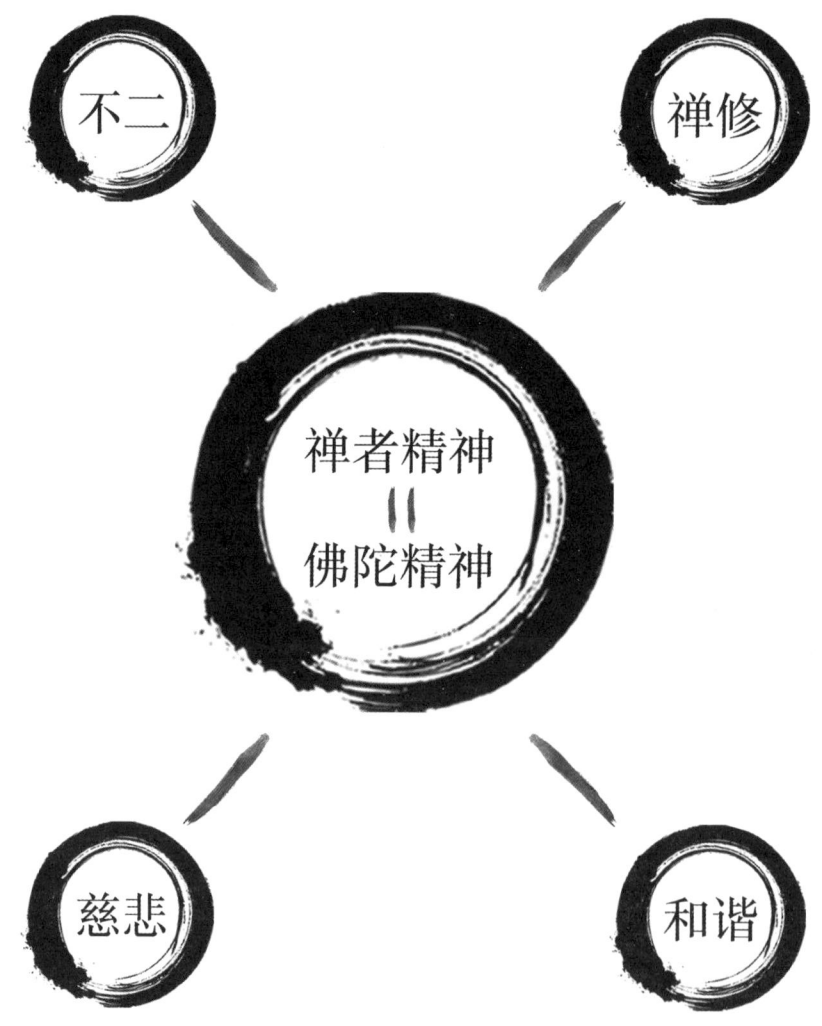

动,包括基本粒子震动静止了,那么时间将静止,或者说根本没有时间这个概念。不管历史长河怎么长,过去怎么精彩,未来怎么动人,说现在时,现在就过去了,你唯有当下这一瞬间可以把握,自己的时间永远定格在此刻这一瞬间。当绝大多数基本粒子都如此不可思议地短命时,我们如何能执著地想:我们的生命、事业、地位、情感能永恒不变,我们现在眼前的世界不是瞬息即逝的幻影？见地不同时,看到的世界就不同。离我去者,昨日之心不可留；乱我心者,今日之境多烦忧。

肉体解脱悟道的条件需要增加意识的能量级别,各种增加能量的方法中,"中国禅"是最有效、快捷的途径之一,深层的入定中可以"一念万年""万年一念",但入定不代表必须坐禅,坐禅未必可以入定,入定也未必就一定坐禅。"中国禅"的定是"一行三昧"中得定,行、住、坐、卧无时不在定中,禅者的生命以阴性能量为主体,精神是禅者生命的主体,能量高低的决定因素在禅者精神的境界、见地、心地上能否开出花？花开便见佛。

真正"悟道"后的禅者,自己可以带动生命中这些转化的能量,自己可以控制阴阳转化的外在条件,控制的通路在哪里？在心地上,在慧力上,在功夫上。常人不理解这一点,称得道的人为"神仙""菩萨",其实菩萨皆是人来做,人人都有这种慧根,就看谁能够有大信心、大愤心、大疑心、大愿心来实现这种心能的自由转换。

那么人类可以自由实现阴、阳性质资源互转后,会有什么根本性改变？现代人类以个人大脑意识为主的生存形态会转变成什么样呢？当宇宙能量被人类发现运用后,我们是否可以见到各种有形、无形,有相、无相的外星生物呢？这些和禅有什么关系？禅能如何帮助我们和宇宙能量对接？在科学发展不断可以带动人类意识的今天，禅者如何从心所欲、自控身心不为外界所转呢？这些我们留待以后论述吧，我只能肯定地告诉大家，禅法是大科学，如果能够真正领悟禅法的人必然可以成为与现实社会不出不入、如来如去的大智者。禅者是于相而离相、于念而离念、于法而不住法的人，禅心可照鉴一切法，出入一切法，包容一切法，"不二皆同，无不包容。十方智者，皆入此宗"。禅者在世间如雁过长空，"竹密不妨流水过，山高岂碍白云飞"，就是这种无相、无住、无我的妙用。

我们灵动自在的本性，一心万用、一心万应，它是无为的，不受六根、六尘、六识的制约，并且可以在这些根、尘、识之间互用。禅门中称之为"通身是眼，通身是手"，如《楞严经》中讲，"十方俱击鼓，十处一时闻"。

笔者希望通过本书可以更多地将"中国禅"的缘起、智慧、精髓回向给现代人，无论东方、西方，智慧和文化没有国界，佛陀的根本精神，"中国禅"的根本精神在于人内心的解放和解脱，这和民族、语言、国界、区域无关。

我们在后文列举了三个附录，将经常涉及的禅学经典为读者简单介绍一下。

附录

附录一

灯录

唐末、宋初由于禅寺禅院的兴盛，当时的大禅师和官府及士大夫的交往日密，"中国禅"的禅风由此发生了很大变化，渐由"不立文字"、"直指人心"的曹溪禅风转变成了以阐扬优美文字为核心的宋禅唯美之"禅"境。高雅化的文人禅逐渐改变了朴素、平民化的曹溪风，其中禅诗的兴盛和编纂"灯录"和"语录"成了宋禅的主要特点。

"灯录"是"中国禅"特有的一种史论并重的文体，它以禅的法脉、人脉传承途径为经，以各代祖师倡言的思想为纬。"灯录"原发端于唐代，唐末、五代有较高史料价值的禅宗史书，有以下几部：

《传法宝纪》由杜胐于公元713年撰成，是记载弘忍门下法如系的禅史；

《楞伽师资记》由净觉于公元720年撰成，是记载北宗神秀系的禅史；

《历代法宝记》又称《师资众脉传》、《定是非摧邪显正破坏一切心传》、《最上乘顿悟法门》，系一部禅宗法统的传承史，为禅宗诸派中的保唐宗（创始人为益州保唐寺无住禅师）于公元775年撰成，是记载成都保唐宗的禅史；

《宝林传》由智炬于公元801年撰成，是记载南宗惠能系的禅史；

《祖堂集》二十卷，五代南唐泉州招庆寺静、筠二禅僧编，收在《禅宗全书》第一册。全书内容记述自迦叶以至唐末、五代共256位禅宗祖师的主要事迹及问答语句，而以南宗禅雪峰系为基本线索。"祖堂"，谓本书是将禅宗历代诸祖依傍正、祖位次第，并及古今诸方法要，随其源流系谱，分明有序，如昭穆（祖宗神位依辈分的排列方法）之仪，编集而成，因此名为《祖堂集》。

《祖堂集》的价值在于，它是早于《景德传灯录》半个多世纪完成的一部完整的禅宗著作,因而在史料等方面有它特殊的地位。可惜此书长期以来默默无闻,不知其本来面目。直至公元1912年,日本学者对现韩国南部海印寺所藏高丽大藏进行调查时,才从其藏外版中发现高丽高宗三十二年(公元1245年)开雕的《祖堂集》的完整版本。

这几本是《景德传灯录》成书之前禅宗最重要的著作。

《景德传灯录》

《景德传灯录》为北宋禅僧道原(法眼宗清凉文益法孙)所著,由道原禅师的《景德传灯录》开始,这种文体始以《灯录》正式命名,共三十卷。"景德"是宋真宗年号(公元1004年—1007年),标明该书撰成时代;因中国禅宗谓以心传心,心灯无尽,故名"传灯"。

这本灯录的主要价值,是反映了宋初"中国禅"发展的基本面貌。此录共记禅宗的印中传承52世,1701人,保存了禅宗在唐末五代时期的一些可贵的史料。但其主要价值,是反映了宋初40余年禅宗发展的基本面貌。

《景德传灯录》记述了自过去佛至法眼文益法嗣的禅宗传法世系。另外,附有语录者951人。其中,卷一、二记述过去七祖、西天二十七祖;卷三记东土五祖(达摩是西天二十八祖兼东土初祖);卷四记东土四祖道信和五祖弘忍的旁出法系;卷五记惠能弟子青原行思的法嗣,包括曹洞宗、云门宗、法眼宗法系;此外是外宗"禅门达者"传、名禅师语录和赞颂诗文等。

就体裁和内容而言,"灯录"是记言体,它与"高僧传"的记行(虽也记言,但以记行为主)不同。"灯录"又是一种特殊的"谱录体",即按世次记载,这也与"僧传"的传记体不同。"灯录"只限于"中国禅",不像"僧传"那样包罗各科。

在《宝林传》、《祖堂集》未发现之前,《景德传灯录》是禅宗最早的一部完整史书,其史料价值远在《五灯会元》之上,为学术界研究禅宗思想的重要资料,成为必读之书。《景德传灯录》的最后定稿,经过《册府元龟》撰修者之一的翰林学士杨亿、兵部员外郎李维等人的加工刊削,而后又呈真宗批准颁行,它的文字新鲜脱俗,读之颇有声色,所以历来受僧俗两界欢迎。

在道原《景德传灯录》问世后,陆续又有四种"灯录"编成。它们是:

《天圣广灯录》三十卷,临济宗人李遵勖撰于仁宗天圣七年(公元1029年);

《建中靖国续灯录》三十卷,云门宗禅僧惟白撰于徽宗建中靖国元年(公元1101年)前;

《联灯会要》三十卷,临济宗禅僧悟明撰于孝宗淳熙十年(公元1183年);

《嘉泰普灯录》三十卷,云门宗禅僧正受撰于宁宗嘉泰年间(公元1201年—1204年)。

《五灯会元》

到南宋淳祐末年(公元1252年),临济宗杨歧派普济禅师,为"话头禅"创始者大慧宗杲三世孙,在上述"五灯"基础上删繁就简汇编而成《五灯会元》,共二十卷。

《五灯会元》由原《景德传灯录》等"五灯"计一百五十卷,缩减为二十卷,给人以简明扼要之感,对于只需略知禅门大意者来说,是比较适合的入门书。

原来的"五灯"各书以南岳怀让(马祖)、青原行思(石头)两大系分别叙述,以下不再分宗立派。但《五灯会元》改变结构,在南岳、青原下,复立宗派,明晰易查,方便读者。

卷一，记七佛及东土六祖；
卷二，记四、五、六祖法嗣及应化圣贤；
卷三、四，记南岳怀让至五世；
卷五、六，记青原行思至七世；
卷七、八，记青原下二世至九世；
卷九，记南岳三世至八世沩仰宗；
卷十，记青原下八世至十二世法眼宗；
卷十一、十二，记南岳下四世至十五世临济宗；
卷十三、十四，记青原下四世至十五世曹洞宗；
卷十五、十六，记青原下六世至十六世云门宗；
卷十七、十八，记南岳下十一世至十七世黄龙派；
卷十九、二十，记南岳下十一世至十七世杨歧派。

一目了然，十分便于对"中国禅"各宗派形成的了解。自《五灯会元》问世，包括《景德传灯录》在内的前五种"灯录"，地位逐渐被它取代，《五灯会元》成为在世间流传最广的"灯录"。

《五灯会元》文字语言简练透彻、新鲜活泼，公案语录、问答对语趣味盎然、脱落世俗，深为宋以后好禅的各界人士欢迎，元、明以后士大夫好禅的文人，更是几乎人手一本。

但是，《五灯会元》因删削颇多，所引原材料远不如《景德传灯录》等原始"五灯"齐全，并且经过反复文字润色，已添加或删略了古代禅师们的原意，此种变化使它难以作为"中国禅"的原始资料。因此《五灯会元》的学术价值无疑要低于《景德传灯录》。

元、明、清各代，"灯录"之作还在绵延，至今可见到的尚有数十种之多。儒家学者也仿其"中国禅"体裁而编撰著作，如朱熹的《伊洛渊源录》、黄宗羲的《明儒学案》、《宋元学案》，万斯同的《儒林宗派》等都属此类。

《指月录》

《指月录》,全称《水月斋指月录》,明代文人瞿汝稷所撰,全书32卷,非禅师所著,乃是儒生谈禅之作。

"指月"是佛教常用的譬喻。以"指"喻言教,以"月"比佛法。道、儒、禅乃三方,指月即明,也是摆脱了北宗禅执著名相的修法。瞿汝稷是明儒管志道(东溟)的学生,管志道提倡儒佛调和统一,使"儒不碍释、释不碍儒","儒不滥释、释不滥儒"。瞿汝稷受师影响,对佛教尤其是禅特有所好,乃撰《指月录》。

该书记录了过去七佛到大慧宗杲禅宗传承法系650人的言行,卷一至卷三记过去七佛、应化圣贤、西天祖师(西天二十八祖);卷四述东土六祖,从菩提达摩到惠能;卷五至三十述惠能下第一世至第十六世;卷三十一、三十二为大慧宗杲禅师语录。

《指月录》是儒生谈禅之作。它不只是禅宗传法历史的记述,而且兼有使人因此书而见道的意思,以为一切言教无非为入道而设的方便。如以指指月,使人因指而见月。它既是灯录的一种,又不完全等同于灯录。由于该书在材料的编排裁减上以及语言文字的运用上都有独到之处,可推知"中国禅"虽已经逐渐衰落,但理论趋于成熟。在这种背景下,《指月录》成为一部禅门通俗作品,很受世间文人喜爱。

附录二

语录

　　所谓"语录",是禅门弟子对祖师言、行、论、说的记录。唐以前已有语录的编纂,有的虽无语录之名,但已有语录之实。中国传统的佛教义学,除少数自著的"论"以外,大都通过对佛教译籍的繁琐注释发挥自己的思想。写论有相当的难度,注释深奥难解,"语录"的文体轻松活泼,大都是即兴而出,或有针对性的言论。故此不需逻辑系统,又生动丰满,极宜于摆脱唯经书是依,充分表达个人的独立见解。到了宋代,禅门语录大行,使依附译籍的传统义学,黯然失色。

　　"中国禅"灯录、语录充满了山林田园般的情趣,闲适安逸式的洒脱,也充满着启迪人生超脱的哲理,和应酬对答之际的禅机。与宋朝当时国内严峻的战势,以及当时禅僧、居士们来往于官场和市井的生活,形成对比鲜明的反差。下文,我们将"中国禅"的"语录"大致为读者们列举一下:

《诸法实相论》

　　关于罗什法师,我们前文有专门叙述,他入长安后的译经对大乘佛法在汉地的传播起到了巨大的促进,尤其是大乘般若思想对后来中国佛教的八大宗派都产生了非常重大的意义。

　　罗什法师的佛学思想主要体现在龙树菩萨的大乘中观思想,由于他大部分时间都在译经上,个人说法和著述就非常之少,迄今为止没有见到一本完整的罗什法师的论著,唯有收藏于《大正藏》中《罗什大乘义章》一书,是罗什法师与慧远大师问答的书信,经后人整理而成。其余有他为姚兴所著的《实相论》二卷、《注维摩诘经》、《金刚经注》、

《老子注》二卷、《耆婆脉诀》十二卷等。

《诸法实相论》之所以算"中国禅"语录,是由于罗什法师的性空思想是禅门般若学的主体,罗什法师所说的空是"缘起性空",缘起之法皆是无自性,而无自性的法毕竟是缘起法,即是缘起与性空不二,如法师言:"法无自性,缘感而起。"在罗什法师看来这种性空思想,就是双遣二边,非有非无的中道义。

一般人们认识事物和判断事物都是会落在"有"或"无"的二边判定,而罗什法师认为有无都是二边执见,不能正确认识和判断事物的真实性,唯有遣除人们的这种虚妄分别,才能悟入诸法实相的性空义。罗什法师非常重视中观学的无所得观,而惠能"最上乘禅"之义就是无所得,诸法自性不可得,法师言:"若大乘法毕竟空,现眼所见,如梦如幻。决定相尚不可得,况极微尘也!"

法师未入汉地前,中国学者大多崇尚玄学虚无思想,所以当时的佛教学者也对般若"空"解释为"本无"义,认为玄学所讲的"本无"就是佛教般若的"空",这是我们前文说的"格义"佛法。认为人们眼前所见的一切现象皆是因缘和合而成,是人们的"幻有",所以说是"本无",这些观点是坠在"空"里。自罗什法师来中土翻译了《中论》等中观学论典之后,人们才真正认识了佛教般若"空"的含义。诸法实相是从缘起性空的理论提出"非有非无"的中道,法师认为:"佛法有二种:一者有,二者空。若常在有,则累于想著;若常观空,则舍于善本。若空有迭用,则不设二过。"

诸法实相是"非空非有"之中道观,法师言:"若法定有,则不生灭;若法全无,亦不生灭。不生灭则与因缘相违。深经所说,非有非无。非有非无,顺因缘法也。"罗什法师的"非有非无""空有不二"的中道思想,对大乘佛法,尤其是"中国禅"的形成起到了极其关键的作用。

《大乘大义章》

慧远法师为净土宗初祖，专以念佛为修行法门，三十余年未曾出山。他闻鸠摩罗什法师入长安后，常以书信与罗什往返研讨义理。鸠摩罗什把慧远看作"东方护法菩萨"，慧远在书信中一再表达出对罗什法师的诚挚之情，并以袈裟和天漉器相赠。

据《高僧传》所载，罗什译出《大智度论》百卷后，秦主姚兴以此论赠予慧远法师，慧远此时已七十余高龄，对《大智度论》兴趣盎然。慧远法师本人虽然大、小乘兼修，空、有二宗并学，但也意识到自己对于佛典的理解尚有不透彻之处，所以屡次向罗什请教佛学方面的问题，如：法身、法性是否真实存在？是否永久长住？是否由四大构成？法身与色身、生身的关系如何？四大极微是否实有？生住异灭四相是否实在？念佛三昧所见佛是真是妄？菩萨如何遍学等等，罗什法师耐心一一作答。

本书共分三卷十八章，上卷有六事，中卷有七事，下卷有五事，内容以罗什法师的覆书占绝大部分，所以又称《鸠摩罗什法师大义》。本书显示出当时佛学的水准，尤其对之后在理解佛教思想史，不仅具有相当贡献，同时对印度和中国的思维，在程度对比上，具有重要的意义。今收录于《卍续藏》第九十六册、《大正藏》第四十五册。

《肇论》

僧肇法师是鸠摩罗什门下最杰出、最有影响的弟子之一，也是众弟子中最年轻且极富有才华的一位，号称罗什门下"解空第一"。

僧肇法师的《肇论》分别为《宗本义》、《物不迁论》、《不真空论》、《般若无知论》、《涅槃无名论》。首篇就本无、实相等名相义理加以概述。余四篇分别论证"法无去来无动转者";诸法假而不真,故尔是空;真谛无相,故般若无知;涅槃无相,故无可言名。

僧肇法师卒于晋安帝义熙十年(公元414年),死时年仅三十一岁,寿命虽短,但他在佛教史上有着重要影响。《肇论》的形成,既有僧肇法师本人中土传统文化基础的原因,也有他的佛学学习经历方面的原因,文中出现的佛学中国化的两个趋势,在后来的中国化宗派中得到了印证。僧肇法师熟悉老、庄之语,论中命意遣词,文笔优美,结构严整,深寓哲理。

1、《宗本义》:内容阐述本无、实相、法性、性空、缘会等名相虽异、义理实一的道理。

2、《物不迁论》:法师针对"生死交谢,寒暑迭迁,有物流动"的"常情",把万物看作是迁徙变易、不断变化的朴素实在的观点而作。他既反对万物皆在运动的见解,又反对万物都处静止的说法,而主张"动静未始异",即动即静,动静一如。

3、《不真空论》:"诸法虚假,故曰不真。虚假不真,所以是空"。法师认为"有"并不是指有真实的物体存在,万物都赖因缘条件产生,本身无自性,故只是"假名"而已;说"无"也不是指绝对虚无,一无所有,就好像幻化变现出来的人,并非这个人不存在,只是它不是真的人罢了。所以,他认为"万物之自虚,不假虚而虚物",并非离开具体的事物,另有一个无、一个空,然后凭借这个无、空去否定万物,而是要领悟到"立处即真"。空存在于万物之中,与物相即而不相离,这才是般若学中的空义。

4、《般若无知论》:前部分标立宗旨,后部分用问答的方式,对论旨作深入的阐发。法师认为:有所知,必然有所不知,只有无所知,才能无所不知。

5、《涅槃无名论》:前文为《表上秦主姚兴》,后为本论。主要是说,涅槃之道,寂寥虚旷、征妙无相,既不可能通过言象表达,也不可能由心感知。

《傅大士录》

　　傅大士在佛教史上被尊奉为西天东土应化圣贤,与文殊、天亲、维摩等二十三人同为菩萨。

　　傅大士的佛学思想主要收入在四卷《傅大士录》中。此书是唐代楼颖编录,辑录善慧大士傅翕之语要、业绩及其所作之诗歌,并录有往来问道者之传记。

　　傅大士的佛学思想,主要体现在他的偈颂中。大士偈颂契合微妙至真之理,不过寥寥数句,但每个人都能根据自己的觉悟程度而得到启示,使人揭开心眼之尘翳,洗去肺肠之垢浊。

　　傅大士的思想之根柢为般若空宗,受罗什、僧肇师徒影响很大。如其偈《行路难》二十篇,非断非常、真照无照、心相实相、般若无净、本际不可得、三空无性等题,皆合罗什、僧肇之旨。

　　我们前文说的傅大士的"先天地偈",对"中国禅"曹洞、沩仰等宗派思想有很大影响,他另一首偈颂:"空手把锄头,步行骑水牛。牛从桥上过,桥流水不流。"乍读起来颠三倒四,扑朔迷离,却包含了无限的禅境和参禅的方法。傅大士短短几句话就颠倒了一个永久的哲学命题,即"空"和"有"的关系。

　　在普通人看来,桥是静止的,桥下的水是流动的。可是傅大士却认为,桥本不流,不流故流;水本常流,流故不流。这就打破了相对的时、空禁锢,从世学的窠臼中挣脱了出来,重新体悟本身并树立新的世界观,既站在某个角度也不固执某个角度,用"破常法"换个参照物,换个角度看问题,这是傅大士的般若智慧。

　　傅大士的《心王铭》,更是参禅佳作,其所阐述的心性论是后世禅学的核心和源头,《心王铭》唱出直指人心的曹溪禅风的源头。认为人心"体性虽空,能施法则","知佛在内,不向外寻",而马大师倡导的"即心即佛",也是由宝志公和尚先提,傅大士禀受。

中国禅风,起自魏晋齐梁,因其时有宝志公、傅大士、达摩三位祖师的影响,南怀瑾先生曾说:"如傅大士者,实亦旷代一人。齐梁之间禅宗的兴起,受其影响最大。而形成唐宋禅宗的作略,除了达摩为主体之外,便是志公的大乘禅,傅大士的维摩禅。也可以说,中国禅宗原始的宗风,实由达摩、志公、傅大士三大士的总括而成。"

《二入四行法》

《二入四行法》是达摩祖师传二祖慧可的禅法核心。虽是短短的几百字,但却是道理中的道理、扼要中的扼要,万不可小觑。

有关"二入四行"的记载,以《续高僧传·菩提达摩传》最为详尽。所谓"二入"指"理入"和"行入",理入属于教的理论思考,行入是属于禅的实修实践,即禅法的理论和实践相结合的教义。理入是"藉教入宗",达摩禅对"宗""教"二字的理解,"宗"指的是《楞严经》里的"自宗通",是由《楞伽经》引出来的"忘言忘念、无得正观为宗"是自觉自证,这需要依"教"去悟。"教"又是什么呢?是"深信含生同一真信,但为客尘妄覆,不能显了",这里显示的是如来藏(性)说。入道以前,先得有"见道",由悟入谛理。

"二入四行"以"壁观"法为中心。所谓"壁观"指"心如墙壁",即心静如墙,而非面壁而观。壁观禅法的"藉教悟宗"的特点在于启发时不离佛陀言教,一旦生信,就要"不随于文教",可以摆脱文字的拘束,不再凭借言教文字,这在佛经里通常会以船筏为喻,一旦渡过河,船筏也就可以放弃了;如同魏晋时期王弼提倡的"得意忘言""得意忘象""得意忘形"之说。达摩禅"教外别传,不立文字",只为究明这不可言传的佛心,所以又叫"佛心宗"。

所谓"四行"指"报怨行"、"随缘行"、"无所求行"和"称法行",其要旨在于以清净本性了悟佛法以至觉悟之境。前三行是"顺物",心安理得地接受;称法行是"方便",是实际的修为,这些都着眼于现实,属于事上的回应,不是心性的解说,是对"怨憎会"、"爱别离"、"求不得"苦的回应修持。

《信心铭》

三祖僧璨禅师著的《信心铭》是"中国禅"和大乘佛法修学指导的原则。

达摩祖师传法给二祖慧可后,托化西归,二祖慧可于是一边随宜传法,度化众生,一边寻求法嗣,以付祖衣。天平二年(公元535年),二祖遇见了僧璨。僧璨当时是个居士,据《楞伽师资记》中描述,僧璨"罔知姓位,不测所生",遇二祖时他已经四十多岁了,并且有不治之症——麻风病。

见面时,他问二祖:"弟子身缠风恙,请和尚忏罪。"

二祖答:"把你的罪拿来,我与汝忏。"

僧璨沉吟了很久,答道:"找不到罪。"

二祖道:"与汝忏罪竟。"

僧璨又问:"佛法的究竟含义是什么?"

二祖道:"是心即佛,是心即法,佛与法一体不二,心外无法,心外无佛,僧宝亦复如此,佛、法、僧三宝,皆依一心而立,同体而异名,非内非外。"

僧璨言下顿悟,欣喜道:"今天我才明白所谓的'罪性'并不是一个实有的东西,它既不在心内,又不在心外,又不在心的中间,它当体即是心的幻用,其性本空,觅之不可得。就像吾人的心性本空能生万法一样,佛法原来是不二的,并非在心之外另有一个佛与法。"

二祖听了僧璨的回答,当即为他剃发,收他为弟子,说道:"是吾宝也。宜名僧璨。"

僧璨禅师得法后,在司空山和皖公山(今安徽潜县西部)之间隐修长达十余年。在这期间,僧璨禅师只有道信禅师一个弟子。据《楞伽师资记》记载:"僧璨师隐思(司)空山,萧然净坐,不出文记,秘不传法,唯僧道信,奉事璨十二年。"

三祖僧璨为后人留下的《信心铭》对后世"中国禅"的发展,产生了极为深远的影响。通过这篇短短的文字,我们既可以了解三祖当年的所悟所证,更重要的是,它可以帮助我们更好地树立起修习禅的正知正见。《信心铭》字字珠玑,对禅者来说,极富指导意义。

《信心铭》扫荡边见,独标不二,禅的要义,在破斥一切相对的边见,例如:好恶、是非、美丑、有无、断常、一异、利害、明暗、人我等等,都是分别心的产物,只要一起"见",便会背本心。所以《信心铭》扫荡边见,令人远离分别取舍。所谓边见,就是落在两边,而禅是连"中"也不立的,只破不立。

从《信心铭》可见僧璨禅师修为深厚,学识渊博,不但熟悉当时的大乘经典,如《楞伽》、《般若》、《华严》、《涅槃》类,而且对老、庄之法要,以及禅修、禅定也颇有心得,文中的许多意象和语句,成为后世禅家的思想来源。

《入道安心要方便法门》

《入道安心要方便法门》是四祖道信的论述,四祖道信随侍僧璨十二年,得三祖禅法心要。后至吉州传法,如前文所述,他除《楞伽经》外,又加入《文殊说般若经》的一行三昧法。

道信禅法主张"坐禅守一",他的禅法思想来源就有三者:《般若经》的念佛思想、《楞伽经》的佛性观,以及当时菩萨戒精神。我们通常概括道信的禅法为一行三昧、止观禅法和五门禅。

五门禅,原即小乘的"五停心观":指不净观、慈悲观、因缘观、界分别观、数息观。道信禅师以念佛观取代界分别观,称为五门禅。

一行三昧,意谓:心定于一行而修三昧。又称"真如三昧"或"一相三昧"。《文殊般若经》说:"法界一相,系缘法界,是名一行三昧。"

四祖道信修的达摩禅有浓厚的头陀行风格。头陀行是原始佛教和印度宗教的一般特点。这种深山苦修、托钵乞食的风格中国人通常是不易接受的。从道信禅师开始将禅者从个人苦修开始转化成一个修禅的组织,《楞伽经》与《般若经》开始融合。

《修心要论》

五祖弘忍(公元601年—674年),12岁拜师四祖道信修禅,弘忍虽继承了达摩祖师《楞伽经》的传统,但他不主张通过"文疏"来解说此经,而教导弟子通过坐禅观想领会此经的要义,弘忍提倡通过坐禅"守心"而达到见性成佛。弘忍一生虽经常向弟子传授禅法,但从《楞伽师资记》的记载来看,他是个沉默寡言、不好言语的人。但东山法门弟子众多,弟子中难免有人把弘忍传授禅法的要点记录下来以便以后参照修行,而一经写成文字,就很容易不胫而走,流传四方。现存《修心要论》当即由弘忍的弟子抄录而辗转流传下来的。

《修心要论》主要采用问答的形式论述弘忍的"守心"禅法。其中有些部分与《楞伽师资记》中的《求那跋陀罗传》、《慧可传》的文体相似,可以认为是早期禅宗师徒之间传承禅法的连续性的证明。《修心要论》全名是《蕲州忍和尚导凡趣圣悟解脱宗修心要论》。在日本龙谷大学图书馆所藏的策子本称《西天竺国沙门菩提达摩禅师观门法大乘法论》。韩国安心寺1570年的刊本题为《最上乘论》，后来在1908年被收入梵鱼寺出版的《禅门撮要》之中。

《坛经》

惠能禅师的语录称《六祖坛经》，亦称《坛经》、《六祖大师法宝坛经》，全称《南宗顿教最上大乘摩诃般若波罗蜜经六祖惠能大师于韶州大梵寺施法坛经》，是"中国禅"最重要的一部根本经典，是惠能禅师的说法语录，是由弟子法海禅师集录的一部经典。

我们前文多次提到《坛经》，《坛经》内容丰富，文字通俗，其品目为自序、般若、决疑、定慧、妙行、忏悔、机缘、顿渐、护法、付嘱等十品。其中心思想是"见性成佛"，即所谓"唯传见性法，出世破邪宗"。"中国禅"的性，指众生本具之成佛的"佛性"，是众生的本来面目。即"菩提自性，本来清净，但用此心，直了成佛"。

《坛经》还发挥了唯心净土思想，这个思想传承于罗什法师翻译的《维摩诘经》中的"心净则国土净"思想，认为"东方人造罪念佛求生西方，西方人造罪念佛求生何国？凡愚不了自性，不识身中净土，愿东愿西，悟人在处一般"。又说："心地但无不善，西方去此不遥；若怀不善之心，念佛往生难到。"

惠能禅师明确提出了世间和出世间不二的思想，主张"佛法在世间，不离世间觉，离世觅菩提，恰如求兔角"。《坛经》对"中国禅"起到决定性的重要作用。中国佛教著作尊称为"经"的，仅此一部。

笔者历时三年，编著了《至宝坛经》上下册，希望可以为读者正本清源《坛经》本来面目。

《永嘉证道歌》

《永嘉证道歌》，唐代高僧永嘉玄觉（公元665年—713年）作，是他开悟后心得精华的文字记录。前文介绍了永嘉玄觉禅师在曹溪见惠能禅师的经历，他得到了六祖惠能的印证后，他的语录、偈颂经由他妹妹静居法师整理成《永嘉证道歌》，这是一个真正悟道者的见解。《证道歌》铿锵有力，琅琅上口、理路清晰、层次分明、简单易行，一千多年来，这首歌仍在被广为传诵，唤醒了无数的梦中人，而且继续启发着现在和将来希望早点觉悟的人们。

《神会语录》

荷泽神会禅师，是六祖惠能的弟子，荷泽宗的创始者，也是六祖的法脉传人之一。惠能在将示寂时授与他印可，此后，神会禅师参访四方，跋涉千里。开元八年（公元720年）敕配住南阳龙兴寺，大扬禅法，人称南阳和尚。

六祖入灭后二十年间，两京之间皆归神秀北禅。神会欲振惠能曹溪禅风，乃于开元二十年（公元732年）设无遮大会于河南滑台大云寺，独自与山东崇远论战。指斥神秀一门"师承是傍，法门是渐"，确立南宗惠能曹溪系之正统传承与宗旨，并于天宝四年（公元745年）著《显宗记》，定南北顿渐两门，即以南能为顿宗，北秀为渐教，"南顿北渐"之名由是而起。

这时他的声望已显，南阳太守王弼和诗人王维等都曾来向他问法，连唐肃宗也诏请神会禅师入大内供养。神会禅师为"中国禅"的确立做了两件大事：一、为菩提达摩初祖立谥；二、请六祖惠能袈裟入内供养。从此，神会确立了师父惠能及其南禅在历史上的地位。

神会之后的弟子们有名的不多，传至宗密禅师后渐归华严。《神会语录》系神会弟子们收集神会禅师法语之书。

《马祖语录》

马大师的情况我们前文有详细介绍，《马祖语录》，全称《马祖道一禅师语录》一卷，又称《大寂禅师语录》，收于《卍续藏》第一百一十八册《古尊宿语录》卷一，全文近两千言。系自《马祖道一禅师广录》（以下简称《广录》）中辑录马祖之行业、机缘语要等而成。

《马祖语录》是洪州宗的重要典据，在中国禅学思想史上具有重要地位。其"平常心是道"的思想随着南禅的生活化运动而日渐渗透到日常生活中，成为人们的"口头禅"，不仅在当时禅林产生了广泛的影响，而且在禅学思想史上据有重要的历史地位。《马祖语录》是梳理南宗曹溪禅发展脉络、解剖南宗禅哲理内涵的重要凭借。

《马祖语录》中除了马大师本人法语外，还有些是后人对马祖观点的转述，如宗密关于洪州宗的述评，或关于马祖及其弟子的叙述和评价，如百丈关于"即心即佛说"的评论。这些资料对于了解马祖洪州禅也具有重要的意义。

《参同契》

石头希迁禅师因《肇论》而创作《参同契》的渊源我们前文已经叙述了，短短的《参同契》融汇儒、释、道三家精华，阐述了体用、统一性和特殊性的关系，要研究石头禅师的禅法，其禅法心要《参同契》是必读的功课。这是禅宗祖师第一次公开将"易"纳入到禅法的修行中来。

《参同契》的名字本身就充满了"易"味。汉代有一位易学大师叫魏伯阳,道家称之为"火龙真人",他写过一部书叫《周易参同契》,此书被誉为"万古丹经王",算得上是道家丹法理论的鼻祖。石头禅师的这一篇《参同契》,移易入禅,形成了绵密精微、深邃圆融的石头禅风。

《百丈语录》

怀海禅师,师从马祖道一,他与西堂智藏、南泉普愿成为鼎足而立的马祖门下三大士。

马大师圆寂后,他初住石门(今江西靖安县),继往新吴(今江西奉新县),住大雄山,岩峦高峻,又称为百丈山。不久,四方禅者奔走而来,弟子中以沩山灵佑、黄檗希运为其上首。他传播禅风二十余年而圆寂,有《百丈怀海禅师语录》、《百丈怀海禅师广录》各一卷。《百丈怀海禅师语录》,收录于《卍新纂续藏经》第六十九册。

怀海禅师的禅学思想深得师父马祖真传,十分强调法就在各人心中,不假旁求。他认为读经看教的关键在于会心,若无会心,只是死记硬背,那么纵使把经、教读得滚瓜烂熟,也不算修行,反而成为谤佛。怀海教诲徒众的方法也与其师马祖相似,常常运用打、笑、大喝、举拂等形式,随机启发学徒开悟。他还特别喜欢在说法下堂时,大众已经出去,却呼唤人众,等人众回过头来,却问道:"是什么?"他借这种方法提醒学人反省,人称"百丈下堂句"。

怀海禅师对"中国禅"发展的最重大贡献,是大胆进行了教规改革。他提出:"我们修行的是大乘法,岂能受属于小乘系统的戒律、教规所束缚?"他根据实际情况制订出了一系列切实可行的新规制。主要是创意别立禅居,即创立独立的禅院、禅寺,不与律寺混杂。禅院(寺)中不立佛殿,唯树法堂,表示佛法不依赖佛像、经论,只靠师父的启发和僧人自身的体认。这是将惠能"不立文字,教外别传"的主张制度化了。

他将禅院事务的其他种种规定,编为一书,称为《百丈清规》,或称《禅门规式》。这一清规在百丈丛林推行开后,天下禅僧纷纷仿效,很快风行于全国。可惜《百丈清规》在宋代就已失传,当时主要行、用的是宗颐编的《禅苑清规》。元代朝廷令百丈山禅僧德辉重编清规,题名为《敕修百丈清规》,共八卷,但已非百丈清规的原来面目了。

《古尊宿语录》

《古尊宿语录》是古代禅师语录的辑本,共四十八卷,计收录自八世纪至十三世纪的三十六家语录。该语录在明版《大藏经》中初次入藏。

《古尊宿语录》具有重要的史料价值,它所收集的语录,多为《景德传灯录》所未曾记载的南岳怀让、马祖道一、百丈怀海、黄檗希运、临济义玄的语录,以及希运的《传心法要》、《宛陵录》和义玄的《临济录》,这五家祖师的语录在该书中有着提纲挈领的作用。在全部四十八卷中,有三十二卷属于临济宗法脉。

《顿悟入道要门论》

大珠慧海禅师是马大师法嗣,洪州禅重要传人,这篇《要门论》是慧海禅师自己写的,堪称"中国禅"的宝典。内容直指佛法的心要,语言简练、准确、犀利,读之振聋发聩,其文笔优美,字字珠玑,实属珍贵的禅门宝典。

"顿悟",是瞬间洞见清净的本性,见性了就可以"入道"了,"要门"就是最重要的旨要,"论"就是问答。《顿悟入道要门论》收录于《卍续藏》第六十三册。

《传心法要》

《传心法要》，乃《黄檗禅师传心法要》与《黄檗山断际禅师宛陵录》的合编，载于《大正藏》第四十八册，皆为黄檗希运断际禅师所阐示的禅门法语要谛。

二者皆由宰相裴休居士集录，内容简捷明了、直指人心，是最具"中国禅"特色的经典名著。

《坛经·付嘱品》记载，惠能禅师灭度之前，曾经留下预言说："吾去七十年，有二菩萨，从东方来，一出家，一在家。同时兴化，建立吾宗，缔缉伽蓝，昌隆法嗣。"不少人认为六祖所说的这两大菩萨，即《传心法要》的讲述及记录者——黄檗希运禅师与相国裴休居士。为此，《传心法要》一书，乃是两大菩萨的智慧凝聚，其智慧功德不可思议。

黄檗希运禅师后来在洪州高安县鹫峰山建寺弘法，其禅风干净利落，开创了临济一脉宗风。

会昌二年（公元842年），裴休在钟陵（今江西省进贤县）为廉镇（即观察使），迎请希运上山安置在钟陵龙兴寺，旦夕问道。

大中二年（公元848年），裴休移镇宛陵（安徽省宣城县），又迎请希运至开元寺，常去参问，并记录所说，即为现行的《黄檗希运禅师传心法要》。有《语录》、《传心法要》、《宛陵录》各一卷，广行于世。

《临济录》

本书由临济禅师弟子慧然禅师编集，分为上、下两卷，有上堂、示众、勘辨、行录、塔记等五篇。又称《镇州临济慧照禅师语录》、《临济慧照禅师语录》、《临济义玄禅师语录》、《慧照禅师语录》、《临济录》。收在《大正藏》第四十七册、《禅宗全书》第三十九册。

本书系根据临济义玄禅师之言教编录而成,我们前文有关于临济禅师的记叙,本书内容分为语录、勘辨、行录等三部分。语录部分收录三玄三要、四料简、四宾主、三句等话则;勘辨部分收录历参诸方时所商量之语要;行录收载其行状及记传。本书成书后于禅林之间广为流传,特别受到临济禅者的重视。

《曹洞录》

洞山良价悟本禅师的语录,收录于《大正藏》第四十七册。良价禅师毕生精研佛学,造诣极深,他首倡五位君臣之说,以"正"、"偏"、"兼"三者,配以"君"、"臣"之位,藉以分析佛教真如和世界万有之关系。其著作有《玄中铭》、《丰中吟》、《宝镜三昧歌》等。

《云门录》

云门文偃禅师惯以一字说破禅旨,故禅林中有"云门一字关"之称。此外,他还以"云门三句","顾、鉴、咦"三字启发禅者,故谓之为"云门三字禅"。著有法语、偈颂、诗歌等,由门人守坚编录为《云门匡真禅师广录》三卷及《语录》一卷行世。

《沩仰录》

沩仰宗两位禅师的特色和禅法我们前文已经叙及,"中国禅"五条法脉,皆是以自身亲历的禅定修持和深邃无边的智慧,将佛法延续发展下去。

惠能之前,禅在当时整个佛教界,属楞伽师派的一种,只不过是众多流派当中的一员,还无法与皇家寺院及诸大论师相比,并没有受到朝廷足够的重视。自惠能开始,"中国禅"将原来印度禅以禅定、禅修、静思为主的方式转化为中国本土化"中国禅",开创了空前的新局面。沩山禅师著有《潭州沩山灵佑禅师语录》一卷、《沩山警策》一卷等。

《法眼录》

前文已经叙及关于法眼文益禅师的详情,其语录由径山语风圆信禅师编集,文益禅师著有《宗门十规论》,他主张"理事不二,贵在圆融","不著他求,尽由心造",提倡"对病施药","量体裁衣"。

宋道原《景德传灯录》辑有《大法眼文益禅师语录》,记载了许多公案,可以看出法眼宗的教义。比如法眼宗认为,真正的悟解,就是你看万物时,不再是用肉眼,而是透过了真如之眼,这叫做法眼。

有一次,文益与南唐中主李璟谈论佛道之后,一起观赏牡丹花。中主敦请文益作首偈子,文益当下便诵出:拥毳对芳丛,由来趣不同。发从今日白,花是去年红。艳冶随朝露,馨香逐晚风。何须待零落,然后始知空。中主听后,顿悟禅旨。

《赵州录》

说起赵州禅师语录和赵州禅师的为人、赵州禅风,附上清雍正帝为赵州语录写的御制序给读者:

圆证直指真际赵州谂禅师语录御制序

夫达摩西来,九年面壁,无多言句,而能直指人心,见性成佛,首开震旦之宗风。后人演唱提持,照用权实,鸣涂毒鼓,挥太阿锋于言象不该之表,形名未兆之先,机如电掣雷奔,谈似河流海注。青莲花纷飘舌本,大狮子吼断十方,穿透百千诸佛耳根,叟跳三十三天空外。究其所归,不过铺荆列棘,遍地生枝,甘草黄莲,自心甘苦耳。然则自利利他,固不在于多言欤。

赵州谂禅师,圆证无生法忍,以本分事接人。龙门之桐,高百尺而无枝,朕阅其言句,真所谓皮肤剥落尽,独见一真实者,诚达摩之所护念。狮乳一滴,足迸散千斛驴乳,但禅师垂示,如五色珠,若小知浅见,会于言表,则辜负古佛之慈悲,落草之婆心也。观师信手拈来,信口说出,皆令十方智者一时直入如来地,可谓壁立万仞,月印千江。如赵州之接人,诚为直指人心,见性成佛之古佛云。爰录其精粹者著于篇,以示后学,俾知真宗轨范,如是如是尔。

雍正十一年癸丑五月望日

赵州从谂禅师,是南泉普愿禅师之法嗣,赵州语录中脍炙人口的"喫茶去"、"洗钵去"、"庭前柏树子"、"狗子无佛性"等公案不仅启悟了当时的许多禅僧,而且流传后世,历久弥新。

从宋朝开始,中国禅门盛行大慧禅师推出的"参话头"为方便修法,赵州禅师的公案语录最频繁地为人们所参究,许多人在赵州语录的启发下明心见性。其中"狗子无佛性"更凝练而为"无门关",成为禅门一大总持,直至今天在中国、日本、欧美等地仍是最流行的公案。有关赵州禅师终生事迹的资料,《祖堂集》卷第十《赵州和尚》记录的最为详尽,此后《宋高僧传》卷第十一《唐赵州东院从谂传》、《景德传灯录》卷第十《赵州东院从谂禅师》等皆有记载。

《禅源诸诠集都序》

此书是宗密禅师对禅宗诸家学说的总论,亦为其所编集《禅藏》的序文,收在《大正藏》第四十八册、《禅宗全书》第三十一册。

此序乃在解说禅教之一致。书中,宗密即本此调和禅、教的立场,而将禅门与教下诸宗作一比勘与融通。他将禅门分为三宗,即息妄修心宗、泯绝无寄宗、直显心性宗;又将教门分为三类,即密意依性说相教、密意破相显性教、显示真心即性教。

宗密禅师之学说,实为佛教思想史上之调和论者,书中所述之佛教形上学,多以《大乘起信论》、《圆觉经》为基础的"一心二门"思想,并依据《起信论》绘制出佛教哲学图表,他开创了"禅华严学",著述宏富,相传逾二百卷。

《宗镜录》

《宗镜录》一百卷,为法眼宗三祖延寿禅师所著。永明延寿禅师的情况我们前文已有介绍,他编集《宗镜录》的渊源,是针对当时的禅师们轻视义学落于空疏的流弊而发。《宗镜录》全书约共八十余万字,分为三章,"举一心为宗""照万法如镜",又编联古制的深义,撮略宝藏的圆诠,故称曰"录"。《宗镜录》的名义如此,读者就不难理解它的内容了。

《宗镜录》借教明宗,而非混宗于教,延寿禅师编集《宗镜录》成其对于宗的"圆信",而并非有意于解决教乘的纷争。《宗镜录》在禅师们轻视义学的流弊发展到相当严重的时候编集成书,在当时对于中国佛教界的教育意义很大。

《碧岩录》

"中国禅"特有的"语录"中,到了宋朝开始,有一种新的特色,便是"公案"文体。所谓"公案",指历史上禅宗"大德"的某些言行范例。用解释"公案"方式发挥自己思想的作法,先是临济宗的汾阳善昭禅师集古人机缘语句一百条,每条各用偈颂加以阐述,称之为"颂古"。这样,从汾阳善昭开始,宋代禅对文字的兴趣有增无减,"文字禅"的禅风越刮越盛,"颂古"之风转相传播,日趋浮华,逐渐消融了曹溪惠能禅朴素、简练的禅风。

善昭禅师作"颂古"不久,云门的雪窦重显禅师以云门思想为背景,中兴云门禅,也作"颂古"一百条。其后,临济宗的圆悟克勤禅师(公元1069年—1135年)应张商英之请,以重显的"颂古"为基础,在颂前加纲要提示,在颂中加重点注释,另加"评唱"即作者见解,编成《碧岩录》十卷。《碧岩录》的影响很大,它把宋代的"文字禅"推向高潮,成为后来文化禅师效法的榜样。

由此,宋代"文字禅""文人禅"诗情画意禅达到顶峰,禅离曹溪精神越来越远,《碧岩录》的诞生,完成了禅的公案语句的规范化、格式化、定型化,从而禅也就失去了它的活力,禅的活泼生命在文字语言的规范下被扼杀了。克勤禅师的弟子大慧宗杲(公元1089年—1163年),对这种文人化的玄意清谈,光说不练的禅风表示出了极大忧虑,以为"近年以来,禅道佛法衰弊之甚",就表现在"专尚语言"的"文字禅"、"口头禅"兴盛上,担心"学人泥于言句"。他因此当众焚毁了师父的《碧岩录》刻板,这是极有勇气的举动。

所谓"话头禅",我们上文已经介绍,是把"公案"中那些通晓明白的语句略去不问,专门参究被认为是含义深奥不可解的语句。所谓

"有解可参之言乃是死句,无解之语去参才是活句"。在禅定实践上要求对"无解之语"作直入深探,由此得到悟解,这本是不可言说的;但从弘教上说,不能没有言说,结果是变成了借"无解之语",激发自己的活思想,但这依然得在语言、文字上下功夫,大慧宗杲禅师著有《正法眼藏》。

与大慧宗杲同一时期的曹洞宗正觉禅师(公元1091年—1157年),我们上文也已提到,他则提倡静坐看心,名曰"默照禅"。禅虽默照,但正觉禅师本人却没有"默照",他与大慧禅师争论"话头"与"默照"的是非,著有《颂古百则》。

《碧岩录》被烧毁后,也没有从根本上解决问题,不久,《碧岩录》又被刊行并流传至今。受《碧岩录》等的影响,南宋曹洞宗禅师投子义青等也作"颂古",元代林泉从伦加以"评唱",成为《空谷集》。南宋曹洞宗天童正觉也有"颂古",由元初万松行秀加以"评唱",名《从容录》。它们与《碧岩录》一起,广泛流行于各界。

附录三

经典

《维摩诘经》

《维摩诘经》，全称《维摩诘所说经》，又称《不可思议解脱经》，因主人公为维摩大士而得名，是"中国禅"的根本经典之一。

维摩诘是毗耶离城的一位大乘居士，是佛经中现身说法、辩才无碍、游戏神通的代表人物，该经的主要内容即是他以称病为由，向释迦牟尼遣来问病的十大弟子、各位菩萨阐扬不二法门的奥妙。

《维摩诘经》重点思想为"心净则佛土净"、"出世入世不二"、"无在无不在"等"不二法门"思想，为"中国禅"的形成提供了重要的思想资源和依据。《维摩诘经》包含的议题众多，如老病、生死、菩提、道场、布施、涅槃的真正意义，天花为何不着于身的奥秘，女身不需转成男身即能成佛等等，是中国佛子们，尤其是禅修者们最应该理解的一本经典。此经揭示了大乘佛法的真谛，让修者们看到了菩萨的无限心量。

《金刚经》

《金刚经》是大乘佛法的代表性经典。《金刚经》全称《金刚般若波罗蜜经》（经名中的"蜜"，一作"密"），一卷，由鸠摩罗什法师于弘始六年（公元404年）译出。"般若"意为智慧；"波罗蜜"意为到彼岸。"金刚"比喻智慧之锐利、顽强、坚固，能断一切烦恼。唐玄奘法师译本则为《能断金刚般若波罗蜜经》。

《金刚经》传入中国后，自东晋到唐朝共有六个译本，以鸠摩罗什所译《金刚般若波罗蜜经》最为流行（5176字或5180字）。唐玄奘译本,《能断金刚般若波罗蜜经》共8208字,为鸠摩罗什译本的一个重要补充。其他译本则流传不广。

《大般若经》的核心是《金刚经》,而《金刚经》的浓缩在《般若波罗蜜多心经》,此经又称《摩诃般若波罗蜜多心经》,简称《般若心经》或《心经》,是《大般若经》中言简义丰、博大精深、提纲挈领、极为重要的经典,《心经》现以玄奘法师的译本为最流行。

《金刚经》问世后,即在社会上广泛流传,纂要、注解、夹颂、宣演、义记、采微、集解、科释、宗通、决疑、大意、直说等各种注疏达一百多种,依据梁代昭明太子的分法,将《金刚经》分为三十二品。经中主要论述了"所言一切法者,即非一切法",一切现象(物理的和心理的)"性空幻有"的理论。

《金刚经》采用对话体形式讲述法的空性与慈悲精神。说一切世间事物空幻不实,实相者即是非相;主张认识离一切诸相而无所住,以般若智慧契证空性,破除一切名相,从而达到不执著于任何一物而体认诸法实相的境地。"中国禅"以"不立文字,直指人心,见性成佛"为宗旨,其所证悟内涵与《金刚经》所述之真实心的体性无二。《金刚经》在禅宗五祖弘忍、六祖惠能以后是"中国禅"的根本经典,具有至高无上的地位,其影响也随之源远流长。

《楞伽经》

既是唯识宗的根本典据"六经十一论"之一,也是达摩禅依奉的重要经典(早期禅师名"楞伽师"),在"中国禅"胎动时期具有重要的影响,它全称《楞伽阿跋多罗宝经》,四卷,由求那跋陀罗于元嘉二十年(公元443年)译出。

经中通过佛在楞伽山,答大慧菩萨一百零八问的方式,论述了"五法"、"三自性"、"八识"、"二无我"、"四种禅"等义,而以"如来藏识"为归结点。

《楞伽经》的重要性,大家都知道是达摩祖师传给二祖慧可印心的无上宝典,因此是历来禅者修习达摩禅的依据。除此之外,佛于本经中详示的法义,尤其是三自性(依他起性、遍计所执性、圆成实性)、以及八识(眼、耳、鼻、舌、身、意、末那、阿赖耶)的体、相、用,更是唯识的核心;甚至五法(相、名、妄想、正智、如如),以及两种无我(人无我及法无我)亦是法相宗参究的主要内容。

因此除了"中国禅"修者,历来法相唯识一脉的修者也都把它列为与《解深密经》、《瑜伽师地论》一样是必读的根本经典。《楞伽经》是一部性相圆融、各宗共尊的圣典,对修学大乘佛法者来讲,都极其重要。

《圆觉经》

《圆觉经》是唐代华严宗奉习的一部重要经典。它全称《大方广圆觉修多罗了义经》,一卷,由唐代佛陀多罗译出。经中以佛应文殊师利等十二位菩萨之请一一说法的方式,论述了"依圆照清净觉相,永断无明"的理论,以及"修业"、"修现"、"修禅"的修行方法。著名学者南怀瑾先生有关《圆觉经》的讲记,最初在佛教杂志上连载,以后汇集成书。作者以深厚的学术功底,对《圆觉经》的原文进行了逐句、逐段的讲解,变艰涩为流畅,化深奥为通俗,具有很强的可读性。

圭峰宗密禅师,身为荷泽禅的四祖,又为华严宗五祖;太和二年(公元828年)征入宫中讲经,唐文宗赐紫方袍,赠以"大德"称号,相国裴休与朝野之士多受其教。禅师初承荷泽宗的禅法,精研《圆觉经》,深达义趣,后又从澄观学《华严》,从而融会禅教合一,对内提倡教禅一致,对外力图调和儒、释、道共融,开三教合一思潮。宗密禅师说,他

"禅通南宗,教逢《圆觉》",因读《圆觉经》而恰教理的。之后,他撰写了《圆觉经大疏》、《圆觉经大疏钞》等著作,《圆觉经》因此在唐末五代盛行。

《法华经》

《法华经》又名《妙法莲华经》,"妙法"指的是一乘法、不二法。"莲华"是作比喻,形象地讲"妙"在什么地方,莲花的殊胜处:第一是花果同时;第二是出淤泥而不染;第三是内敛不露。表明教义清净,究竟圆满,微妙无上。

《法华经》是佛陀晚年在王舍城灵鹫山所说,为大乘佛法重要经典之一,鸠摩罗什法师译。在大乘佛法兴起的时代,有了以声闻、缘觉为小乘,以菩萨为大乘的说法。《法华经》是在这种背景下结集的代表作品,提出了"开权显实"、"会三归一"的思想,融会三乘为一乘"佛乘"。以声闻、缘觉二乘为方便说,二乘终究要以成佛为最终目标,这是一种崭新的学说思想,也是本经的主旨所在,因此占有至关重要的地位。

我们前文有提到,惠能禅师理解的《法华经》根本旨要在于:诸佛世尊,唯以一大事因缘故出现于世,欲令众生开佛知见。在此,可以看出《法华经》对整个佛法的贡献,因为佛陀指出种种法门只是方便之说,最终目的无非令所有众生都能离苦得乐,得证佛果。

《法华经》最大的特色是唯有一佛乘,方便说有三。明知道修学佛法是为了成佛,而方便说有三,使我们能渐渐积功德,而又不觉得累。虽未成佛,但由于修学福慧,也能得到快乐,直到得证菩提成佛作祖。

鸠摩罗什法师通过对《大智度论》、《十住毗婆沙论》、《十二门论》、《中观论》等龙树系著作的翻译,将龙树中观思想带入中土,树立中国大乘佛法中观的基础。天台智者大师,依据《大智度论》和《中观论》的思想,强调三谛三观之融会贯通理论,以建立空、假、中圆融性具的不二法门。更由《维摩诘经》获得了悟,遂建立空、无相、无愿三解脱门,直心、深心、大悲心三种菩提心,法身、般若、解脱三德涅槃等,皆不离众生,如若一离众生,即本一并面目无处寻的说法,这正显明融会万流摄入于法华一乘的思想。

《摩诃止观》中有曰:"行于非道,通达佛道,一切众生,即菩提相,不可复得;即涅槃相,不可复灭,……一切尘劳是如来种。"由此可知,天台智者大师,深得鸠摩罗什法师心得,继承龙树一脉的"般若性空"为其主体论,而且辅正历来所传之谬误,更能将"性空学"导入于《法华》,大师别开生面融摄"三论"、"四论"、"成实"等派系,以创立天台宗。天台宗以《法华经》立宗,而所依的就是鸠摩罗什所译的《妙法莲华经》。

《楞严经》

《楞严经》全名《大佛顶如来密因修证了义诸菩萨万行首楞严经》,又名《中印度那烂陀大道场经,于灌顶部录出别行》,简称《楞严经》、《首楞严经》、《大佛顶经》、《大佛顶首楞严经》。

此经的译者般剌蜜帝大师,中印度人,居广州制止道场,于唐神龙元年(公元705年)从灌顶部中诵出,乌苌国沙门弥伽释迦译语,房融笔受,怀迪证义。中国历代皆视此经为佛教主要经典之一。清代,章嘉呼图克图等将其译成藏文,并刊有汉、满、藏、蒙四体合璧的《首楞严经》全帙。在日本,此经亦流传不断。它与《圆觉经》、《大乘起信论》属于晚期如来藏真常唯心系的作品,《楞严经》智解宇宙真相,论述了"根尘同源,缚脱无二"的理论,以及"二十五圆通法门",此经和《圆觉经》一样是唐末以后禅宗盛行的一部重要经典。

当年天台宗始祖智者大师读《法华经·法师功德品》，至"若读诵、若解说、若书写，是人当得八百眼功德、千二百耳功德、八百鼻功德、千二百舌功德、八百身功德、千二百意功德。以是功德，庄严六根，令得清净"。智者大师疑虑不解，时有般剌蜜帝法师在场，谓印度那烂陀寺有《大佛顶首楞严经》正是详说六根功德之理。

智者大师请般敕蜜帝法师往印度请此经，并在天台山最高处华顶峰筑拜经台，日夜礼拜，虔求此经早日传来中国，拜了一十八年，终于把《楞严经》如愿以偿请至东土，而此时智者大师已示寂。一十八年礼拜，大师未见，后人得见此经，皆是智者大师之力、般敕蜜帝之功。

据记载，《楞严经》当时藏在天竺国皇宫内，般剌蜜帝法师自天台智者大师处回国后，由于承诺智者大师将《楞严经》带来中土，利益中土众生，他每次进宫抄录下来，第一次将抄本藏匿着带出境，不料，被搜出。第二次，法师把《楞严经》整个背了下来，但仍不顺利，因往来奔波劳累，经文已经记不全了。

第三次为了万无一失，般剌蜜帝法师将经文写在极细的白布上，缝合在上臂的肌肉里，终于夹在肉里出境，渡海来到广州。因时隔太久，从肉里取出来的白布血迹模糊，已无法辨识。正在束手无策之际，旁边有一位哑女忽然说起话来，说可用人奶清洗，一试之下果然灵验。唐中宗神龙元年（公元705年）正好宰相房融被贬广州，房融便请般剌蜜帝大师住在制止寺，五月开始译经，般剌蜜帝法师任译主，北印度弥伽释迦法师翻音，怀迪法师证译，房融宰相润饰文采。我们今天看到的文采斐然的《楞严经》和鸠摩罗什法师翻译的《维摩诘经》、《金刚经》三篇经文，文笔之精妙堪与《庄子》媲美。

译经完成之后，般剌蜜帝法师便疾速启程回国，愿以自身承当偷经所有罪责。法师如此艰辛冒险，乃至不惜荣辱和身命，正是重法轻身的大菩萨，所成功德，不可思议。《楞严经》是一部佛教修行大全，此经内容上,包含了显、密、性、相四系各方面重要的道理,在宗门上则横跨禅、教、净、密,均衡发挥,各得其所。

经中详细开示了一切凡圣境界(二十五圣圆通、三界七趣众生),令于圣境起企慕、而于凡外得知解,从而不受迷惑、不入岔道;又详述六十位修证(三渐次、干慧地、十信、十住、十行、十回向、四加行、十地、等觉、妙觉)令行者于菩提道上知所趣向;最后更广开示五阴魔境,及其破除之法,俾于菩提道上能克服魔怨留难,所修圆满成就。

《华严经》

《华严经》,全名《大方广佛华严经》,是大乘佛教修法重要的经典之一,被奉为圆满顿教的"经中之王"。据称此经是佛陀成道后,在禅定中为文殊菩萨、普贤菩萨等上乘菩萨解释无尽法界时所宣讲,被认为是佛教最完整世界观的介绍。经中发挥了辗转一心,深入法界,无尽缘起的理论与普贤行愿的实践相一致的大乘思想。

此经在隋唐时弘传极盛,终于出现了专弘《华严经》的华严宗。7世纪中,新罗僧人义湘来唐受学于智俨法师,回国后成为韩国华严宗初祖。8世纪中,此经在日本已有流传,后有唐道睿东渡弘传《华严经》,为日本华严宗初祖。

汉译本有三种:

一、东晋佛驮跋陀罗的译本,题名《大方广佛华严经》,六十卷,为区别于后来的唐译本,又称为旧译《华严》,或称为《六十华严》。

二、唐武周时实叉难陀的译本,题名《大方广佛华严经》,八十卷,又称为新译《华严》,或称为《八十华严》。系唐则天武后遣使从于阗求得,并请来其地三藏法师实叉难陀,于证圣元年(公元695年)三月十四日在洛阳大遍空寺开始翻译,武后亲临译场首题品名,即为现今流行的《华严经》八十卷本。

三、唐贞元中般若的译本,也题名《大方广佛华严经》,四十卷,它的全名是《大方广佛华严经入不思议解脱境界普贤行愿品》,简称为《普贤行愿品》,或称为《四十华严》。

"中国禅"的法眼宗和华严体系最为接近,我们前文说过三祖永明延寿禅师继承了清凉文益重视《华严经》的传统,在他的巨著《宗镜录》中常引用《华严经》及华严宗的观点来证明禅义。当时的社会环境下,永明延寿禅师以此极力调和佛教各宗派的分歧,宣扬各宗教在理论上和实践上的一致性。

《涅槃经》

《涅槃经》又称《大本涅槃经》、《大涅槃经》。昙无谶译,共四十卷,十三品。

经中说佛身常住不灭,涅槃常乐我净,称"一切众生悉有佛性",为大乘佛法的前期作品,约于2—3世纪时成书。晋宋时对中国佛学界影响很大,为涅槃学派的本据经典。

《涅槃经》中如来藏学说中蕴含的一切众生皆有佛性、一阐提皆得成佛、涅槃具常、乐、我、净四德等旗帜鲜明振聋发聩的主张,以及对本心迷失的哲学思索、中道思想成为"中国禅"思想的源头。

"中国禅"的本心论、迷失论、开悟论、境界论深受涅槃妙有的影响,形成了独特的生命体悟。

"中国禅"思想的两大重要源头是般若中观和涅槃妙有。最能体现般若特色的是《金刚经》,它破除外相、破除非相,乃至无我相、人相、众生相、寿者相,臻于无住生心的境界。禅门在传灯接棒之时,以之作为无上法宝。惠能因听诵《金刚经》而出家求法,后来得五祖亲授《金刚经》要旨而豁然见性,可见般若中观对"中国禅"的影响。

但是,般若类经典讲空固然能使人生起对俗界的厌弃,却难免使人生的追求与期望无所栖泊,而生起茫然失落之感。因此在"色即是空"的后面,还必须下一转语,这就是"空即是色"。涅槃之学是侧重于妙有的理论,从大乘佛法的发展看,《涅槃经》出现在般若、法华、华严等大品类经之后,也就是说,"空"的思想出现在前,"有"的思想出现在后,从真空到妙有是大乘佛法发展的两个阶段。

《涅槃经》是阐释妙有思想最具代表性的一部经典,由于此"有"不是对立的现象之有,故称"妙有"。虽然般若明无我,涅槃示真我,般若述凡夫四大假和合,涅槃说一切众生有佛性,二说似多相矛盾。般若和涅槃,经虽非一,理无二致。《般若》破相,《涅槃》表真。正是般若"真空"与涅槃"妙有"的完美融合,才使"中国禅"成为圆满的体系。

《中论》

龙树菩萨,为大乘八宗之共祖,在佛教史上被誉为"第二释迦"。大约活跃于公元150年至250年之间,他首先开创空性的中观学说,肇大乘佛法思想之先河,是第一位伟大的佛法论师,传说寿高一百五十(或说二百),著有大量的大乘论典。

《中论》卷首记载:

不生亦不灭,不常亦不断,不一亦不异,不来亦不出。能说是因缘,善灭诸戏论,我稽首礼佛,诸说中第一。

在这里,不生、不灭、不常、不断、不一、不异、不来、不出,称为八不。用'不'来遮遣(否定)世俗之八种邪执,以彰显无得中道之实义,故称"八不中道"。

龙树菩萨的"八不中道"思想就是对佛陀缘起法深刻而正确的体

悟。

在《中论·观四谛品》中有偈颂:"因缘所生法,我说即是空,亦为是假名,亦是中道义。"这是对中观理论最精要的概括。

龙树菩萨是在部派佛教纷争时期开始阐述和宏扬中观思想,根据佛陀所说的大乘经教如《华严》、《般若》、《维摩》、《法华》等经树立新义而建立的中观学识。

中观思想,纠正了上座部和大众部的各种不同主张,完善统一了般若中观理论。中观思想的中心是"缘起性空",即以"性空"为根本,用"真俗二谛"法性实相的真理,从而达到无相涅槃的寂灭境界。龙树菩萨的中观论中,包括缘起性空二谛论、法性实相论、般若中道论和无相涅槃论。这几个方面又是相互关联、相互贯通的。

《中论》全书五百颂,二十七品,龙树菩萨的思想标志着佛法从小乘过渡到大乘。印度哲学中的吠檀多派,从龙树学说中吸取了它的核心论点——空论,并加以利用。因此,龙树及其学说在印度哲学史上占据着十分突出的地位。

鸠摩罗什法师入长安后,他将龙树一脉的中观思想传至中国,立即在中国佛教思想界引起了强烈的震动,并且很快改变了早期佛法的发展。当时盛行的般若宗、涅槃宗,都直接以龙树大乘中观思想为理论根据,随后发展起来的三论宗、贤首宗、天台宗、禅宗和密宗,也都渊源于龙树及其学说。龙树的中观思想,在韩国、日本、越南的意识形态领域中也产生了持久的影响。

龙树菩萨著作甚多,有"千部论主"之称。其主要著作有:《中论》、《十二门论》、《七十空性论》(藏译)、《迥诤论》、《六十颂如理论》、《大智度论》、《十住毗婆沙论》、《大乘二十颂论》、《因缘心论颂》、《菩提资粮论颂》、《宝行王正论》、《龙树菩萨劝诫王颂》等。

《大智度论》

龙树菩萨除了《中论》、《十二门论》外,另一部重要著作便是《大智度论》,《大智度论》是《摩诃般若波罗蜜经》的释论,也就是龙树菩萨造的专门阐述《摩诃般若波罗蜜经》的论。"大智度"是"摩诃般若波罗蜜"的意译。摩诃即"大",般若即"智",波罗蜜即"度"。

《摩诃般若波罗蜜经》由鸠摩罗什法师翻译,亦名《大品般若经》,共九十品,属二万五千颂般若,为便于后世理解、实践般若实相,鸠摩罗什法师又专门翻译了《大智度论》。

龙树菩萨造的《大智度论》一百卷是《摩诃般若波罗蜜经》(《大品般若经》)的释论,它的篇幅原有十万颂之巨,现存的百卷本是鸠摩罗什三藏法师缩译的。

《大智度论》这部书内容十分丰富,包罗万象,人称其为研究印度佛学的百科全书。这部论与龙树菩萨前期和后期所造的论相比,有一个非常显著的特点,就是理论与实践并重,深理与广行相彰,既有深度又有广度。

从深度方面来说,《大智度论》以缘起性空的根本教义对摩诃般若波罗蜜进行了彻底探究,贯穿本论的主线即摩诃般若波罗蜜。对摩诃般若波罗蜜既有专门的章节集中论述,又融合在每一卷的每一内容甚至每一句话当中。离开了摩诃般若波罗蜜,《大智度论》便失去了造论的目的和实践意义。摩诃般若波罗蜜是度众生出离苦海的宝筏,《大智度论》在开篇的第一卷便明确指出"佛法大海,信为能入,智为能度",龙树菩萨把摩诃般若波罗蜜比作六度的眼睛,军队的统帅,天上的日月,暗室的灯光,是我们修者须臾不可或离的明灯。摩诃般若波罗蜜即罗什法师讲的"诸法实相"、毕竟空、法性、法住、法界、真如、实际。摩诃般若波罗蜜不住一切法,但又不坏一切法;它破一切法的自性执,但又不坏一切法的因果规律。因此,如果用摩诃般若波罗蜜甚深智慧来观察一切法,它们不生不灭,不常不断,不一不异,不来不出。一切法在第一义谛中,本来清净,自性涅槃,不可破坏、不假修证。一切法义的假名安立,不是为了论议,而是为了使三乘圣者如法修行,契入诸法实相——摩诃般若波罗蜜。

从广度来说,《大智度论》包括印度佛教不同时期的思想。从发心起信到积集资粮如法修行,乃至成佛证果的所有修行法门,几乎全部包罗在内,基本上能够体现龙树菩萨之前的佛教总貌。另外,本论还涉及印度的历史、地理、文化、艺术及其它方面的内容,提供了许多研究印度佛教的背景材料,堪称一部能够立体反映当时印度佛教状况的百科全书。

《百论》

《百论》,提婆菩萨作,婆薮开士释,由鸠摩罗什法师翻译而成。提婆菩萨是龙树菩萨四大弟子之首,是南印度狮子国(今斯里兰卡)的王子,他天赋聪明绝顶,禀性善良温和,完全继承了龙树菩萨的中观思想。

龙树的弟子很多,提婆是最杰出的一位,继龙树之后,他在南印度传播大乘空宗。佛教史上,提婆与龙树师徒一同被称作"龙树提婆之学",就是印度初期大乘佛教的中观学说。

提婆自小博学多闻,才辩超绝,他初见龙树时,龙树令弟子盛满一钵水置放其前,提婆一言不发,掏出一枚针投入水中,在这无言妙辩,心心相印中,师徒二人欣然契合,于是成为龙树弟子。他以智辩著称,游历印度各地,大振破邪之见。

根据玄奘法师《大唐西域记》卷十记载，弥勒菩萨开示提婆菩萨乃是贤劫千佛之一。《大慈恩寺三藏法师传》也有如此记载。提婆菩萨的著作有《百论》、《中观四百论》等，这些论著被修习中观之行人视为珍宝。他阐扬龙树一脉的空义，但他的声名达于顶峰之际，却不幸被一位外道邪教弟子刺杀身亡。原来，这位弟子虽然皈依在提婆门下，但因看到自己外道的老师曾败于提婆，心中早已暗藏杀机，发誓："你以口才胜了我们，我必以刀剑胜你；你以无形空刀杀我们，我必以真刀实剑杀你。"于是，一日他趁着提婆在丛林坐禅时，一剑刺中提婆腹部。提婆无怨无恨，反而及时为这位邪教弟子及大众开示，并留下一首醒世的偈颂："诸法本空，无我我所，无有能害，亦无受者。"

《大乘起信论》

我们在前文有介绍马鸣菩萨的《大乘起信论》。马鸣菩萨阐述的中心思想是"一心三大"、"一心二门"。一心，谓众生心即如来藏心，万法源出于此，最终复归于此。它包摄一切世间法（经验世界）和出世间法（超验世界）。

"一心三大"，谓一心具有三重意义：一、体大。体即本体，又名真如，于中一切法平等，不增不减。二、相大。相即形式，又名如来藏，具有无量善性功德。三、用大。用即功用，谓由此能产生一切世间和出世间善因善果，为诸佛菩萨修证菩提妙觉之所由。

"一心二门"，谓一心有两个方面：一是清净，称为"心真如门"；另一是污染，称为"心生灭门"。二门是一心演生万法时的逻辑全过程和变化现象。心真如，即心之本体，称为"一法界大总相法门体"，不生不灭，无有差别，"离言说相，离名字相，离心缘相，毕竟平等，无有变异，不可破坏"。就是说，离诸规定，故曰真如。

心生灭,指心产生万法的逻辑功能,此时心别名为"如来藏"或"阿赖耶识"。阿赖耶识能摄一切法,能生一切法。法有染净,染法谓有生灭变易现象的经验世间,净法谓无生灭变易现象的超验世间。众生以无明故,由净而染;以觉悟故,又由染返净。最后,论中总结说:"三界虚伪,唯心所作","心生则种种法生,心灭则种种法灭"。

《大乘起信论》兼有中观和瑜伽行派的观点,在中国产生过很大的影响。它在日本和韩国也广为流传。此论有两个汉译本,一是南北朝僧人真谛(公元499年—569年)译的一卷本,此本较为流行;一是唐代僧人实叉难陀(公元652年—710年)译的二卷本。在中国、日本、朝鲜还有很多的注疏。

《瑜伽师地论》

《瑜伽师地论》,又称《瑜伽论》、《十七地论》,为瑜伽行唯识学派及中国法相宗的根本经典,亦是玄奘法师西行取经之最根本原因。瑜伽师地,意即瑜伽师修行所要经历的境界(十七地),故亦称《十七地论》。此论相传乃无著菩萨夜升兜率天弥勒内院,听闻弥勒菩萨说法,返回人间后,再为大众演说,并成记录。为弥勒菩萨口述,无著菩萨记录完成。

玄奘法师为求此经,经历了九死一生,终至那烂陀寺,初参百岁高龄的戒贤大师时第一句话即言:"弟子玄奘从东土大唐而来,唯为依止和尚学习《瑜伽师地论》,请和尚慈悲摄受。"

于是戒贤和尚亲授《瑜伽师地论》与奘师,历经三遍,历时五载。玄奘法师于大论通达无碍后,即告别师友回国。回国后得到唐太宗李世民之护持,随即开始翻译经论。首译者即为《瑜伽师地论》,共一百卷。

本论的核心内容是论释眼、耳、鼻、舌、身、意六识的性质及其所依客观对象是人们根本心识——阿赖耶识所假现的现象；禅观渐次发展过程中的精神境界，以及修行瑜伽禅观的各种果位。以分析名相有无开始，最后加以排斥，从而使人悟入中道。

唐太宗仔细阅读了《瑜伽师地论》部分章节后，叹道："朕观佛经譬犹瞻天望海，莫测高深。法师能于异域得是深法，朕比以军国务殷，不及委寻佛教。而今观之，宗源杳旷，靡知涯际，其儒道九流比之，犹汀滢之池方溟渤耳。而世云三教齐致，此妄谈也"。

当即下令，由国家出钱把《瑜伽师地论》抄写九份，分发到全国各最重要的寺庙保存，供人阅读传抄。所以，对于《瑜伽师地论》最早的传播，唐太宗是功不可没的。唐太宗还应玄奘的请求，亲自撰写了一篇非常著名的文章，叫《大唐三藏圣教序》，并下旨把这部序放在所有的汉译佛经之首。

了解了笔者在附录一、二、三中介绍的这些中国禅法的灯录、语录，以及来自于印度的经典，可能有些读者会想，这么多书，没准一辈子也看不完，这么多书究竟应该怎样读诵呢？或者先看哪些呢？

禅学书籍浩如烟海、汗牛充栋，其中并无高下之别，"中国禅"的禅者，修行的核心在于实修实证，也就是自修自悟是禅者的关键！禅者通过对上述和"中国禅"相关经、语的参究，用读、写、解、契的方式找到和自己相应的经典，眼前便会凸显光明之境。

"中国禅"的修法和其他门派最大的区别在于，没有一成不变的固定的修法和经典，虽然《金刚经》、《坛经》、《维摩诘经》很重要，但"中国禅"不会统一性地将什么经典作为模式化的经、教固定下来，修禅在于因人而异，因时而异，因地而异，每个人都有自己相应的法和教，对于个人来讲，和自己相应的语录、经典便是最殊胜的。

禅者只问耕耘，不问收获。只要耕耘，收获就在其中。如果在耕耘中还要计算收获，那就是一种执著，耕耘就是有相的，是有取有舍有分别的，就不是平等、无住的禅心。每位禅者，带着一颗活泼泼的禅心，在不断实修实证、自修自证的体悟中会寻找到属于自己的光明之道。